薛根生在长沙市老干部大学教研室办公桌前

摄于 2015 年 9 月

左起：袁昕波 黄庆达 李红卫 薛根生 贺佳妮 龙志斌 黄祖训 陈志丹 周金安

长沙市老干部大学校长龙志斌为薛根生等教育教学专家颁发聘任证书

摄于 2016 年 8 月

薛根生给长沙市老干部大学全体教师做"如何写论文"的讲座
摄于 2016 年 5 月

薛根生给长沙市老干部大学全体教师做"如何写教育叙事"的讲座
摄于 2018 年 10 月

左起：陈志丹　张贤遵　薛根生　李红卫

薛根生等专家与长沙市老干部大学原第一校长、
长沙市政协原主席张贤遵在召开工作会议

摄于 2014 年 10 月

右起：范小新　薛根生　谭睿　张定浙　袁俐　张伯邑　陈志丹　贺佳妮

薛根生与长沙市老干部大学第一校长、长沙市政协原主席范小新听公开研究课

摄于 2019 年 4 月

薛根生与长沙市老干部大学校领导、兼职教研员、教师评公开研究课

摄于 2019 年 4 月

右起：李新民 马秉权 章铁军 薛根生 殷慧娟 喻楷

长沙市老干部大学日常工作场景

摄于 2004 年 6 月

中国老年大学协会老年教育学术委员会顾问陆剑杰为薛根生颁发
《老年教育学术》辑刊咨询委员会委员聘书

摄于 2019 年 3 月

薛根生受邀参加中国老年大学协会第十三次老年教育理论研讨会并在会上交流发言。图为薛根生和长沙市老干部大学副校长贺佳妮代表学校领奖。

摄于 2018 年 9 月

左起：谭睿 弗朗索瓦·维拉斯 薛根生

长沙市老干部大学代表与国际老年大学协会主席在"世界老年旅游研讨会"上合影。

摄于 2018 年 5 月

左起：花开山 贺佳妮 薛根生 黄庆达 张书志

薛根生与《老年教育课堂教学论》部分编写人员在胡耀邦故居前合影留念

摄于 2017 年 6 月

· 长沙市老干部大学老年教育论丛 ·

薛根生老年教育文集

薛根生　著

湖南师范大学出版社

· 长沙 ·

图书在版编目（CIP）数据

薛根生老年教育文集 / 薛根生著. —长沙：湖南师范大学出版社，2021.12

ISBN 978 - 7 - 5648 - 4386 - 1

Ⅰ. ①薛… Ⅱ. ①薛… Ⅲ. ①老年教育—中国—文集 Ⅳ. ①G777 - 53

中国版本图书馆 CIP 数据核字（2021）第 232128 号

薛根生老年教育文集

Xue Gensheng Laonian Jiaoyu Wenji

薛根生　著

◇出　版　人：吴真文

◇责任编辑：孙雪姣

◇责任校对：张　雪

◇出版发行：湖南师范大学出版社

地址/长沙市岳麓山　邮编/410081

电话/0731 - 88873071　88873070　传真/0731 - 88872636

网址/http：//press. hunnu. edu. cn

◇经销：新华书店

◇印刷：湖南雅嘉彩色印刷有限公司

◇开本：710 mm×1000 mm　1/16

◇印张：19. 25

◇插页：0. 5 印张

◇字数：315 千字

◇版次：2021 年 12 月第 1 版

◇印次：2021 年 12 月第 1 次印刷

◇书号：ISBN 978 - 7 - 5648 - 4386 - 1

◇定价：58. 00 元

如有印装质量问题，请与承印厂调换。

"长沙市老干部大学·老年教育论丛"

序

范小新

教育与人类的发展始终共存。终身教育作为一种教育理念，它带给我们的启示与思考是：教育不因年龄的老化而终结，它继续发挥着作用，并且极大地满足了老年人对自我实现的需求。"夕阳无限好，人间重晚晴"，老年教育事业是全社会的事业。"老有所学、老有所教、老有所乐、老有所为"是老年人精神层面的重要需求。因此高水平办好老年大学是全社会的共同愿望，也是迈向小康社会必须答好的时代考题。

2020年，《中共中央关于制定国民经济和社会发展第十四个五年规划和二〇三五年远景目标的建议》，首次提出了"实施积极应对人口老龄化国家战略"。老年教育是积极应对人口老龄化的重要组成部分，办好老年大学已经提升到国家战略高度。

长沙市老干部大学自1987年创办以来，在市委市政府的亲切关怀和市委老干部局的正确领导下，秉承"厚德、康乐、求知、有为"的校训，高举"政治立校、党建引领"的旗帜，始终坚持"老领导管校、专家治校、名师执教、学员自治"的管理模式，在全国老年大学中享有较好的声誉。以全国先进老年大学、全国示范老年大学、全国老年大学校园文化建设先进单位、全国老年远程教育示范区等荣誉获得同行的高度赞赏。长沙市老干部大学尤其注重老年教育理论研究，一直认为：坚持加强老年教育研究义不容辞，夯实老年教育研究责无旁贷；需与全国同仁一道，总结梳理我国老年教育发展的历史经验；揭示探讨老年大学发展中存在的各种问题；研究分析老年教育在现代化发展进程中面临的新形势、新任务，为发展老年教育、办好老年大学助力赋能。

长沙市老干部大学是中国老年大学协会学术委员会委员单位，已蝉联两届。从 2000 年起就自编教学大纲与老年大学教材。10 余年来，5 次加入国家级老年教育课题研究；参与全国《发展社区老年教育与建设学习型城市研究》《老年教育领导管理方式的调查分析》《地区老年教育群星璀璨》和《老年教育学》等书籍的编写。2018 年，学校将多年的老年教育课堂教学研究成果提炼、编撰出版为《老年教育课堂教学论》之后，现在又开始编辑出版"长沙市老干部大学老年教育论丛"丛书。感谢湖南师大出版社颇具慧眼地关注了这套丛书的选题。这是一件功在当今、惠及后世，富于时代前瞻性、具有承前启后重要意义的大事。它对于指导我们今后的老年教育工作具有很高的实用价值和指导意义；并将有力推动我们关于老年教育研究坚实而快步的进程。

"长沙市老干部大学老年教育论丛"的第一部是《薛根生老年教育文集》。本书将薛根生同志 20 年来老年教育的奋斗历程和前行足迹记录在案，20 年来老年教育的心得体会和研究成果汇编成册。这既是薛根生同志个人不懈努力、勤勉工作 20 年研究成果的总结，也是长沙市老干部大学 30 余年的发展史，更是长沙市老干部大学教育理论研究实绩展示的回顾汇报。

薛根生同志原为长沙市教育科学研究院理论研究室主任，中学高级教师、特级教师，湖南省政府督学。2001 年春退休以后，6 月起即投身于长沙市老干部大学的教学管理和研究工作，至今已有 20 年。20 年来他根据工作需要，灵活地把基础教育的理论、经验运用于老年教育的学校管理、教学研究和教师培训之中，取得了一定的成绩，并赢得了老年教育同行们的认可，被中国老年大学协会学术委员会聘为委员，又被聘为《老年教育学术》咨询委员会第一批委员；多次参与全国老年教育的课题研究，担任长沙市子课题的主持人；论文多次在全国老年教育论文评选中获奖。他主持编写的《老年教育课堂教学论》更是在业内引起了强烈的反响和赞誉。"倾其所有，却乐此不疲"，这是薛根生同志对自己参与老年教育事业的"自嗨"；他的精神，如片片丹枫，灿烂了整个校园……

　　当前，我国老年教育面临巨大挑战和发展机遇，这是人类历史上任何国家、任何教育都未曾遇到过的现实难题。只有提高思想认识，加大宣传力度，为老年教育提供舆论支持，才能营造重视和关心老年教育的浓厚氛围，助力开启老年教育智慧化和信息化的全新时代，进一步增强老年教育的凝聚力和吸引力，让更多的老年人成为老年教育的受益者。长沙市老干部大学理应在中国老年教育百花齐放、多元化发展的格局中，借鉴先进的教育思想引导老年教育进一步向前发展，做出应有的贡献，助推老年教育长足前进，跨越迅跑。

　　我们谨以此向建党百年献礼。

目录

老年教育泛论

学校发展凝想

教学研究留痕

文学艺术赏评

老年教育泛论

关于加强老干部（老年）大学教学管理和教学研究，提高教学质量的思考①

提高教学质量是所有学校赖以生存发展的基础。只有令学员、令社会满意的教学质量才能产生强大的吸引力、凝聚力。现代社会，知识经济悄然兴起，科学技术飞速进步，信息、知识急剧膨胀，这就要求人们必须不断学习，对知识进行补充、更新、拓展。为此，"十六大"提出了"21世纪中国应该成为人人皆学之邦"的口号和"构建终身教育体系"、"形成比较完善的现代国民教育体系"、向"全民学习、终身学习的学习型社会"迈进的目标。这为在全民学习、终身学习的现代国民教育体系中占总人口百分之十，作为一个重要组成部分的老年教育的发展提供了前所未有的机遇和广阔的空间，同时也向老年教育提出了挑战。毫无疑问，老干部大学如果能以较高的教学质量吸引众多的老年人来校学习，不但能促进这一目标的早日实现，而且能使老年教育自身得到长足的发展。

如何提高老干部大学的教学质量呢？除了争取地位、增加投入、改善条件、更新设备，必须与时俱进，开拓创新，深化教学改革，推进教学管理和教学研究，以此保证教学质量的稳步提高。

一、加强教学管理是提高教学质量的关键

一个学校要发挥最大的作用，达到预期的目标，管理是关键。教学管理就是教学双方为高效地完成既定目标而对各种工作环境进行优化设计的过程。

---

① 本文由薛根生执笔于2003年10月，以长沙市委、永州市委、怀化市委老干部工作局的名义参加全省2003年老年教育研讨会。

老干部大学作为这样一个特殊组织，教学管理工作也应该考虑其有别于其他类型学校的特殊性。除了科学化管理，人性化管理越来越重要。其显著特点是不可不管，不可管死。因此，老干部大学的教学管理要实行"三三工程"。

（一）打好三个基础

三个基础即管理意识、管理体制和管理制度。

其一，树立管理意识。要认识到科学化和人性化管理可以提高办学效益，提升教学质量。前些年，我们对老干部大学的教学管理认识比较肤浅，管理比较松散，认为老干部学员无需严格管理，也不去加强管理。因此，要通过学习、讨论，树立全体教职员工的管理意识和学员的自我管理意识。

其二，完善管理体制。管理的落实在静态上一是体制，二是制度。

其三，健全管理制度。依据自身特点，老干部大学要特别强调人性化的管理，要淡化制度、尊重人格，以学员自我管理为主，以制度管理为辅，但仍然应该建立、健全各项规章制度，发挥制度管理本质的隐性的约束作用。像《学员守则》《教学常规》《各类工作人员职责》《学员干部职责》《学员学籍管理》《班主任工作职责》等都是不可或缺的。

（二）抓好三项主体

三项主体即教学常规、教师队伍和教学评价。

其一，抓教学常规的制定和执行，使学校正常运转，教学有序进行，以保证基本的教学质量。

任何学校要使教学质量腾飞，都靠两翼：一是落实教学常规，二是抓好教学改革。教学常规的落实应该做到：有由省、市统一制订的教学大纲，学校按大纲选用教材、聘任教师、安排学期教学计划，并就教学实践活动的几个主要环节（备课、讲课、实验、参观、复习、作业等）对教师提出必要的要求；教师要认真备课、上课，有必要的作业改评、课外辅导和考查、考试；教务处定期进行教学检查，组织教研人员听课评课，召开学员代表座谈会，听取对教学的意见并及时反馈给教师，以达到基本的学员满意度。

其二，抓教师队伍的聘任和激励，尽量选用合格、优秀的教师，力求获得较高的教学质量。

"名师出高徒"，这是办学的真理。因此，老干部大学亦应严格掌握标准选聘教师，要选聘那些具有老年教育的情怀、拥有专业知识和特长、富有教学能力和经验、满怀奉献精神、育人热情耐心，并且有研究、创新意识，能及时发现和善于解决问题的教师。同时要营造人性氛围以激励教师，在政治上重视他们，要隆重颁发聘书，适时表扬奖励，定期评选优秀教师、明星教师等；在生活上关心他们，要做到报酬合理，努力提高其福利，细心关注其家人等；在工作上支持他们，给予教学以充分的物质保证，帮助解决教学中的问题等。此外，鉴于老干部大学教师的不稳定性，还必须建立人才档案，储备教师，以优化教师队伍。

其三，抓反馈调节系统的落实和完善，以评价和反馈调整教学，追求理想的教学质量。

评价和反馈是优化教学过程、保证教学质量的重要环节。评价是"指挥棒"，是"杠杆"，是加强教学管理不可忽视的方面。比如，在编拟教学大纲时要有"教学评估"一章，让教学评估融入教学过程之中，以指挥、改革教学。在教学活动中重点评价教师，对教师的评价以学员评价为主，以同行评价、学校领导和教务处工作人员评价为辅。对教学成果的评价以学员们在增长知识、丰富生活、增添快乐、陶冶情操、调适身心、延缓衰老、老有所为、服务社会等方面是否都有发展和发展大小如何，作为考核和评价的根据。办学的目的主要是以学促乐，以学促为，学员也应是"学中有乐，乐中有学"。因此，评价教学的成果应该采取丰富多彩的形式，让学员充分展示其所学所为，增添更多的学习兴趣，如办各类作品、成果展，办报刊，出专集，编自传，举办舞会、文艺晚会，将学习成果服务于社会等，以此充分发挥评价、反馈对教学的促进作用。

（三）构建三个平台

三个平台即班主任、学委会和班委会。

老年大学特别是老干部大学与一般学校不同，学员既是被管理的对象，又是管理的主体，学校更多的要考虑学员的要求，同基础教育、职业教育、高等教育主要从国家意志和教育方针出发有所不同。老干部大学必须在充分实现学校的民主管理的前提下，以学员的自我管理、自我服务为主，而自我管理尤其重要。

自我管理如何实施呢？主要是构建好三个管理平台：

其一，班主任。根据学校教育的特点，必须设置班主任。根据老干部大学教学的特点，班主任的配备可以有两种方式：一是安排每个班的授课教师为班主任，辅以一定的班主任津贴，明确既教书又服务的任务；二是学校聘用专职班主任，一个人管多个班。不管哪种方式，都得赋予"班主任职责"，以明确管理目标。同时，在班主任的指导下，充分发挥学员自我管理的积极性与主动性。

其二，学委会。学委会是开发学员自我管理潜能，增强学员的自主管理、自我服务意识，发挥老干部大学人才优势的重要举措。学校要拟定《学委会章程》，按一定比例选出学员代表，成立学委会。学委会要参与学校大政方针的制订、贯彻，参与并监督学校的全面工作，以保证办学方向正确、办学形式符合学员要求，从而提高学员的满意度。

其三，班委会。学校应制订班委会干部产生办法和分工职责，使按照民主集中制的原则选举产生的班委会有威信，有号召力和凝聚力。与此同时，必须加强对班干部的培训和班干部工作经验交流，使班委会工作有力、效果更佳。学校应帮助、扶持班委会成为行使学员自我管理的权威机构，做到班上的一切工作都由班委会组织、主持。这样，班委会除了应该配合学校出色地完成教学任务，还能独立地策划、组织、举办各种课外活动。这样一来，这些活动不但能强化学员之间的联系和友谊，而且反过来又提高了班委会的权威，因而能提高自我管理的成效。

除构建三个管理平台外，还可以组建学员志愿者服务队。志愿者服务队是完全出于自觉自愿而组织起来的一支学员服务队，这支队伍协助学校完成各种紧急、繁重的任务，对实现学员的自我管理可以起到很好的补充作用。

二、抓好教学研究是提高教学质量的保障

科学研究是生产力，教学研究同样是推动教学发展、提高教学质量的巨大动力，不论什么学校都必须抓紧抓好。老干部大学的教学研究主要靠学校内部力量进行。应积极鼓励学校工作人员和教师结合本职工作进行研究。在研究方向上，应坚持教学实践和教学研究相结合，使研究成果迅速运用于教

学，促进教学工作的不断改革和提高。同时要积极引进、借鉴外地老年教育研究成果，以少走弯路，缩短与先进地区差距。

（一）研究课程

老干部大学要调查研究老年群体在当代生活中多层次、多方面的需求，开设多层次、多学科、多学制的课程和班级。一个人作为身体、情感、性别、社会以及精神的存在，其需求是多元化的，老年人也不例外。由于传统教育的弊端，人的智育从其他方面分裂出来，人的创造性被抑制和束缚，最终造成"人的生命的实质部分发育不全"。对于今天老龄群体的多数人来说，人生能真正主动选择自己的兴趣的是老龄期。有人说"退休是人生事业真正的开始"，这不无道理。老干部大学应针对老龄群体的这一特点，以他们的个人兴趣为出发点设置课程和班级，为弥补"人格发展的缺陷"，为"全面的人格发展"、"综合素质的提高"、自我价值的实现提供机会。为了满足老龄群体的不同兴趣和激发他们更为广泛的兴趣，老干部大学的课程和班级应当丰富多彩、多元开放。在注重以艺术类课程为主体、注重突出保健类课程和现代生活知识技能课程等选修课程的同时，还要及时开设时政、科普、生命意义、心理咨询之类的必修课程（公共课）。在办班的层次上，要注意初、中、高级班次的衔接。根据不同专业、课程、学习内容的多少和难易，灵活决定专业的学制，三年、两年、一年、半年、两月、一月、半月、一周都有。

（二）研究教材

1. 疏通教材来源

在教材的选用上，具备条件的，应立足自编；不具备条件的，可以适当引进；条件不完全具备而需求相同的，还可以由省里牵头联合编写。反对完全照搬或直接使用普通高等院校的现成教材。

2. 精编教材内容

老干部大学的教材，在内容上要特别注重针对性、实用性和趣味性。在结构上，宜以课次为单元或章节，即以上课次数的多少框定教材的基本内容，一次课就编成一章或一节，比如不少老干部大学都是每学期16次课，那么，这一期的教材就编写成16章（课）。这样，有利于老干部学员明白每次教学的内容，预习、上课、复习都比较方便。根据知识系统本身和老年人的需要，教材可以适当拓宽讲授内容和附录有关资料，供学员自学选用。

3. 统一教材形式

教材在版式上，应该突出老年人使用的需要，大开本，大字本。还可以考虑每课后面附录适量的空白供学员做课堂笔记之用。装帧不求精美，印刷务必清晰。

（三）研究教法

教学是老干部大学的中心工作，而教学方法是达到教学目的的重要手段，适合老年人的教学方法是提高教学质量的重要因素。因而，必须充分认识教学方法在老干部大学教学过程中的重要性。要运用科学的、合理的教学方法提高老年学员的学习兴趣，使他们得到所需要的知识，以增添生活情趣，丰富生活内容，增强老年大学对老年学员的吸引力和凝聚力。

老干部大学的教学方法必须考虑老年人的特点，充分理解和认识老年人的特殊性。从生理特点来看，人到老年后生理功能逐渐退化，如听力、视力渐渐变差，接受和理解新生事物相对缓慢，许多事力不从心。表现在学习上，老年人虽然一般阅历较广，但仍想重新学习各方面的知识，可是身体却受到一些限制：比如听课时的理解能力虽强，但记忆力差，一过即忘，瞬时记忆较好，长时记忆较差；不少老年人体质有所下降，思维迟钝，有的患有腰椎等疾病不宜久坐，时间长易感困乏等。因此必须从老年人的生理特点出发，采用适合老年人生理特点的教学方法。

再从老年人的心理特点来看，人的一生都在适应学习，充当新的社会角色，掌握新的行为模式，以适应新的生活。但是，人进入老年期后，就逐渐步入了一个生理—心理—社会的转折期。老年人由于生理功能的逐渐衰退、社会角色的改变，其心理活动也相应地发生了变化。为适应这个变化，保持心态平衡，许多老年人就选择了上老年大学。他们上老年大学的学习目的和愿望各有不同，有的想丰富晚年生活，开阔视野，使自己的生活变得充实一点，回归集体，结识新友，扩大交往；有的是为弥补劳碌大半生的缺憾和不足，希望能坐下来当回学生；有的渴求增加新知识，以跟上时代的发展和生活的变化；有的想利用所学所为，教育后代，帮助别人；有的想通过学习拳、剑、舞，锻炼身体，增进身心健康，达到延年益寿的目的；还有的为了圆一个"大学"梦；等等。

老年人的学习心理需求各异，这就要求教学方法必须适应老年人学习的客观需求，在施教中满足他们的需求。

老干部大学教学方法的改革应注重灵活性和多样性。我们认为，以下方法可供参考：①讲授法；②示范法；③提问讨论法；④指导点评法；⑤参观法；⑥讲座法；⑦示意法；⑧现场实习法。

同时，在教学过程中，应提倡互教互学，能者为师，以期达到共同提高的目的。学校还可以根据学员们的要求和兴趣，每年在适宜季节，协同旅行社组团外出旅游观光（费用自理），以增强老年人的生活乐趣，互相联络感情。在旅游中开展摄影、诗歌朗诵、戏曲演唱等活动，沐浴大自然的风光，充分感受"老有所乐"的情趣。

另外，老干部大学在制订教学计划和选择教学内容时，要突出实用性，使老年学员能"学得活、学得乐、学得好、听得懂、记得牢、用得上"，这是实施教学方法改革的重要前提。

加强教学管理和教学研究的唯一目的是提高教学质量和学员的满意度。因此，在增进老干部大学教学管理和教学研究中不能追求形式，做表面功夫，而应狠抓落实，讲究实效。要以评价推动实施，加强专家指导和校际交流，面向实际，大胆探索，跟上时代，办出特色，提高质量，以更好地适应老龄化社会，特别是构建终身教育体系的时代需求。

坚持科学发展观　实现二度跨越式发展①

科学发展观是坚持以人为本，创新发展理念，创新发展思路和发展模式，实现全面、协调、可持续发展的当代马克思主义发展观。长沙市老干部大学自 1999 年 9 月恢复办学至今，坚持科学发展观，实现了初度跨越式的发展：教育理念日益明晰，办学条件不断改善，学校规模长足进步，学校管理日臻规范。学员由复校初期的 300 多人上升到连续 3 年每学期超过 3000 人，8 年来使近 28000 名银发学子的夕阳人生不断臻善臻美。我们的初度跨越主要来自：

一、理念上更新

1999 年 9 月刚恢复办学时，我市起步已落后 10 年；办学方式也与全国大多数地方一样，以文化娱乐等休闲性教育为主。可喜的是，经过几年的探索思考之后，在办学理念上我们实现了新的跨越。一是坚持党政主导、社会共建、老领导牵头的办学体制。二是坚持以人为本，以素质教育为中心，实现"学、乐、为"结合的老年教育目标。在学校课程设置上，由过去单纯的休闲、娱乐型向益智、增能、发展型转变。三是坚持普及与提高相结合、面向社会办学的方针，面向社会扩大招生范围，给学校的发展增添了活力。

二、管理上优化

追求优化的学校管理。向管理要效益、向管理要质量、向管理要广大学

---

① 本文为长沙市老干部大学报送全省第十七次老年教育工作会议经验交流材料，由宁兆时、薛根生合写，薛根生执笔；原载于《老年教育》2005 年第 12 期。

员的最佳满意度。8 年来，我们相继开展了管理年、质量年、评估年、文化年（校园节）、教改年等活动。一是"专家治校"。教务处 6 位工作人员，有 5 人从事过教育管理工作，有的是省重点学校校长，有的是教科所研究员。二是"名师执教"。我们选聘了长沙市有名的 41 名教师来校执教。三是倚重"学员自我管理"。形成了学委会—班委会（学员骨干）—学员志愿队—学员的管理链，既体现了学员的"主人翁"地位，又体现了"民主管理""民主办学"的作风；既增强了管理力量，又增强了学校的吸引力和凝聚力，对把学校营造成和谐校园、家园、乐园起到了促进作用。

三、质量上提升

按照教育规律和老年教育的特点，规范化办学，不断提高教学质量，是办好老干部大学、保持学校旺盛生命力的根本所在。为此，我们确定了学制；编制了教学大纲；编写了部分教材；改善办学条件，配备了先进教学设施；积极开展教学方法的研究和改革，积极组织、鼓励教师撰写教研论文（已有 16 篇在《中国老年报》和《老年教育》上发表）。教学质量不断提高，学员满意度越来越好。

党的十七大再次发出了创建学习型社会和建构终身教育体系的号召。中共湖南省委、湖南省人民政府作出了《关于建设教育强省的决定》（2007 年 8 月 24 日湘发〔2007〕18 号文件），要求"创办老年大学，营造'社会推动学习、全民参与学习、人人崇尚学习'的良好氛围"。这既是号令，也是指针。我们应办好老年教育，落实"三个代表"重要思想，构建终身教育体系，提高老年人生活的质量，以巨大的责任感发展老年教育，办好老干部大学，实现长沙市老干部大学的二度跨越。

我们的总目标是：在党的十七大精神和科学发展观的指引下，10 年内把长沙市老干部大学办成规模较大，设备良好，专业齐全，教师队伍精良，大纲教材（有一部分自编教材）完备，教学教改先进，学校管理科学，教学质量一流，领导学员满意，社会声誉优良，具有自身特色的规范化、示范性的省会老年大学。

我们的发展思路是：理念与行动并举，硬件与软件同步，教学与科研相携，管理与质量齐飞。

（一）规模

在现有 23 个专业 56 个班的基础上，每年以 10% 的速度增长，到 2008 年，专业达到 25～30 个，班级 65～70 个，学员 4000～5000 人次。

（二）设施

教学场地扩大 1 倍，所有教室均实现多媒体化，初步建成校园网，教务处工作人员每人 1 台电脑，教学管理、资料储存均通过网络，各专业的教学仪器、设备、资料基本齐全，艺术团的乐器、服装、道具能满足演出需要，建立为教学教研服务的图书室（阅览室可否考虑与老干部活动中心共用）。

（三）教师

有一支学科配套、水平较高、师德高尚、相对稳定的师资队伍和一批爱岗敬业、乐于奉献、团结协作、结构合理的管理人员。现任教师有较详细的业务档案；后备教师有一定的数量和质量，联系方便。教师待遇应逐年有所提高，要适当组织教师的政治学习、业务交流和参观考察。可以考虑设置教师的校龄奖、教学奖、质量奖、出勤奖等多种奖项，进一步调动教师的工作积极性。学校与教师间实行双向选择，教师来去自由，学校优中选优。同时完善教师的聘任制，让教师稳定地、安心地工作。

（四）教学

第一，每个专业一定要确定好学制，同一专业可以根据目标、要求、对象、学习内容的不同，设置多种学制。第二，每个专业一定要有比较成熟、适应本地特色、可与外地交流的教学大纲。第三，争取有 1/5 的专业有自编教材。教材要有自身特点，其中有一部分教材被外校使用。学校加入中国老年大学协会老年教材工作筹备委员会，承担部分编写任务。第四，教学中特别强调适应老年人的特点，关注老年人的心理，满足老年人的需要，让老年人感到快乐，在老有所乐的前提下有所学，有所得。第五，部分专业要建立规范的作业及其批改制度，以保证教学效果。教师要布置、批改、讲评，尽量激发学员完成作业的能动性、创造性，但不做硬性要求。第六，在老年教育中一方面要淡化检验、考核、评价行为，但对有的专业可以进行必要的检测，目的不是评价、选拔学生，对其分等画线，主要是为了了解教学和研究教改，同时探索老年教育的一些规律。学员学习一般不做学业成绩结论，但可以颁发结业证书。

（五）教研

第一，增强全体教学、管理工作人员的教研意识，树立教研促教改、教改促质量的观念，人人都做教研的有心人。第二，做到有 1/3 的教师有教研课题，并结合教学实际开展扎实的研究，5 年内有一定成果。第三，学校每年应开展比较深入的课题研究，争取获得突破性进展，写出有分量的文章，并在有一定代表性的刊物上发表或会议上交流。第四，牢牢抓住课堂教学这个主旋律，发动全体教师，进行改革、研究，把课上得学员爱听、乐听、会听、听得懂、听得有收获。

（六）管理

第一，调整管理机构。校务委员会下设两处一团：教务处、教研处、艺术团。教务处负责学校正常的教学工作及学校的教材、设备、教具的计划、购买、使用、保管、维修、升级；教研处负责教研课题制订、组织研究、教研论文的撰写、教学改革及新专业开设前调研等；艺术团负责建队、招生、培训、排练、演出等工作。第二，健全管理制度。在原有的各项制度的基础上，补充一些必需的制度，使之完善配套，实现"以法治校"。第三，加强听课。重视听课对教师的评价、督查、指导作用。学校管理人员、教研组长要坚持听课制度，每周一次以上；听完后必须与上课教师交换意见，认真研究，不断改进课堂教学，取得成效。第四，建立完善的教与学反馈调节系统：各班学习委员负责，坚持经常地、随时地反映学员对教学的意见；设置"教学意见箱"，欢迎广大学员自由发表对教师教学的意见，并承诺对其保密；不定期地召开学员座谈会，听取意见；教师、管理人员不拘形式、不分专业、不求完整地随时征求学员对教学的意见；教务处不定期地但有中心有主题地研究教学问题，为改进教学服务。第五，实行教学检查。每期对教师的教学进行一次检查，检查的内容有：教学计划，教案，作业布置、批改与讲评情况，课外活动，学员成果，学员评价等。第六，开创新型活动。创办长沙市老干部大学"艺术节""老人运动会""科技日""老年人文化沙龙"及各种比赛等，把老干部大学办成老年人（仅限于学员）的学校、乐园、舞台、赛场和"第二个家"。

（七）艺术团

第一，巩固歌队、舞队；设计戏曲、服装展示；筹建乐队、秧歌队、腰鼓队等。第二，加强队伍培训，使培训正常化；学员在培训中实行滚动制或末位淘汰制；提倡互帮互学，共同提高，各有长进，各有千秋。第三，实行演练结合，不断排练新的节目，努力提高艺术质量，积极参加各种演出，力争跻身长沙名牌团队。第四，创造艺术特色。5 年内要打造艺术团自己的特色。如舞队以南方民族舞蹈为主，兼排其他民族、民间舞蹈；歌队以多种形式的小组唱或合唱（至少男女各两个声部）、表演唱内容多为轻快抒情而非进行曲为特色等等。让人一看一听，就知道这是长沙老干部大学的艺术团。第五，设计编创金奖节目。5 年中要争排 1~3 个保留节目，不求获奖，但要成为长沙市老干部大学的招牌、标志。第六，提升装备品位。在服饰、乐器、道具、化妆等一系列必备物资的基础上，既量力而行又尽力而为地提升各种物资设备，以增强艺术效果。

（八）其他

第一，确定好长沙市老干部大学的校徽、校训、校歌。第二，继续办好校报。可逐步增加出版期数，每学期三期。也可考虑改为校刊，适当扩大现有的文字容量。第三，5 年内组织、编辑、出版师生的诗文集、画册、摄影集、书法集等各 1 部（本）以上。第四，筹办长沙市老干部大学复校 10 周年校庆，展示办学成果，检阅办学业绩，总结办学经验，发展办学后劲。第五，尝试开展有偿服务，增加创收，在把社会效益放在首位的基础上，力争社会效益和经济效益的最佳结合，寻求自身发展的新路。第六，尝试与有关高等学校（如电大、师大、党校等）联合创办老年人高等学历教育班，为打造学校品牌和提高学员品位，让老年人成为新时代的强者和智者，实现夕阳人生的至尊至美而努力。

我们将老干部大学的管理特色定位为教学设施先进，专业课程齐全，教学形式活泼，学校管理科学民主。

长沙市老干部大学欲谋求进一步跨越式的长足发展，是一项较大规模的整体、系统工程。需要上级领导一如既往并加大力度的重视和支持，需要有关部门积极热情和付诸实践的理解和帮助，需要学校全体教职员工和学员的努力工作和奋发进取。总之，这是一项要下决心、有计划、按步骤、花力气来办的难事、好事，也是惠及老人、泽被后世的盛事，我们一定要把它做好。

8年来，在坚持科学发展观之下，学校实现了跨越式发展。但我们深深感到，老年教育，任重而道远，需要我们继续发扬勇于探索、勇于实践、勇于反思、勇于整改的精神，为办高质量的老年教育、办高质量的老年大学，扎扎实实走好每一步，认认真真做好每件事。我们决心与全国同行一道，为了中国老年教育事业的发展，努力，再努力。

面向老年　注重实用

——我们编写教材的经历和体会①

我们学校是 1999 年下半年才恢复办学招生的。复校一年，学校步入正常轨道后，就及时提出了"办精品，争一流，创省会示范大学；抓管理，上质量，对每位学员负责"的口号。不久，学校又提出了"教学从休闲型、娱乐型、颐养型向实用型、益智型、进取型转变，管理从松散型向规范型转变"的具体目标。根据发展教育和办学建校的基本规律，学校特别是号称"大学"的教育实体，能够体现学校治校者的教育哲学、教育理念和办学方略的，除了一些抽象的、概念化的校训、校风、教风、学风，应该数教学大纲和教材了。因为这是一所学校的立校之基、教学之本。因此，在 2001 年 7 月上旬的学校教务处会议上，学校再次明确地提出了"为了实现以上的奋斗口号和阶段目标，我们首先要考虑学校的学制、教学计划、大纲和教材等问题"。7 月下旬，通过召开教务处会议，指定专人就大纲和教材的编写问题拟订了初步方案。党的十六大关于构建"终身教育体系"的号召和几年来教学中因教材的有无、优劣对教学质量的影响、学员满意度的比较，更增强了我们加快学校教材建设步伐的决心。并于当年 9 月初，开学前的全体教师大会上，布置了编写各科教学大纲的任务，印发了大纲编写的基本要求和格式。大纲的编写经历了教师—学校领导—有关专家—部分学员几上几下的研讨、修改。2002 年上学期，学校已开设的 23 个专业的教学大纲基本定稿。教学大纲是编写教材、组织教学、进行评价的依据，有了它，我们就正式启动了

---

① 本文作者为薛根生、马秉权，由薛根生执笔于 2007 年 4 月 20 日，原载于《老年教育》2007 年第 5 期。

教材的编写工作。历经数年，我们已编写并出版发行了《老年实用按摩》《老年计算机教程》《老年实用英语》《老年实用保健》《老年声乐》《中医基础理论》《中国古典文学》《老年实用养生学》等 8 种共 22 册教材。这些教材，不但满足了本校学员的需求，还支持了本市分校和兄弟城市、企事业办的学校。2004 年 4 月在广西北海、2005 年 7 月在新疆乌鲁木齐的全国老年大学协会教材编辑、发行工作经验交流会上，我校参展教材备受瞩目，获得了与会代表的好评。一些学校当即征订了教材。现在全国已有江苏、浙江、陕西、广西、江西、吉林、青海、新疆、内蒙古等 19 地的 40 多所学校使用了我校的教材（省内有 28 所学校使用我校的教材）。比起复校之初的没有教材或引进普通高校教材和其他读物作为教材来看，自编教材更具针对性、实用性、趣味性，更便于教学。因而受到了广大学员的普遍好评。《老年教育》"老年大学版"2005 年第 3 期和 2007 年第 4 期免费刊登了我们学校的教材目录以后，购买教材的学校和个人更多了。

回顾几年来教材编写走过的历程，我们有以下几点体会：

一、认识

老年教育必须要有自己的教材。相对于基础教育、高等教育和正规成人教育，老年教育一直没有比较规范和适用的教材。而且，由于对老年教育认识的偏差，在老年教育的管理、实施、研究中，关于教材的问题，一直未得到应有的重视。在我们耳目所及的有关"老年教育"的众多研究文集中，居然很难找到讨论教材的文章。也许有人认为老年教育就是"乐乐""玩玩"罢了。而实际上，已跨入终身教育时代的"学习型社会"的老人，他们所需要的老年教育已不止是"乐乐""玩玩"，而是提出了诸如"学学""用用""试试"等更高的要求，这就要求老年教育应有自己的教材。同时从一所"大学"，特别是"规范化""示范性"的大学来看，更不能没有作为教学之本的教材。正规的高等学校，除了有全国共用的一部分教材，更多的是本校所编的教材。在高等学校的等级、品位、排名评定中，其学校教材的优劣和使用率是一个十分重要的指标。更何况，老年教育多年来一直缺少教材。尽管有大量的高等学校教材、不少通俗读物、少量的老年教育教材，但是由于学校体制、学制等的差别，使用都不甚理想，效果欠佳。鉴于此，我们觉得，编写老年大学自己的教材是一件刻不容缓的大事。正是这种紧迫感，鞭策我们积极、认真、抓紧地进行教材编写工作。

二、行动

急用先编，基础好的先编。我们学校已经开办了 30 多个专业，70 多个班。编写教材全面开花，一齐动手，肯定是不行的。先编哪些呢？我们的原则是两个：其一，急需用的先编。比如，中医按摩已开办了不同年级的 5 个班，学员们急需教材。于是我们便着手先编《老年实用按摩》。像《老年计算机教程》《老年实用英语》等均属此例。其二，基础好的、容易编的先编。如《老年实用保健》《老年声乐》《中国古典文学》等，或教师已编有简单教材，或有的教案已几近教材。这些学科，只需在原有简单教材和教案的基础上，稍加补充、润色、整理即成。《中医基础理论》亦是如此。这样，我们不太难地就迈开了自编教材的第一步。由于自编的教材比过去所引进的所有教材都更接近学员生活，符合学员要求，所以颇受学员欢迎。尽管往后的教材编写，难度会越来越大，但我们将坚定不移、持之以恒、义无反顾地走下去。当然，作为一所大学的最重要的"软件"之一的教材，质量是它的生命，我们务必重视。因此，我们除了编前讨论、编中修改、编后请有关专家审订、使用中广泛征求学员意见，我们自己在编前还统一了基本格式和要求，后来又转发了《中国古典文学》的编写样式，供其他学科参考，还由常务副校长牵头，带领绘画班学员设计封面……这样从内容到形式、从装帧到印刷都保证了作为"大学"的神圣"软件"的教材的基本质量和品位。我们觉得，这种小步慢进的策略是符合我校的实际的。现在，我们新编的《老年实用摄影》和《老年实用山水画教程》已快付样。

三、反思

之所以受欢迎，是因为我们面向老年，注重实用。在编写教材时，除了遵从学科自身的知识、能力、结构体系，在内容的取舍、详略的分布，章节的设置、衔接，文字的雅俗、多少，开本，字号……乃至使用时的方便与否，我们都遵循一条根本原则：从老同志的需要、实用、方便出发。在内容上，我们强调实用性、可接受性、可操作性。一般以 1 年为期，满足老同志所需所乐所能接受的愿望。淡化理论的完善和体系的齐全。在章节的安排上，完全按照每学期 16 次课设计，1 本教材用 1 个学期，1 本教材 16 课，每 1 课为 2 个学时的内容，以实用性为前提，以可学性为基础，以趣味性为内驱，让学员感到每次上课均有所获，不虚此行。在文字表述上，力求通俗易懂，化繁为简，深入浅出，不追究科学原理，只强调实际操作要领；不要求死记硬背，只强调领悟体会。鉴于老同志大多视力甚弱，且不便携带复杂的学习用品，我们的教材用大开本，用大号字，每课后面还附了一定的空白供学员做笔记用。凡需图解的，我们强调图例要清晰醒目，文字要明白简单。为了满足不同层次学员的需要，有的教材还提供了少量阅读资料，供学员提升知识面，也提高了教材的学术性。学员带上教材和笔，就可来校上课学习。为此，在教材的命名上，我们也坚持实事求是地名之曰"老年实用"。

学校的五年规划中写道："争取有三分之一的专业有自编教材。教材要有自身特点，其中有一部分教材被外校使用。"我们将不断努力，争取实现这一目标。

立法保障　科研推动　网络放大

——关于老年教育现代化的宏观战略思考①

中国社会发展到今天，呈现出两个显豁的特点：

一是从跨进 21 世纪开始，中国经济社会的发展开始全面进入加速转型期。在工业现代化没有全部完成的时候，中国又开始了向知识现代化迈进的过程。由此，经济结构和社会结构的变化进一步加剧，中国现代化进程将实现全面的跨越式演进。同时，这种"跨越式"又面临不少问题：其中最突出的是知识的爆炸和人才的匮乏，即人才资源和知识资源开发的问题。② 这也正是我们基于和依赖自然资源和资本资源的传统发展模式转向基于和依赖人力资源和知识资源的新型发展模式的过程中遇到的首要问题。

二是中国人口的老龄化日趋严峻。"青春中国"将逝，"老龄中国"将至。③ "老龄中国"除了给中国的家庭带来沉重的经济负担（中国的养老保险体系很不完善），还向社会开列了一个问题清单：其中最突出的是社会如何满足日益增多的老龄人的各种需要；社会如何利用和挖掘老龄人的技能才智。

很显然，在这两个问题上，我们可以找到一个解决问题的契合点：那就是创建"学习型社会"，开展"终身教育"，号召人们"终身学习"。正是从这里出发，党的十六大、十七大连续发出了创建学习型社会和建构终身教育体系的号召。老年教育作为学习型社会和终身教育体系不可或缺的重要组成部分，理所当然需要大力发展，需要向现代化迈进。发展老年教育除了可以

---

①　本文写于 2008 年 5 月，获中国老年大学协会第八次理论研讨会一等奖，原载于《长沙市老干部大学学报》创刊号。

②　杨宜勇：《中国社会正处于加速转型期》，载于《中国青年报》2004 年 4 月 25 日版。

③　马凯：《中国失去的青春》，载于《德意志报》2004 年 5 月 27 日版。

让老年人走向开放的世界、增长他们的知识才干、丰富他们的精神生活、改善他们这一特殊群体与社会和他人的关系、实现社会和谐，还有利于开发和利用老年人身上蕴藏的巨大智能财富，帮助解决人力资源和知识资源匮乏的问题，促进经济发展和社会进步。而这，正是我们所期盼的。

"学习型社会"的核心概念是什么呢？就是"团队学习"或"组织学习"。它的真谛是"透过学习，人们重新创造自我。透过学习，人们能够做到从未做到的事情，重新认识这个世界和我们跟它的关系，以及扩展未来的能量"。学习型组织的特点有三个。一是有共同愿望。二是团队学习形式。三是学习战略为：学习，提高素质，更新、完善自我和加快发展；不断学习，不断提高素质，不断更新、完善自我和加快发展。① 不言而喻，就老年群体这一部分社会成员来说，实现"学习型社会"核心的最佳形式就是开展老年教育，特别是开办各种各样、各级各类的老年学校。随着时代的前进，教育的方针、政策，办学的体制、保障，办学的目标、管理、教学内容及方法等，都得在继承过去传统的基础上注重创新，注重发展，成为现代化的老年教育。

这种老年教育现代化的宏观发展战略是什么呢？我们想：

战略一：完善有关法律法规建设，作为实现老年教育现代化的根本保证。

在"依法治国"方针指导下，在全面建设"法治国家"的进程中，以法律法规的手段来保障全民学习和终身学习，保障老年人学习的进行，就成为一个重要的战略需要。

首先，完善《老年人权益保障法》。《老年人权益保障法》是1996年制定并开始施行的。它是我国目前关于老年人的权益范围及其保障形式的唯一和最高法律。其中第三十一条规定，"老年人有继续受教育的权利。国家发展老年教育，鼓励社会办好各类老年学校。各级人民政府对老年教育应当加强领导，统一规划"。第四十条规定，"国家和社会应当重视、珍惜老年人的知识、技能和革命、建设经验，尊重他们的优良品德，发挥老年人的专长和作用"。第四十一条规定，"国家应当为老年人参与社会主义物质文明和精神文明建设创造条件"。第四十二条规定，"老年人参加劳动的合法收入受法律

① 齐爱兰、宋泽滨：《"学习型社会"学习的特点》，载于《继续教育》2004年第2期。

保护"。但是，十二年来，国家发展和社会进步很快，国家和社会对老年人的期望、要求，给老年人的权利、利益，老年人对国家和社会应尽的义务、贡献，老年人自身的新的需求、愿望等都发生了很大的变化。原有的诸如以上法律条文所规定的内容，对于满足这个变化，在广度、力度和具体实施上，都还有较大的差距。因此，这部法律的修改完善，特别是提高和强化老年人学习方面的权益是必不可少的。

其次，国家还应该新制定一些有关的法律。如《全民终身学习法》《老年教育法》等。这些法律应明确指出，制定这些法律有宪法、《中国教育改革和发展纲要》《中华人民共和国教育法》《2002—2005 年全国人才队伍建设规划纲要》《中共中央、国务院关于进一步加强人才工作的决定》《国务院关于大力推进职业教育改革与发展的决定》《面向 21 世纪教育振兴行动计划》《2003—2007 年教育振兴行动计划》等一系列法律法规的依据。在这些法律中，应该规定公民特别是老年人的受教育权利和国家发展对公民特别是老年人的要求，其目的是提高国民素质、加强人才培养、适应国家发展和全球发展的需要；在这些法律中，要界定法律所涉及的诸如"学习型社会""终身教育""终身学习""老年教育"等概念及相关内容，规定国家和各级政府的责任、政策、办法，规定有关终身学习机构的种类、目标和任务，强调政府对全民中的弱势人群如老年人终身学习的特殊关照，强调终身学习的教学内容、方式方法的多样性等；在这些法律中，还必须规定各种有关终身学习、老年教育的鉴定、认证及其督导、评价、奖惩等。在此基础上，期望形成政府行为之下的全社会齐抓共管的积极态势，并由此制定老年教育的整体规划、安排国家及各级财政预算。《全民终身学习法》《老年教育法》的制定和实施将会产生四个方面的变化：受教育者逐渐向学习者转变；使教育体系从以国民教育为重心向终身学习（教育）和国民教育共同发展的方面转变；从以学校为重心进行学习，到在学习型组织中进行学习的转变；从教育管理到教育服务观念的转变。这些变化一定能促进老年教育现代化的长足发展。

最后，国家和各级政府要加强对以上法律法规的实施和督评。一是各级有关部门要及时制定相关的实施条例，避免法律法规成为一纸空文或没有

"回声"；二是各级各类教育事业的发展规划，包括不少省市拟定出台的"教育强省""教育强市""教育强县"的计划或评估标准都应包括终身学习、老年教育的内容；三是加强对以上法律执行情况的检查、督导、评估。

在这方面，全国做得较好的是天津。天津早在2002年就制定颁布了《天津市老年人教育条例》，并随即制定了《天津市老年教育"十一五"发展规划》，从而有力地促进了天津市老年教育近几年来跨越式的发展。比如，关于"向真正意义的老年大学转变"的两个走向——"从休闲教育走向继续教育，从松散型管理走向规范化管理"，就是天津最早提出来的。①

战略二：加强老年教育科学研究，是推动老年教育现代化的持续动力。

邓小平说：科学技术是第一生产力。在老年教育现代化的推进过程中，我们要把科学研究这个生产力调动起来。从低层次的教改，到中层次的教研，再到高层次的科研（课题研究）。关于老年教育的研究要全面展开，使之成为老年教育现代化发展的助推器。一些关于老年教育现代化的重大问题，是非常需要研究并达成初步共识的。如：老年大学要不要转型？即在教学上从休闲型、娱乐型、颐养型向实用型、益智型、进取型或两者相结合转变；在管理上，从松散型向规范型转变。这个问题的答案涉及许多现在正困惑着我们的问题：老年教育有没有教育教学目标？老年教育要不要进行督导评估？等等。又如：老年教育在办学方式、课程设置、教材内容、教学方法、学校管理等方面，究竟应该构建怎样的基本模式和多样变式？学习型组织如何建设、实现真正的多样化？各种各类的《教育学》理论专著五花八门，唯独《老年教育学》未见。我们要不要编写出中国自己的《老年教育学》……这些问题的研究及其基本共识，对老年教育的加速健康发展、向现代化迈进都是有很大的助推作用的。

首先，我们需要建立各级各类的老年教育研究机构。这是开展科学研究的组织保证。现有的中国老年大学协会老年教育学术委员会成立时间虽然不长，但是做了许多工作，已经产生了良好的影响和积极的作用。但是，不论从规模上，还是声势上，影响力上，与当前老年教育的现状和未来老年教育

---

① 《中国老年报》2001年6月9日第1版。

发展的需要还不相适应。而且，各省市的相关学会也尚未普遍成立。2007年7月7日，中国教育发展战略学会终身教育工作委员会在北京成立，时任教育部副部长赵沁平等领导同志到会祝贺，这是全民终身教育事业的一件大事，也是老年教育的一件喜事。这不但标志着我国教育朝着"建立和完善终身教育体系""促进人的全面发展"的目标迈出了重要的一步，而且还将以崭新的姿态迎接知识经济带来的新的挑战。同时，让多年来徘徊游离的老年教育研究可以找到自己的归属。不言而喻，终身教育工作委员会之下至少可以成立两个"子会"，一个是"老年教育工作委员会"，一个是"终身教育学术委员会"，这两个"会"都可以领导和组织老年教育工作及老年教育的学术研究。

其次，我们需要培养老年教育研究的人员队伍。这是老年教育研究工作得以进行的关键所在。"事在人为"，有人才能做事。但是，从目前的情况看，外地的不清楚，我们湖南省、我们长沙市，虽然已经创办了不少老年教育学校，但从事专业研究的人员很少。从教学管理到任课教师，大部分是聘请的离退休教师。部分规模较大的学校，像我们有3000多学员的长沙市老干部大学虽然也安排了教务处的个别老师管一管教研工作，那也既非专职，更未全力。因此，对并不少于儿童青少年人口比例的老年群体来说，目前老年教育的研究机构、人员、园地不说与基础教育相比，只希望有相应的配比，应该说是需要引起重视和解决的。不然，在倡导"和谐社会""教育公平"的今天，这里是不是跳动着一串不和谐、不公平的音符呢？解决的途径还是有的：从教育界专业人员中选派；在有志有识于此的人士中聘任；高等院校应该像设立"学前教育专业"一样，开始设立"老年教育专业"，招收学生，真正培养老年教育的专门研究人员。

再次，我们要经常性地开展各种学术研讨活动和创办交流和发表研究成果的园地。一般的教改需要交流；小问题的教研需要提升；重大的课题研究尤其需要指导、管理和推广应用。这就需要开展活动，需要有园地供大家交流、研讨。我国各级各类的教育研究刊物汗牛充栋，各式各样的教育研讨会遍地开花；而公开发行的老年教育的研究刊物却少得可怜，至今仅见《老年教育》一种（民办、内部的还有几种）；关于老年教育的研讨会也鲜有所闻。

而这些，现在是不是也到了应该迈出实质性步伐的时候了？近年来，在哈尔滨召开了"中国特色老年大学规范化建设研究"课题组会议，在北京召开了关于"构建老年教育学可行性研究"课题研讨会，特别是最近在天津举行的"老龄社会与老年教育研究"论坛，可以说是活跃老年教育科学研究的一朵朵报春的梅花。它们对老年教育理论的发展和实践的推进，必将产生深远的影响。应该说，在这方面，上海、南京、天津、重庆、武汉、宁波、济南等地已经做出了表率。

特别值得一提的是，由终身教育工作委员会承办的以"终身教育和学习型社会建设研究和实践"为主题的学术报告会的举行和《中国终身教育》的创刊，为中国终身教育、老年教育前沿问题及中国终身教育、老年教育改革重大问题的原创性学术成果和具有重大推广价值的应用性研究成果的公示和交流，提供了一个高水平的研究成果交流平台，实在是一件很有意义的事情。它可能预示着关于老年教育科学研究的园地开辟和活动开展的春天的到来。

战略三：构建老年教育网络系统，是老年教育现代化的必由之路。

老年教育的现代化需要形成一系列让老年学习者方便进行学习的机构和设施。近几年来，随着社会信息化水平的提高，各级各类老年学校在教学设施上都有所改进。VCD 机、录音机、投影仪等已陆续搬进了教室，但不同发展水平地区的老年人都能享受到同样优质的老年教育资源仍然没有大的起色和长足发展。因此，充分整合与利用老年教育机构、广播电视、计算机网络等各种资源，形成"人网"（各级各类老年教育学校）、"天网"（空中老年大学或老年广播电视大学）、"地网"（老年教育的计算机网络），构成现代化的老年教育的网络体系，更是老年教育现代化、提高老年教育效率的重要战略之一。

首先，要把各种办学体制——国家办的、集体办的、民办的老年大学都联系起来，形成以省市老年大学为龙头，辐射、指导各级各类学校的"人网"，让老龄人圆自己上大学的梦，走到哪儿都有学可上。近日，有人提出"养老机构能否办成老年大学模式""让老年人在老年大学里养老，在老年大学里走完自己的一生""这样的老年大学让老人感到自己不是去养老，不是去走完自己人生的最后一站，而让老人有一种新的感觉：我是学生，我是来学习的，不是来养老的"。这不失为一种新颖的思路。①

其次，充分利用广播电视，办好符合老年教育非学历、非职业、无校区、无时空限制的"空中老年大学"或"老年广播电视大学"，建设"天网"，让老龄人简便地、自由地学习想学的课程，获得自己需要的知识。在这方面，江苏省苏州市已经走在了全国的前面，值得大家仿效。

再次，要建设好老年教育的计算机网络——"地网"，让初步掌握了计算机网络技术的老年人，只要愿意，个个都能轻松地、自如地、随心所欲地学习各种知识。

只有把这"人网""天网""地网"三种网络都建成了，我们的老龄人的教育问题，"学习型社会"的构建问题，"学习型组织"的多样化问题，才能真正有望得到解决。这也是在科学发展观指导下进行的老年教育现代化的必由之路。

① 张玉奎：《养老机构能否办成老年大学模式》，载于《中国老年报》2008 年 3 月 14 日第 4 版。

适切度：老年大学选用、编写教材的第一要求

——从《新概念英语》到《老年实用英语》
再到《出国常用英语会话》①

教材与校舍、教师是构成学校的三大必备条件，缺一不可。教材是教师讲授和学生学习的基本依据，是有序开展教学活动的基础，是实现有效教学的载体。教材质量的好坏和对学生的适切度，直接关系到培养目标能否实现、教学效率的高低，甚至在一定程度上影响办学的成败。真可谓举足轻重。老年大学尚无全国统一的教学计划、课程标准和教材，必须高度重视和加强教材建设工作。这是老年教育谋求快步和持续发展的题中之意。

有的老年朋友年轻时未能获得学习英语的机会，离退休后，为了增长知识、丰富晚年生活、完善自我而要求学习英语；有的则因子女在国外，拟前往探视而急需学点英语，以适应出国后的生活环境。为此，我们长沙市老干部大学从 1999 年复校伊始就开设了英语课程。

最初，我们使用了人教版初中英语教材。由于教学对象、课时数、辅导和环境的诸多差别，一个学期后就被否定了。接着，有学员自己推荐使用《英语 200 句》《学习英语三月通》等社会上流传较广的一些读本。我们采用了《英语 200 句》。但是因为一开始就进入英语的各种句式学习，学员因缺乏基础而感到学习吃力，很快又停用了。在我们急于寻求问题解决办法的时候，我们看到了国内一所比较知名的老年大学的各科课程标准，他们的英语基础班和中级班都是使用的《新概念英语》。② 于是我们也就毫不犹豫地开始使用《新概念英语》。但是，用了一段时间以后，发现它仍不符合老年人学

---

① 本文写于 2010 年 2 月，获中国老年大学协会第九次老年教育理论研讨会征文二等奖，原载于《长沙市老干部大学学报》第 2 期。

② 《武汉老年大学课程标准汇编》，武汉老年大学教务部 2000 年五月印行。

习英语的特点。都觉得不理想。老年大学一般学制为 2 年,每期 16 周,每周 2 ~ 4 课时(我校受教室的限制,每周还只开 2 课时),运用不了这种正规的学院式的教材。当时,社会上流通的教材,大都不太适合这种学制。与此同时,我们长沙市老干部大学已于 2002 年就开始编制了 23 个专业的教学大纲,其中也有英语教学大纲。随即组织教师动手编写教材。

2003 年年底,我们学校自己编写的《老年实用英语》第一册脱稿经专家审订后印行,并且接着抓紧编写后续的几册,于 2005 年全部编完。这套《老年实用英语》共 5 册。第一、二册为语音部分。从字母开始,由基本句型入手,学习英语 26 个字母和字母导出的英语中 20 个国际音标的元音音素,几个主要的辅音字母组合的发音和一些基本的语音规则,使学员初步掌握国际音标的读音规则,学会使用工具书,拼读单词,查找词义,并懂得培养正确的语音语调的重要性。第三、四册为基础语法部分,简单阐明了英语词类的基本用法,动词的几个常用时态,句子成分、句子分类等进行口头表达时必不可少的语法知识,以着重培养学员口头表达能力为主要目标的英语 180 句被平均编到第二、三、四册的 36 课(每册书有 4 课复习课)书中,每课书含 5 个句子,每 1 ~ 2 课围绕 1 个专题。这些句子包括了表述该专题内容的基本句式和配合各课专题所编的情景对话。紧跟在对话之后的替换,本着举一反三的原则,用不同的方式表达同一思想,或用同一种句型表达不同思想,起到帮助学员拓宽知识面、灵活运用语言的作用。在练习中增编了"补充阅读"一项,包含了行文简洁、富于人生哲理的谚语、格言和篇幅短小、内容生动多样、贴近老年人生活的短文、对话,供对英语有浓厚兴趣、学有余力的学员课内或课前、课后略读。为了帮助学员们克服由于词汇量太小给阅读带来的困难,在每课书之后和书末附有单词表备查。第五册书内容相对要深一点。在学完两年学制规定的前四册书的基础上,如果还想继续提高,即可进入提高班学习第五册。通过进一步学习,完善最基础的语法知识,以阅读小诗、谜语、对话、短文来达到拓宽知识面、增强口笔语能力、提高英语水平的目的。这套书从 2004年开始使用,第一册开了 4 个班,共 120 余人。到第二册还能勉强进行,但人数稍有减少。进入第三册以后,由于生词增加,语法趋难,随班而上的学员一下子就减少了几乎一半。继续学习第四册的人越来越少。第五册至今没有开过课。这种结果也许是必然的。因为这套教材是以大学教授为主编写和审订的,学院味仍然很浓，对学习语言自身的规律考虑较多，忽视了老年学员的学习过程和学习目的等重要因素，在使用中无法实现教学计划。

在刚刚使用我们自编的《老年实用英语》的时候，曾经有学员提出可否只开设英语口语相关课程。当时被我们一口否定了，原因是觉得单纯的口语太窄了，不能满足广大学员全面学习英语的需要。由于学员日趋减少的事实越来越严重，有的学员和英语教师便提出要更换教材，有的教师又推荐了一些英语口语会话和其他读本。在犹豫不决的情况下，我们决定做一次调查研究。我们设计了一个了解学员们学习目的、英语基础、喜爱的教材或读本、学习习惯和方法、学习的要求和建议等情况的调查问卷（附后），对所有英语班的学员进行了调查。结果让我们大受教益。其中关于学员年龄、英语基础、学习目的、选择教材建议等项，学员们的问卷统计是这样的：

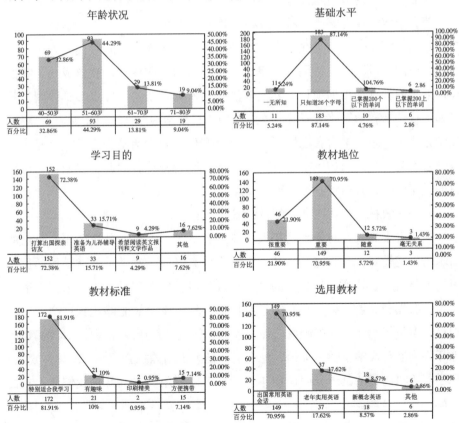

年龄状况

	40~50岁	51~60岁	61~70岁	71~80岁
人数	69	93	29	19
百分比	32.86%	44.29%	13.81%	9.04%

基础水平

	一无所知	只知道26个字母	已掌握200个以下的单词	已掌握200上以下的单词
人数	11	183	10	6
百分比	5.24%	87.14%	4.76%	2.86

学习目的

	打算出国探亲访友	准备为儿孙辅导英语	希望阅读英文报刊和文学作品	其他
人数	152	33	9	16
百分比	72.38%	15.71%	4.29%	7.62%

教材地位

	很重要	重要	随意	毫无关系
人数	46	149	12	3
百分比	21.90%	70.95%	5.72%	1.43%

教材标准

	特别适合我学习	有趣味	印刷精美	方便携带
人数	172	21	2	15
百分比	81.91%	10%	0.95%	7.14%

选用教材

	出国常用英语会话	老年实用英语	新概念英语	其他
人数	149	37	18	6
百分比	70.95%	17.62%	8.57%	2.86%

这个调查结果使我们很快地做出决定：调整教学计划，更换教材。学制还是两年，但是教学计划、使用教材有较大调整：第一学期学习英语口语不可或缺的国际音标、拼读规则、语音常识、基本句型和使用工具书等内容，仍以原来的《老年实用英语》第一册为教材，稍作补充。第二、三、四个学期，均直接学习《出国常用英语会话》。《出国常用英语会话》是我们借鉴国内众多的同类版本，根据我们的需要进行改编印行的。这一改动，自2008年试用以来，受到了广大英语班学员的普遍欢迎。学习英语的班级也由4个增加到7个。

俗话说："经历就是财富。"我们学校使用英语教材的经历确实给了我们十分有益的启示：老年大学的教学，教材至关重要。而教材的适切度，又是选用、编写教材的第一要求。

那么，教材的适切度究竟体现在哪些地方呢？

著名老年教育专家高志敏教授在《确立新的出发点，获得教学行为的成功》一文中指出："在实践终身学习理念，推进终身学习的时代进程中，为了使人们的学习活动，特别是有组织的学习活动走向成功、获得成功，我们建议未来的教育、培训项目，其教学活动必须确立新的出发点。具体则当采取如下行动：教学策略——确立学习者中心；教学内容——尊重学习者需求；教学方式——满足学习者意愿。"[①] 这告诉我们，教学活动的出发点就是一切以学习者为中心，一切以学习者的需求和意愿为转移。因此，我们在讨论教材的适切度时，自然也必须遵循这一点。

其一，教材必须适应老年学员的需要。

老年大学的教育对象是老年人群体。老年大学的教学是按老年人自己的需求与兴趣爱好，自我完善、自主选择的"实用型"教学。教材是供学员学习用的材料，是教师和学员共同借以达成学习目标的工具。古人云：工欲善其事，必先利其器。有什么样的学习目标，就应该用最能够达到这个目标的教材。学员想学什么，老师就应该讲什么，就应该选用或编写什么样的教材。老年人到老年大学来学习英语，绝大部分是为了出国探亲（占72.38%）。他们学习英语的目的是十分明确而单一的：学以致用。这也就是我们所追求的

---

① 高志敏：《终身教育、终身学习与学习化社会》，华东师范大学出版社2005年版。

教学信息与学习目标的"对称"。因此，我们就应该选用、编写为他们出国探亲要用的英语教材。从这个角度看，我们选用《老年实用英语》第一册加《出国常用英语会话》作为英语班的稳定教材，是符合这一要求的。这样的教材，在主要内容、重点详略、呈现方式方面十分有针对性地解决了即将出国探亲的老人们的学习问题，能最大限度地激发他们的学习积极性，能最深广地发掘他们学习的全部潜能，因而能够达到教学的最佳效果。学校学习英语的班级由原来的 4 个班发展到现在的 7 个班，当然也就是理所当然、水到渠成的事了。

其二，教材必须适合老年大学的学制。

老年大学不仅教学内容、使用教材与普通中小学、高等学校和一般成人学校不同，教学制度、时间、方式等许多方面也有其特殊性。

（一）学制较短。老年教育讲求速成、见效。根据老年学员学习自觉性强、知识经验丰富、理论接收能力较强等优点，可适当加快教学进度，以求在较短的时间内使他们掌握更多的知识和技能。在教学中，学员们一般希望教学时间"短平快"，教学内容"少而精"，教学效果能近水解近渴，能将所学的知识和技能尽快运用到生活和各项服务中去。这就要求我们的教材要区分主次，分清难易，详略恰当。① 侧重技能技法，侧重学以致用。这是我们编写教材时应该牢牢把握的关键。英语学习班两年时间，每周仅 2~4 课时，要老年人学好一种他十分生疏的语言，是不现实的。但是，学点必需的语音常识，重点学会一些常用会话，却是可能的。《老年实用英语》第一册加《出国常用英语会话》正好符合这一要求。

（二）单科独进。老年教育是补偿教育。老年人自认为个人生活中还缺什么就去学什么。因此，老年大学开设课程时，是采取单科独进的方式。一般的教学过程由课堂教学、大量的课外自学和少量的辅导、课外实践活动构成。教材的内容和形式以单一、简明为好。老年大学的英语课程，特别是面向出国探亲的老人，单独学习"会话"这一块，采用《出国常用英语会话》能充分发挥教材的作用，实现教材的最佳效果。

---

① 闫春文：《正确处理老年教育中的五种关系》，载于《上海老年教育》2006 年第 1、2 期合刊。

（三）一周一次课。老年教育是休闲教育，还有人提出这是一种无压力的教育。不能让老年人感到过大的学习压力。一般是一周一次课。鉴于英语学习的特殊性，有不少学校一周开设了两次课。为此，我们的教材在章节的安排上，完全按照一个学期十六次课设计，一本教材用一个学期，一本教材十六课，每一课为两个学时的内容。让学员使用起来方便明了。我们的《老年实用英语》就完全是按照这种要求编写的，《出国常用英语会话》在改编时，也遵循了这一原则。

其三，教材必须切近老年学员的可接受程度。

维果茨基的"最近发展区理论"告诉我们，学生的发展有两种水平：一种是学生的现有水平，另一种是学生可能的发展水平。两者之间的差距就是"最近发展区"。教学、辅导应着眼于学生的"最近发展区"，教材的内容、难易程度也应控制在学生的"最近发展区"。即为学生提供带有难度但又不超出"最近发展区"的内容。这样，才能调动学生的积极性，发挥其潜能，最终实现超越其"最近发展区"而达到其困难发展的水平，然后在此基础上对下一个发展区进行发展。老年大学虽然有诸多的特殊性，但是这一教育规律还得遵从，这样才能取得理想的教学效果。对于一批只知道 26 个英语字母的老年人（占 87.14%），两年内的学习目标只能是在学好英语的语音知识、基本句式的前提下，掌握一定数量的英语会话。而像《新概念英语》《老年实用英语》第三、四册中的许多内容是不在他们的"最近发展区"之内的，当然不受他们的欢迎，他们很难坚持学下去。这也就是为什么有 81.91% 的学员认为一本好教材最重要的是"特别适合我学习"的缘故。

其四，教材必须切合老年学员的特点。

所有的学习活动都是以学习者为主体，依靠学习者自身的身心机能、精神驱动，进行符合学习者认知规律的教学活动而取得成效的。因此，学习的所有环节和载体都必须切合学习者的特点。教材也不例外。只有这样，才能让我们的教学活动得以高效体现，让我们的学员获得最大的收益。老年人的学习有哪些特点呢？

（一）心理特点。老年人期望在较短的时间里，学到自己迫切需要的知识和技能，收到在学习上立竿见影的效果。为了帮助老年人实现这一愿望，选用和编写教材时就要注意去粗取精，十分必需而又基本够用，既使教材符合学科自身体系，脉络清楚；又要针对老年人的需求，注重老年人的即学即得，方便运用。《出国常用英语会话》淡化了理论的完善和体系的齐全，在文字表述上，通俗易懂，化繁为简，深入浅出，不追究语法原理，只直接如实对话；不要求理解分析，只强调熟读成诵能背。这对于以出国探亲为主要学习目的的老年人来说，当然是最能满足他们这一心理的理想教材了。

（二）生理特点。我们的学员大多数是年过半百的老人（占67.1%），精力有限，视力甚弱，不便携带复杂的学习用品。我们的《老年实用英语》和《出国常用英语会话》教材就都用大开本，用大字号。《老年实用英语》每课后面还附了一些的空白页以供他们做笔记用。学员带上教材和笔，就可来校学习。

（三）认知特点。老年人学习目的明确，积极性高；自控能力强，但可塑性不够。可塑性不够主要表现为意义识记尚好，机械记忆有所衰退；在限定时间内的速度记忆衰退；再认能力不如青少年；初级记忆保持较好，次级记忆能力逐渐衰退等。老年人在认知过程中的这些特点，除了要求我们在教学工作中要随着越来越多的留守父母为出国探亲或定居而学习英语的愿望愈来愈强烈而专门设课、耐心讲解、重复示范、教授方法等，在教材的选用和编写上，也应该尽可能地做到体现规律、强调句型、增加反复、精要说明。我们改编的《出国常用英语会话》，由会话、生词、典型句式和注释几部分组成，也就是考虑了这些特点的。

综上所述，老年大学的教材，一定要适应老年人这种特殊群体的学习需要，适合老年大学这种特别学校的学制特点，切近大部分老年学员的"最近发展区"，并切合老年人这个年龄阶段的身心特征和认知规律。只有这样的教材才会受到学员的欢迎，只有这样的教材才能产生最好的学习效果。一本好的老年大学教材，必须专门针对老年朋友的特点，能满足他们在教学与生活中实际应用的需要且又能学得生动、兴趣盎然才好，即所谓的"适其所需、合其所好、达其所能、导其所向"。[①] 对于以上观点，我深以为然。

---

① 张中强、杨铁民：《积极稳妥地探索老年大学教材建设之路》，载于《金陵老年大学学报》2005年第2期。

弘扬湖湘文化　发展老年教育①

　　全世界因为毛泽东而知道中国湖南，而实际上远在毛泽东之前，中国湖南的文化就以"湖湘文化"而闻名全国，并对中国乃至世界的文化、教育产生过深远的影响。且不说滋兰树蕙的屈原、爱莲护桑的周敦颐、创义兴学的王夫之、齐家治国的曾国藩，在中国文化教育思想史上是熠熠发光、巨星级的人物；魏源、谭嗣同、章士钊、徐特立等教育名人更是为湖湘文化的教育底蕴注入了厚重的内涵，以爱国务实、开发民智、中体西用、终身师友的思想，滋润着中国人民。更不必提蜚声中外的岳麓书院，吸引了世界上不少教育家前来参观讲学。总之湖南是一处有着悠久并优良的教育传统的地方，湖湘文化中包括终身教育的思想尤其值得我们学习借鉴。在世界已步入新世纪，中国已跨入"学习型社会"之际，继承湖湘文化教育的优良传统，并且与时俱进地开拓创新，积极发展老年教育，应是我们义不容辞的责任。

一

　　南宋著名理学家、湖湘学派奠基人胡宏非常重视学习，且身体力行，一生主要从事教学活动。他认为"学必习，习必熟，熟必久"②——主张持续学习、终生学习。他说："夫不学，则不能有立，不能有立，虽俊而贵，将焉用之？"③ 他认为学问学识是逐渐积累的，学习应当循序渐进，日积月累。"人之生也，良知良能根于天，拘于己，泪于事，诱于物，故无所不用学也。

---

　　① 本文由宁兆时、薛根生合写，薛根生执笔，获中国老年大学协会第十一次老年教育理论研讨会征文二等奖，原载于《长沙市老干部大学学报》第4期。
　　② 胡宏：《胡子知言·义理》。
　　③ 胡宏：《胡子知言·大学》。

久则天，天则神。"①。同时，特别强调"为学是终身事。天地日月长久，断之以勇猛精进，持之以渐渍熏陶，升高自下，陟遐自迩，故能有常而日新"②。对满足于点滴知识而自足的现象，胡宏提出了批评，主张要不断学习，持续学习："今之学者，少有所得，则欣然以天地之美为尽在己，自以为至足，乃是自暴自弃。左右妙年所见，大体已是。知至矣当至之，知终矣当终之。乾乾不舍，工夫深后，自然已不得。今且当以速成为戒。"③ 因此，在他看来，学习是"终身事"。

而对于这样一桩"天地日月长久""常日而新"的"终身事"，在当今社会，没有法制来保障是不可能办得好的。所以，今天我们要让老年教育正常开展，使终身学习蔚然成风，首先，就要健全法制。除了认真修改《老年人权益保障法》，加大老龄人关于学习的权利分量，国家还应该制定如"全民终身学习法"之类的法律，不但使之与《义务教育法》《职业教育法》《高等教育法》配套，更重要的是要为有利于老年人的持续学习和真正创建"学习型社会"提供法律保障。从法律的角度和人们终身的需要出发，"全民终身学习法"应界定诸如"学习型社会""终身教育""终身学习"等概念及相关内容；并规定国家和各级政府的责任、政策、办法，规定有关终身学习机构的种类、目标和任务，加强政府对全民中的弱势人群如老年人终身学习的特殊关照，强调终身学习的教学内容、方式方法的多样性；还必须规定各种有关终身学习的鉴定、认证及其督导、评价、奖惩等；并企望在此基础上形成政府行为之下的全社会齐抓共管的积极态势，由此制定老年教育的整体规划，安排必需的老年教育的经费预算。只有这样，老年教育才有真正发展的前提保障。

二

岳麓书院自北宋开宝九年（976）创办以后，就一直是湖湘文化的中心所在，历届山长都由著名学者担任，而其中撰述最为宏富的，当推最后一届

---

① 胡宏：《胡子知言·纷华》。
② 胡宏：《胡子知言·与张钦夫》。
③ 《宋元学案》卷四十二《五峰学案》。

山长王先谦。王先谦是长沙凉塘人。他幼习经史，同治四年（1865）中进士，授国史馆编修、翰林院侍读、国子监祭酒等职，先后典试云南、江西、浙江，任江苏学政。光绪十五年（1889）辞官归里，主讲长沙思贤讲舍、城南书院、岳麓书院，还任过师范馆长、学务公所议长、省咨议局会办等。光绪三十四年（1908），湖南巡抚岑春将他所著的《尚书孔传参正》等4部书籍奏上，朝廷赏以内阁学士衔。终其一生，他很少担任实际的政务官职，主要以学术名世，尤其在湖南声望极高，是著名的湘绅领袖、学界泰斗。著有《虚受堂文集》《虚受堂诗存》《葵园自订年谱》等书，编纂校刊《荀子集散》《十朝东华录》《群斋读书志》《魏书校勘记》等书。终其一生，共著、编、校、注、辑、刊各类书籍达50余种，计3200多卷，人称"长沙阁学，季清巨儒，著书满门，门庭广大"，"尤有功于楚学"。王先谦能在学术上取得这么大的成就并不是偶然的。他自幼苦读，锲而不舍，数十年来废寝忘食，孜孜于典籍之中，颇有博采众长、严谨平实的作风。尤为可贵的是，他晚年尽管身体状况极差，却始终坚持与病魔斗争，并完成了多部外国史的著作。他在《虚受堂文集》中说："一息未死，就有所述作。"这就是老有所学、老有所为的可贵思想。

在当今飞速发展的时代、日新月异的社会，老年人不能止于休闲、娱乐，还应思进取，有所作为。为此，老年教育、老年大学是大有用武之地的。老年大学应该加强自身建设。特别是要尽快实现学校的转型，即在教育上从休闲型、娱乐型、颐养型向实用型、益智型、发展型转变；在管理上，从松散型向规范型转变。比如，在教学内容和形式上可以从社会发展和科技进步出发，兼顾老年群体多层次、多方面的需要，合理设置教学课程，更新教学方式；比如，从本地经济发展、社会进步和老年群体特点出发而设置多种专业，从符合时代要求、符合学科内容、符合老年人学习特点出发制订教学大纲，根据教学大纲编写实用的教材；又比如，从符合专业、课程要求，适应老年人生理、心理特点出发，确定恰当的教学组织形式。近些年来，长沙市老干部大学开设的电脑技术、图片处理、影视制作、写作、证券知识、出国英语会话、老年心理健康等课程因有利于提高老年人自身素质和增强老年人适应现代生活能力而很受欢迎；已经开设了多年的文史、艺术、保健等专业针对老年人的不同需要，调整了内容，改进了方法，更多地体现出补偿性教育的作用，也得到了赞赏；技术型、能力型的专业加强了必要的操作训练和实践运用，学员们齐声叫好……为了强调学有所得、学以致用，学校的自编教材，名副其实地冠以"老年实用"，在几次全国老年教育教材展示会上均得到好评。在教学管理中，近些年来，学校除了认真实行校务委员会领导下的校长负责制、通过以教师为主体的教职工大会和以学员干部为主体的班委会加强民主联系和民主监督，还应建立健全完善的岗位责任制，把校长、教务长、教研室、办公室、各室人员、值日人员及教师的职责，全面张榜公开，自觉接受监督；建立全面、详细的各项教学规章制度，以实现高效、协调规范的管理。学校还拟定了校训、校风、教风、学风，谱写了校歌，设计了校徽、校旗，坚持办好自己的校报（刊）、学报（已经出版了 3 期）、网站……这些都使老年教育逐步走向规范、趋于成熟，推动了老年教育的长足发展。

三

出于培养人才的需要，我国古代的书院对育人环境的建设相当重视和讲究。岳麓书院建在岳麓山东麓，占地面积 21000 平方米，主体建筑有大门、二门、讲堂、半学斋、教学斋、百泉轩、御书楼、湘水校经堂等，各部分互相连接，完整地展现了教学机构的合理配置和中国古代建筑气势恢宏的壮阔景象。大门采用南方将军门式结构，建于十二级台阶之上，整体风格威仪大方。门额"岳麓书院"为宋真宗字迹。大门两旁悬挂有对联"惟楚有材，于斯为盛"，上联出自《左传·襄公二十六年》，下联出自《论语·泰伯》，源出经典，联意关切，道出了岳麓书院英才辈出的历史事实。二门门额正上方悬有"名山坛席"匾，集清代著名湘籍书法家何绍基字而成。两旁有对联"纳于大麓，藏之名山"，上联出自《尚书·舜典》，下联出自《汉书·司马迁传》，意为岳麓书院被浩瀚的林木所掩映，藏在地阔物博的岳麓山中。撰联人为清末监督程颂万。二门过厅两边有清代山长罗典所撰的对联："地接衡湘，大泽深山龙虎气；学宗邹鲁，礼门义路圣贤心。"二门背面有"潇湘槐市"匾。为原全国人大常委会副委员长、民盟中央主席楚图南补书。"潇湘"泛指湖南，"潇湘槐市"是说岳麓书院是湖南文人、学者聚集的场所，引申为岳麓书院人才之盛，有如汉代长安太学槐市之盛。讲堂位于书院的中心位置，是书院的教学重地和举行重大活动的场所，也是书院的核心部分。有"讲堂五间"。南宋著名理学家张栻、朱熹曾在此举行"会讲"，开中国书院会讲之先河。檐前悬有"实事求是"匾。大厅中央悬挂两块鎏金木匾：一为"学达性天"，由康熙皇帝御赐，意在勉励张扬理学，加强自身的修养；二为"道南正脉"，由乾隆皇帝御赐，它是皇帝对岳麓书院传播理学的最高评价，表明了岳麓书院在中国理学传播史上的地位。讲堂壁上还嵌有许多极有价值的碑刻文物，如由朱熹手书、清代山长欧阳厚均刻的"忠孝廉节"碑，由清代山长欧阳正焕书、欧阳厚均刊立的"整齐严肃"碑，清代山长王文清撰文的《岳麓书院学规碑》《读书法》等十数方。讲堂屏壁正面刻有《岳麓书院记》，为南宋乾道二年（1166）书院主教、著名理学家张栻撰文。这是岳麓书院培养人才的基本大纲，对书院教育有重大影响。该文由湖南大学校友、湖南省书法家协会主席周昭怡1983年书。屏壁背面刻有麓山全图，摹自《南岳志》。讲堂两旁有南北二斋，分别为教学斋和半学斋，均为昔日师生居舍，过去学生大量的活动时间就是在这里自修。湘水校经堂位于讲堂左侧。原名成德堂，亦为书院讲堂。御书楼即藏书楼。藏书数量逾五万册，大型工具书如《四库全书》《续解四库全书》《四部丛刊》《四部备要》《古今图书集成》等均有珍藏。岳麓书院的这种建筑式样除了是我国书院教育研究中的重要史料，对于我们今天的老年教育的发展、老年大学的建设仍有启发意义。

今天，时代已大大向前发展了，条件已比往日有所提高了。我们的老年教育，也应与时俱进，与基础教育、高等教育一样，同步跨入了新的时代。在硬件建设上，应该争取领导重视，求得多方支持，开辟融资渠道，高标准设计施工，优化老年教育的办学条件。要把老年（干部）大学办得像普通高校、中小学名校一样，办学条件优良，基本设施齐备：校区宽阔幽雅，布局合理；校园树木葱茏，景色秀丽；教室窗明几净，设备先进……使老年大学真正成为老年人陶冶情操、读书治学的胜境。要讲究校园环境文化的高雅韵致。要有传统文化墙、现代文化栏、景观文化池、经典文化石、楼栋文化廊的建筑；要有既体现中华民族的传统文化，又蕴含本土文化印痕，以教育和历史为重，突出老年人学府的名人名言、格言警句；在"三室一窗"（图书资料室、校史陈列室、荣誉室和宣传橱窗）建设中，不但要提高科技含量，融思想性、知识性、趣味性和服务性于一体，而且给人儒雅、美观、温馨、和谐的感受。特别是要充分利用现代科学技术，建立起支撑老年人继续学习的网络系统。近年来，随着社会信息化水平的提高，各级各类老年学校在教学设施上都有所改进。DVD 机、录音机、投影仪、白板等已陆续搬进了教室。但在大量运用现代网络信息技术，充分发挥现代远程教育优势，使不同地区的老年人都能享受到同样优质的老年教育资源，整合老年教育机构、广播电视、计算机网络等资源，形成"人网、天网、地网"的现代老年教育网络体系等方面，还做得很不够。

为此，首先要把各种办学体制，国办的、公办的、社会团体办的老年大学都联系起来，形成以长沙市老干部大学为龙头，辐射、指导各级各类学校的"人网"，让老年人普遍圆上大学的美梦，走到哪儿都有学可上。其次，充分利用、办好符合老年教育非学历、非职业、无校区、无时空限制的"空中老年大学"或"老年广播电视大学"，建设"天网"，让老年人能自由地学习，获得需要的知识。再次，要建设好老年教育的计算机网络——"地网"，让初步掌握了计算机网络技术的人都能轻松地、自如地、随心所欲地学习各种知识。只有把"人网""天网""地网"三种网络都建成了，我们的老龄人的教育问题、"学习型"社会的构建问题，才能真正有望得到落实。当然，这也是在科学发展方针指导下进行的可持续发展教育的题中之意。

湖湘文化的重要代表、清代名臣曾国藩说："造诣不尽者，天下之人品；读不尽者，天下之书。"又说："少而好学，如日出之阳；壮而好学，如日中之光；老而好学，如秉烛之明。"借用这两句话启迪步入老年的人们，不但要继续提升人品，更要坚持终身读书。

让我们积极弘扬湖湘文化，为不可或缺的老年教育的创新发展共同努力，做出贡献吧！

鸣谢：

在撰写本文的过程中，得到岳麓书院研究员孙建平先生的大力帮助，在此示以诚挚的谢意！

千方百计　破解"一座难求"难题

——长沙市为创建"老年人平等学习的机会"的实践和思考①

今年，国际老人教育协会提出了关于"老年人平等学习的机会"问题的讨论。我们想，这个问题应该包含两重意思：一是老年人与幼儿、少年儿童、青年人、壮年人比较，应该有平等的学习机会；二是老年人内部，每个人都应该有平等学习的机会。关于"老年人与幼儿、少年儿童、青年人、壮年人比较，应该有平等的学习机会"的问题，是一个高位的、国家层面的、难度极大的问题，今日尚未能够提到议事日程；而就已经日渐发展的老年教育事业本身来看，讨论"老年人内部，每个人都应该有平等学习的机会"的问题，倒是比较现实且富有实际意义的一个重要问题。比如现在全国老年教育的学校教育中普遍存在的"一座难求"现象就是一个迫切需要解决的问题，它关乎老年人的老年生活质量和社会和谐安宁。"一座难求"是什么？就是学习机会不平等：有些老年人有书读，有些老年人没有书读，怎么平等呢？因此，攻克"一座难求"的问题，就是创造"老年人平等学习的机会"。为此，湖南省长沙市做出了自己的不懈努力，进行了艰难有效的实践和积极认真的思考。

我们还是从发生在长沙市的一件事说起吧。

---

① 本文根据在 2017 年 1 月 17 日中国老年大学协会国际联络部和上海老年大学、上海师范大学老年大学联合在上海师范大学召开的"老年人平等学习的机会"国际议题研讨会上的发言整理而成，获中国老年大学协会第十三次老年教育理论研讨会征文一等奖；压缩版发表于《老年教育》2018 年第 11 期。

“一座难求”的“特写镜头”，寓入必然的“偶然画面”

——发生在 2017 年年初的长沙市老干部大学的招生报名工作一瞬

总结多年来的经验教训，长沙市老干部大学在网上报名系统正式创建使用之前，形成了三种报名方式：学期末老学员的集体报名；放假后新开班、紧俏班的取号报名；开学前所有班级剩余名额的个别自由报名。其中，取号报名是重点、难点。为此，学校每次对取号报名都高度重视，认真安排，提前做了细致的准备工作。

2017 年 1 月 4、5 日，又是 2017 年上学期取号报名的日子。为此，早在 2016 年 12 月 12 日，学校就公布了取号报名的课程表，让学员早知道。与此同时，学校又公布了取号报名的工作方案。这两个文件，就报名时间、报名程序、1 月 4 日和 1 月 5 日两天取号报名的 39 个新班 1800 余人的学制、各班招生名额、授课教师、上课时间、报名的地点都交代得清清楚楚。这两个文件还通过学校网站、学校微信公众号、班长微信群、教师 QQ 群、学校公示栏、电梯宣传栏、教室公告处等各处进行了宣传。2016 年 12 月 28 日，学校又正式发布了《取号报名工作重要通知》，通知全文如下：

> 兹定于 2017 年元月 4、5 日新班取号报名。因天气寒冷、雾霾严重，为了保障报名学员的睡眠、健康和安全，学校经慎重研究，在取号报名当天，学校开门时间为五点整。办理报名手续为八点整。请届时前来报名的学员，不提前来校守候，特别要注意保护自身安全。
>
> 长沙市老干部大学
>
> 2016 年 12 月 28 日

很明显，通知中特别强调了时间、安全等注意事项。2016 年 12 月 30 日，学校又公布了取号报名值班安排表（面向工作人员的）；其中，新班报名总指挥：龙志斌；报名组织与协调：黄祖训、李玉兰；制作分班报名表、安全协议、报名宣传单、序号表、主持词：黄祖训、李玉兰、陈少群；报名文具、早餐、总收款：邓丽莎、刘宇航；安保、联络工作，两天中午工作餐订餐，摄影：施亮、邓志海、宁波；1 月 4 日一楼迎候、引导人员：李金花、胡定辉、范新元、张爱群；1 月 5 日一楼迎候、引导人员：李金花、胡定辉、彭春华、朱晓川；报名主持人和助理员职责：（1）当日 6：40 到位，告知当天本教室报名安排；（2）随时清查教室空位，严禁任何形式的多占位行为，告知已坐有号座位的学员外出应向主持人请假并做时间要求；（3）告知新学期于 2 月 27 日正式上课、告知我校微信公众号、告知开学前两周可保留学费等相关事宜；（4）8 点准时、按序发报名表，宣讲填表格、签协议、写钱号要求；（5）按序审表、收费、开收据；填写座位表；（6）将未取完的报名表如数交予李玉兰老师等。可谓巨细无遗，具体明白，交代得一清二楚。为了进一步落实，学校还于 2017 年 1 月 2 日发通知、1 月 3 日下午召开了取号报名工作会议。在会上除了重复强调整个报名工作的重要性、细节，还针对新班报名可能出现的种种情况做出了一系列应急预案。

以上准备工作，真的是精细周到、具体入微了。但是，还是出了问题！

2017 年 1 月 4 日凌晨 3 点多钟，就有人来到了学校门口。不到凌晨 5 点，学校大门前已经聚集了近 200 人，他们开始排起了长队，出现了自发排队发号的良好情景。但是，临近 5 点快开门的时候，一些后来的学员却打乱了有序的队伍，使学校门口一片混乱。

一位学员后来回忆道："他们直接向学校大门拥去，靠拢，渐渐地，排号的队列没有了，只看到校门口黑压压的一片人群，只听到踢门声、拍打声、喊叫声……为了防止跌倒，造成人墙拥挤事故，一个年轻的男士，着急地用手机与校内人员联系，一边不停地喊叫让大家注意安全。"

2017 年 1 月 4 日凌晨 5 点：学校大门打开，学员蜂拥而入。"学校小门、大门同时打开之际，我看不到整个场面了，只感觉到，我被人挤得歪歪倒倒的，跌跌撞撞，头脑发晕，腿脚好像不是属于我自己的了，但心中仍有一个信念，那就是跟着拥挤的人群，爬楼，喘气，爬楼，喘气……那些刚刚站在学校大门的熟悉同学，眨眼间都不知道他们上哪去了，尽管腿脚不灵便，也要三步并作两步地爬楼，抢占教室就座报名，这一宿不睡，这一夜不眠，这一爬再累，可以在这学校学习两年——值！值！！值！！！"那位学员描述道。

不到 5 点半，热门班级所在的教室均已坐满了要报名的人。

2017 年 1 月 4 日上午 8 点：报名正式开始，不到一小时，取号报名工作结束，有许多远道而来的学员没有报上名。

其实，学校常务副校长龙志斌 4 点多就来到了学校大门口，看到了这一切情况，尽力在维持秩序，并且用手机拍下了当时的情景。

上午报名结束以后，2017 年 1 月 4 日 11 点，龙校长召开全体工作人员紧急会议，小结取号报名工作，针对报名时出现的情况，制订了明天的应对、改进措施。

没想到，事态出现了意想不到的变化。

2017 年 1 月 4 日：针对 1 月 4 日早上市老干部大学报名难的现状，学校一名学员于当天 17：23 在红网论坛上发表了一篇题为"我在长沙市老干部大学的一次深夜报名经历"的帖子，还配发了一些照片，真实地描绘了学校报名的情况。

这份帖子，引起了社会的广泛关注，当然更引发了领导的高度重视。

2017 年 1 月 4 日 22 点，学校领导通知全体工作人员到校开会。

2017 年 1 月 4 日 22 点 55 分，学校校务委员、工会主席、副教务长李玉兰主动给这位学员写了信："认真拜读了您的佳作，很感动！图文结合，很真实很生动地展现了老年学员一座难求的现状，更让我感动的是您的文章中没有丝毫的抱怨、指责，字里行间流露的都是理解和包容！文如其人，相信您也是一位睿智豁达的人！中国已迈入老龄社会，我们市老干部大学学员人数也逐年猛增，报名现状也更加严峻。2014 年我参与报名工作，早上 6 点半巡视校园，整幢楼不到 100 人。2016 年 6 月报名，早晨 6 点不到，许多教室里就全坐满了。这些工作中遇到的种种问题，都是我们老年工作者须认真对待、认真解决的事。全国各老年大学的办学模式均是在探索中前进。我们能做的就是尽量让我们的服务更细致，最大限度地满足学员的需求。今天报名工作结束后，针对目前的报名状况，我校龙志斌校长马上召开全体工作人员紧急会议，采用了一系列措施，力保明天的报名工作顺利完成。他安排了 4 位男同志通宵值班，保证茶水、茶叶、空调及食品的供应；安排办公室及门卫在学校大门值班，注意观察校门等候人员情况，及时引导分流，防止发生拥挤；安排图书室准备一批报纸，供老年朋友翻阅；教务处安排值班医生待诊，并与人民医院保持联系，做好应急预案，防止老年朋友发生意外；每个教室安排1位工作人员通宵值班，为老学员服务（他自己今天4点多就到了学校，20多位志愿队员也很早到校进行义务服务）。学校也在积极探索有关网络报名的相关事宜，学员足不出户，即可报上名。相信2017年我校的服务会更细致，更人性化，让更多的学员满意！而学校的发展壮大，离不开各位班长的大力支持！离不开学员们的理解包容！"可以说，第一时间，长沙市老干部大学就做好了对当事人的安抚工作。

2017年1月4日23点，长沙市委老干部局迅速做出反应，市委组织部副部长、老干部局局长罗玉环一行来到学校展开调研，肯定了我校的改进措施，并与大家一起研究更加精细的具体应对方案，要求确保1月5日的报名工作绝对顺利完成。最后形成了改进工作、优化过程的五点决定。

其一，安排一名医生来校值班，并与人民医院急诊科联系，如有突发状况，及时就诊。

其二，学校的大门整晚打开，防止老同志在门前聚集，先来的老同志可进入校园到教室休息等待。

其三，学校全体工作人员及市委老干部局抽调的工作人员20余人、志愿队员30余人整晚值班，做到门口有咨询与引导，一楼大厅有分流工作人员，每一楼层有巡视人员，每个教室有工作人员。

其四，所有教室保障空调、热水、茶叶、茶杯、书报杂志、食品等，让老同志在学校里面温暖舒适。

其五，保持信息沟通渠道的畅通，通过各种信息交流渠道，加强与学员的沟通，及时告知学校的应对措施。

还提出，2017年要尽快建好老干部大学网络报名系统，让学员们足不出户，即可报名。领导还要求，在深夜12点半之前在红网论坛上做出回应。

2017年1月5日凌晨12点33分，红网上发布了署名"中共长沙市委老干部局"的回帖。回帖首先充分肯定了作者对老年教育和长沙市老干部大学工作的关心和理解，接着介绍了搞好招生报名工作和解决"一座难求"问题的详尽的应对措施。

2017年1月4日23时至2017年1月5日6点，通宵，全体工作人员值班、安排食品、药品、医护等；守候大门；开放教室，打开空调，准备茶水、报纸、杂志供来的学员使用；增派医务人员，以备不时之需。从 5 日凌晨起，就有学员陆续前来。凡来人即被引进所报班级的教室；早到的老同志有的在教室做起了健身操；有的在座位上耐心等待。据不完全统计，5 日凌晨 2 点半，近 200 人来校，4 点近 400 余人，5 点人数超过 600 人，这时紧俏班级已基本无名额了。

2017 年 1 月 5 日 8 点，报名工作秩序井然进行。

2017 年 1 月 5 日 9 点，取号报名工作圆满结束。

2017 年 1 月 5 日 10 点零 7 分，还是那位学员在红网发表回帖，表达了感谢长沙市老干局给她的认真回复，感谢长沙市老干部大学对报名工作的及时改进；夸赞长沙市老干部大学不愧为全国的先进单位、优秀学校；一杯热茶、一份点心渗透了爱民的拳拳之心；希望主管部门能够就近或深入社区多办一些老年教育班级；等等。她还制作了一张十分精美的"谢忱"卡，发表在红网上。卡上说："感谢长沙市老干部局给我图帖的回复，感谢长沙市老干部大学对报名工作的及时改进，在这里我代表所有的老年朋友给你们点十个赞。"

报名圆满结束以后，学员赋诗称赞："盛世繁华看学堂，千古奇闻在老干。重温儿时求学梦，凌晨三点就起床。生活富足人不老，天天只想把歌唱。科学发声很重要，就想能有老师教。长沙老干师资强，远近闻名呼声响。清早就往学堂赶，每间教室已坐满。白发学子求学难，政府赶快帮帮忙。少开药铺多办学，人人个个俏夕阳。"累并快乐着的教师也自我调侃："回想今天的取号报名工作，感触良多，收获满满！第一，很好地践行了日行万步的全民健身理念，估计今天超过了万步。第二，通宵不眠，仿佛回到了 20 岁，找到了年轻的感觉，从此不再羡慕昕波。第三，今天讲话颇多，感觉自己很有气场，且后来觉得声音变得低沉，很有磁性，魄力十足。第四，终于又找到了午休时甜梦酣睡、口水直流的幸福感！有同感的鼓掌。"颇有圆满完成了取号报名的工作之后的踌躇满志之意。

回顾整个报名过程，我们自己的评价是：有所预，但超乎所预；立马改，获圆满结局。

上面，我们花了这么大的篇幅、说了这么多的细节，意欲何为？

不言而喻，就是想说明："一座难求"，问题严重，亟待解决；"一座难求"，是老年教育中十分突出的不平等现象；攻克"一座难求"难题，是当务之急，是大势所趋；解决"一座难求"问题，就是为了创造"老年人平等学习的机会"。我们必须想方设法，尽其所能，攻克这一难题！

其实，多年来，长沙市为解决"一座难求"的问题就做出了很大的努力

一、思想上高度重视

（一）制定了全市发展老年教育的《三年行动计划》。2016 年 4 月 11 日中共长沙市委办公厅、长沙市人民政府办公厅印发了《关于长沙市推进老年教育发展三年行动计划（2016—2018 年）的通知》（长办〔2016〕19 号），要求各区县（市）的县级老干部（老年）大学的面积均达到 4000 平方米以上，每年可容纳学员 5000 人次以上，各乡镇（街道）均创建 3 个以上老年教育网络课堂示范点等。

（二）时任省委常委、市委书记易炼红视察长沙市老干部大学并作重要指示。2016 年 12 月 16 日上午，易炼红同志专门赴长沙市老干部大学进行调研，就市老干部大学及全市老年教育事业的发展现场办公并强调，办好老年大学要坚定政治方向，要把准价值取向，要注重需求导向、扩大教育资源供给、提升服务水平，要坚持服务指向，使老年教育成为增进老年人福祉的重要内容。有关部门也认真落实易书记的指示，积极行动，大力推进市县和社区老年教育事业，力争尽快让更多的老同志在家门口就能享受到优质的老年教育资源。

（三）市委常委开会，形成会议纪要。明确长沙市老干部大学升格；增加编制 4 个；增加分校预算 40 万；设备 70 万；省财政厅支持 50 万。

（四）市委组织部、老干局领导经常到校现场办公，解决办学中的各种问题。

二、理论上认真探讨

学校原教务长李新民多次撰写关于讨论和解决"一座难求"问题的文章并发表：《"一座难求"成因及对策》，《老年教育》2014 年 11 期；《抓住机遇谱写好发展老年教育新篇章——写在为老年大学"一座难求"批示后》，

《长沙市老干部大学学报》第四期。学校《枫叶》校刊，也开设专栏讨论"一座难求"的问题。

三、行动上积极应对

（一）想方设法扩大招生人数。其一，积极创办分校。长沙市老干部大学河西分校筹备方案于 2016 年 4 月 20 日出台，2017 年下学期就已经正式开学。其二，向下延伸办社区学校。其三，动员机关单位厂矿企业办学校。其四，继续扩建本校。收回原老干局公房 1429 平方米，用作长沙市老干部大学教室，并拨款 400 万做装修改造经费；2017 年夏已经进入操作实施阶段；2017 年下学期即可以投入使用。其五，挖掘学校潜力，扩大招生人数，不断扩班。2014 年上学期长沙市老干部大学有各类教室 12 间，暑假经过提质改造，下学期教室扩展为 16 间。2014 年全年开设 227 个班级，学员达 10438 人次；2015 年全年开设 250 个班，学员人数为 11152 人；2016 年全年开设 265 个班级，学员人数达 13945 人次。学员人数逐年增加。从 2014 年到 2015 年，学校逐年增设了古筝、电钢琴、瑜伽、太极、模特、简笔画等课程；2016 年，又增设了京剧、母婴保健、易经、国学、动物画等热门课程。对比 2014 年，全校增开班级 38 个，已最大限度地利用了学校的教学场地，每个班级学员基本达到饱和状态。其六，缩短课程周期（年限）。学校把摄影改为摄影、图片处理、影视制作 3 种；把书法、绘画等课程分开设置成初级、中级、高级、研修多个不同层次的班级；按摩班分为 4 个学期，内容相对独立；把山水画分解成树篇、石篇等；把花鸟画分解成菊花、牡丹、梅花等；每种均学 1 年左右。这样学员可以自由选择分开学习自己需要的内容，避免一个人长期待在同一个班占位不走的情况。其七，开设大班额课程。把"老年声乐"分解成"老年声乐"和"唱歌班"，而"唱歌班"则办成大班额的班级，可以招生 150～200 人，利用七楼的多功能厅上课，教材为纯歌曲选编的《老年歌声》（每个学期 1 本，现在已经编印了 32 期）。

（二）办好内容丰富、老人欢迎的网络课堂和建设，利用好 200 多个收看点。其一，市委老干部局通过政府采购，投入 30 余万元，配置了长沙市老干部大学网络直播室的相关设备，与市政府电子政务办紧密衔接和合作，完成了学校网站的服务器移址、安全备案、前后台漏洞检测等流程，确保了服务器和网站的正常、安全运行。结合学校提质改造工程，增设光纤，提高网速，确保了基层站点能够流畅收看。其二，建立了全市老干部大学教师人才库，实现了优秀教师资源的共享，并且加强业务交流和培训，选聘了一批政治水平高、业务能力强、敬业奉献、热情服务的高素质网络课堂教师队伍。其三，设置了老年人喜欢的课程栏目：时政热点谈、文史大讲堂、趣味故事会、歌曲欢乐汇、室内健身舞、法律普及窗、老年按摩术、老年养生经、心灵康乐园、旅游新天地等。每周四上午9：30—10：30 在学校网站开设直播课程，不需要注册和登录，可直接浏览。所有登录网站的朋友和收看站点都能同步收看到学校直播室内的课堂教学。直播课结束后，还将课堂教学录像剪辑上传到网站的网络课堂栏目，供老年朋友随时、反复学习。三年来，已经播出网络直播课 90 余堂，通过 200 多个收看点，收看总人数达到了 20 多万人次。

（三）提供不断丰富的网上课堂教学录像。利用长沙市老干部大学网站，上传的各种优质课堂教学录像越来越多，现在已经达到 100 余节。

（四）在微信公众号上提供课程信息和课堂教学录像（老年人可以借助手机学习）。

（五）把教材编写得特别浅显易懂，深入浅出，便于自学，一看就懂。长沙市老干部大学一直坚持自编教材，并且形成了自己教材的特色（《老年教育》2007 年第 8 期专门发文做了介绍）。可以让学员买教材回家自学和送朋友，不一定非要来学校上课。

一所学校、一个市，要想攻克"一座难求"、老年人学习机会不平等的问题，力量甚微，成效有限。我们还得解放思想，拓宽思路，打开眼界，积极创新，探寻更广阔、更丰富、更有效的对策、途径和方法。

第一，长沙市老干部大学方便的地理位置和优质的教学、服务水平，激化了"一座难求"问题。"一座难求"在办得好的老年大学尤为严重。因此，应该向近几年来基础教育的大规模实施教育平衡、大力度扶持薄弱学校的举措学习，用心血、下力气，把每一所老年大学都办成优质学校。

第二，"一座难求"的根本问题是需求与资源的不对等，真正解决问题主要靠上层（中央、省市）出政策、出资金，再就是靠领导重视抓实。

第三，严格实行毕业制，不再放任部分学员长期待在一个班里不挪窝。

第四，限制学员所报课程的数量，腾出一些资源给其他老年人。创建电子报名系统是最好的技术支撑。

第五，动员更多的社会力量参与到老年人的教育中来：一是举慈善的旗子；二是走市场的路子。其中，举慈善的旗子：其一，大力宣传积极行善。要把人口大国、发展中的大国变成爱心大国，可以考虑请北京大学非营利组织法研究中心、清华大学创新与社会责任研究中心、中国人民大学非营利组织研究所、北京师范大学中国公益研究院等单位，写写文章，搞些活动；其二，要把慈善的方向引导到弱势群体中占比较大的老年人身上来；其三，国家、中央，省市，组织部门、民政部门、中国老年人权益保护协会、中国老年大学协会等，可以考虑与有关单位（中国慈善联合会、中国基金会等）合作召开一些新闻发布会、研讨会，重点说说中国老龄化的进程及其高速加快的严重现实，老年人的学习需求不断增长和老年教育发展不相适应的现状和慈善指向老年教育的建议等；其四，向一些大型慈善会、基金会、巨贾富商，主动致函，慈善招标。走市场的路子：其一是大力宣传"社会价值投资"；其二是请权威经济学家、知名人士，针对近年来中国投资方向的失误，举办讲座（如中国企业家俱乐部），发表电视演说，撰写文章，引导投资面向老年教育的正确方向；其三是协同政府有关部门，开列老年教育办学需求和合理配置计划，供巨商大贾参考、选择；其四是发动"众筹"，发展老年教育。

第六，从分解功能入手，减轻老年大学的负担。把老年大学的交友功能移交给老年人日间活动中心，把老年大学的娱乐功能转给棋牌室、卡拉OK厅……让一部分单纯找精神寄托、消磨时光而待在老年大学的人分流出去，腾出一部分座位来。如上海市，2016年就新增了长者照护之家51家、老年人日间服务中心81家，综合协作解决老年人的学习问题。

第七，从不同年龄区别对待和引导入手。对于65岁以下的老人，重点进行技能性教育；65～70岁的老人，进行一些娱乐性质的培训，比如唱歌、跳舞等；70岁以上的老人，引导他们或融入社会，或回归家庭，不让其感到孤单就行。

第八，从年龄性别、教育水平、兴趣爱好等细分，创造老年人不同类型的教育学习方式。现在老年大学中，女性成分偏高，特别是紧俏课程，如唱歌跳舞，女性学员尤多。建议中国妇联可以多创办一些专供老年女同志学习、健身、娱乐的社团；高等院校发挥自身优势，基本满足本单位老年人学习的要求，不去社会办的老年大学挤占座位；社会音体美等机构、协会、学校，创办一些收费低廉的培训班、业余表演团队、沙龙等，为老年人的学习欲望、精神需求分流。如中国文联下属的各个协会有50多个。其中中国作家协会可以办写作班；中国戏剧家协会可以办各种戏曲班；中国音乐家协会可以办老年声乐唱歌班；中国舞蹈家协会可以办各种舞蹈班；中国摄影家协会可以办摄影班；中国美术家协会可以办各种绘画班；中国书法家协会可以办各种书法班……以长沙、以写作班为例：以现在的每期16次课为标准，省、市的会员作家，每人每年轮不到讲1次课。当然还需要有人制订教学计划，统筹合理安排。会员讲课可以义务，也可以低报酬。按理说，这些班都是高水平的班，应该更受欢迎。

第九，向国外学习。其一，所有的大学都没有年龄限制，只要符合申请资格，通过健康检查的都可以进去就读。其二，让大学开办短期课程，也不设年龄限制，只要符合申请资格，通过健康检查的都可以进去就读。其三，部分大学只要空间允许，就让老年人群去学习听课、旁听，计算学分和授予学位。其四，动员各种专业、技术协会、学会、基金会主办短期的学习班或老年游学营，年满55即可报名，建议每组15~40人，时间以1~3周为好；课程包括远足、单车旅行、文化游览等。其五，创办老年人专用网络，专供50岁以上老年人使用。其六，创办Shepherds中心——基于社区的一种组织网络。帮助老年人以自己的技能和智慧为社区服务，让老年人过上更有意义的生活。

第十，引进国外投资，办中国老年教育。

鸣谢：

本文写作中，得到龙志斌、贺佳妮、施亮、黄祖训、李玉兰、袁昕波、陈志丹、周金安、黄庆达等同志的帮助，他们为我提供了不少资料；参考了岳瑛（中国老年大学协会老年教育学术委员会委员、天津教育科学研究院副研究员）的《国外老年教育发展动态》一文，在此，记以致谢！

略论"五个十工程"的理论意义和实践价值①

2012 年，为了达到老年教育在研究指向和研究方法上更加务实这一要求，中国老年大学协会学术委员会在《第二届老年教育学术委员会任期工作目标（草案）》中提出："在 2013 年到 2015 年的几年里，我们要组织实施'五个十工程'。"接着，在随后召开的中国老年大学协会第四届会员代表大会的工作报告中，更明确指出："各省、中央国家部委和省会城市老年大学要办成全国老年大学示范校，基本达成老年教育现代化的要求；地级老年大学要努力建成规范化老年大学；基层老年大学、老年学校也要按照边发展、边规范的要求，在形成自身特色中体现规范化的要求，进而实现全国老年大学办学水平整体跃升。"这就宣告：对推进全国老年教育发展具有重大意义的"五个十工程"就此启幕。

"五个十工程"是指：从获得"全国先进老年大学"称号的 200 所学校中，按省、自治区、直辖市校（含副省级城市校），地（市）校，县（市）校，设区市的区校，社区老年教育全覆盖的县（区）5 个层次，每个层次选择 10 所学校作为实例进行全方位的研究，并撰写纪实性的发展过程的全面报告，以之管窥和梳理中国老年学校教育几十年来走过的发展历程及总结其经验教训和存在问题。历经 4 年，中国老年大学协会学术委员会高屋建瓴、总揽全局、有条不紊、层层递进地组织、推进着"五个十工程"的发动、遴选、实施、总结等工作，省级、副省级、地级、区县级老年大学与乡镇和村老年教育全覆盖的县、城市社区老年教育全覆盖的区，层层响应，扎实完成

① 本文写于 2019 年 7 月，由贺佳妮、谭睿、薛根生合写，薛根生选题草拟详细提纲，谭睿完成初稿，贺佳妮、薛根生审读定稿，原载于陆剑杰主编《老年教育学术探究》，江苏人民出版社 2020 年版。

办学历程的回顾、经验的总结和认真撰写研究报告。对中国老年教育1983年才开启的学校教育的36年征程，描摹了可说是相当浓墨重彩、举足轻重的一笔。参与的各级老年大学和区县由于地区发展差异、体制机制不顺，或多或少都在执行项目过程中遇到意外"插曲"，数据的统计、历史的梳理、经验教训的忖度皆是冗杂繁复、知易行难的工作；但是为了推动全国老年教育事业的发展，项目相关老年大学（老年教育机构）都严格按照"全面反映、突出特色"的要求，认真挖掘自身发展历史进程中逐步形成的特色和亮点，各级老年大学（老年教育机构）反复研讨交流，形成了5份分量十足的共同报告，涵盖了老年教育在机构设置、教学管理、教研创新、规范建设、校园文化等各个方面的成绩与经验，可谓集老年教育之大成。"五个十工程"基本达成了学术委员会当年设计的初衷。

目前，"五个十工程"项目成果已融于310余万字的《中国教育战线的新军突起》《地区老年教育的群星灿烂》《基层老年教育的繁花似锦》（一、二）《社区老年教育的漫山红遍》（一、二）等厚重重、沉甸甸的6本文集中，并在全国老年教育同行中广为传播。由于项目覆盖了各级老年教育机构、各类不同地区的老年学校，囊括了最普遍、最实际的老年教育问题及经验，成果文集对各级各类地区老年教育工作都具有重要的参考价值和指导意义。"五个十工程"不愧为中国年轻的老年教育发展史上的非凡创举，是一次关于老年教育的理论和实践的宏大探索。它具有非同寻常的理论意义和绝不一般的实践价值。

一、"五个十工程"是"案例研究"的典范运用，是老年教育学术研究的创新尝试

社会科学研究领域"案例研究"的方兴未艾是研究方法随着教育事业和教育研究本身的发展而革新的结果。"案例研究"着重于分析特定情境中的事物关系，有助于改变以往实验研究追求事实的唯一性、结论的精确性的技术理性倾向，有助于加强理论研究与人类的实践经验世界的联系，以便更好地传达"沉默的大多数的声音"，更多地提炼丰富务实的原生态的成果，推动事业的健康快速发展。"五个十工程"正是社会科学研究领域中，一次

"案例研究"的典范运用，一次对年轻的老年教育的众多典型案例的反思式研究。

"案例研究"模式的典范运用分别体现在"五个十工程"的项目内容选材和项目实施方法两个方面。在项目内容选材上，"五个十工程"具有四个特性。

（一）群众性

"五个十工程"包含五个分项目：省市校（含副省校）项目、地（市）校项目、县（市）校项目、设区市的区校项目和社区老年教育全覆盖的县（区）项目。每个项目选择的老年大学（老年教育机构）都并不是在研究之前有意培养的，而是各级各地区老年教育事业发展中自主发展起来和自发成长涌现出来的；不是少数老年教育工作者闭门造车的成果，而是当地党和政府、有关部门、"好事之徒"的顺势而为、因地制宜的创造，它传达了当地老年群众"大多数的声音"，为当地老年群众服务。如北京市海淀区老龄大学作为北京市成立的第一所老年大学，为了适应海淀区的区情和学校发展的特点，逐步由办学初期的综合性老年大学，转变为以书画艺术为主要课程的老年专科大学。对这样的学校进行研究，选择这样的学校作为老年教育发展中诸多问题研究的一个样本，就特别富有课题研究的意义：样本是自发生长的，随意随机选取的，它的结论的真实性、经验的实用性、价值的普遍性，都将是科学研究领域中最佳的实例。所以，这个案例研究是最真实、最能反映群众需求的。

（二）代表性

"五个十工程"涵盖了省市、地市、县市、区、社区5个不同层次的老年大学（老年教育机构），选择的研究对象具有各个层次、各个地区老年教育的普遍性特征和个性特征，选取的案例非常全面，展示了老年教育在各个层面的发展实践中的真实面貌。

上海老年大学作为省市校（含副省校）项目的研究对象之一，是老年教育实施地区联盟的执行典范。2013年5月上海老年大学教育联盟在"1＋20"长期协作、充分了解、相互促进的基础上宣告成立，上海老年大学作为总校，与20所分校签订了"共建协议"，制定了联盟章程，推动老年教育向区、县、社区延伸，向高校延伸，向社会延伸。选取上海老年大学为研究对象，展现了此类教育联盟"领头羊"从体制、机制到活动形式等全方位"网络化、全覆盖"的特色。同时在区校项目中也选取教育联盟成员之一的上海徐汇区老年大学作为研究对象，从上海老年大学教育联盟成员的视角，极具代表性地展示了基层老年大学依附于老年教育联盟的发展路线，并且徐汇区老年大学也是徐汇区业余大学的重要成员，代表了老年大学（老年教育机构）融入综合型教育体系的特色发展模式，非常值得区县级老年大学借鉴。金陵老年大学作为老年教育事业教学科研的佼佼者，代表了省市（含副省级）老年大学（老年教育机构）强劲的科研能力，他们创办的《实践与探索》刊物，奠定了金陵老年大学科研的牢固基石。其前身是南京市第一所区县级老年大学的金陵老年大学江宁分校，则带动了整个江宁区社区老年教育全覆盖的进程，如江宁区老年教育协会与区老年大学联合创办了《江宁老年教育报》，贯彻了金陵老年大学的科研理念，自上而下浓厚了南京市老年教育的科研氛围，值得在科研上想要更进一步的区、县老年大学（老年教育机构）学习。

中国的行政结构和社会形态就基本是省、地、县、区、社区这样一种 4 级 5 种的形式，它们各级都有各自的特点，各级之间又有极具区域特色的关联，从上海老年大学到上海徐汇区老年大学，从金陵老年大学到南京市江宁区老年教育，几乎反映了全社会的整体面貌。所以，这个案例研究又是最具全面性和代表性的。

（三）先进性

"五个十工程"选取的研究对象都是我国各级别各区域办学水平比较高的学校——"全国先进老年大学"，是值得同类机构学习借鉴的榜样。这就能够引领全国各地区、各层次老年教育事业的快速规范向前发展。

江浙沪地区的教育科研目前在老年教育领域处于国内先进水平，金陵老年大学以高站位、大格局、宽视野，在全国率先提出建构老年教育学学科的倡议，开启了全国老年教育学学科研究之风。金陵老年大学以学校报刊体系为研究成果展示平台，成果既涵盖反映校本和服务校本的内容，又囊括反映地区和全国又服务于地区和全国的内容，学校全员参与、全员关注、全员使用；宁波老年大学构建理论研究载体，自 2000 年以来始终如一地坚持每年举办宁波老年大学系统暑期理论研讨会，先后围绕教学质量、教学管理、校园文化等主题举办研讨会，并将富有思想性、理论性、实践性、探索性的成果编印为论文专辑，引领区、县，辐射全国；上海老年大学与上海市老年教育协会合办《上海老年教育研究》，充分发挥市老年教育理论研究中心的作用，明确了科研工作的五大功能地位：研究、服务、统筹、辐射、创新，既加强了上海老年大学自身理论研究，还全面负责规划、统筹、组织、协调和指导全市老年教育理论研究工作，成为上海老年教育理论研究的支柱力量。这三所学校皆是省市（含副省）老年大学（老年教育机构）的先进代表，能激励示范，更能辐射引领。福建省基层老年教育的建设目前在全国基层老年教育领域位居前列。作为社区老年教育全覆盖的县（区）项目研究对象之一的福建省德化县村（社区）正是该省基层老年教育先进性的体现。从成立第一所县老年学校到在全省率先实现县、乡镇、村（社区）三级办校率 100%，德化县仅用了 10 年。至 2017 年，德化县老年学校入学率已高达 46%，远超《老年教育发展规划（2016—2020 年）》"以各种形式经常性参与教育活动的老年人占老年人口总数的比例达到 20% 以上"的要求。这些成绩都让人忽略了德化这个山区县境内高山林立、居民居住分散、多地交通不便的"先天不足"。德化县老年教育领导班子正视自身问题，因地制宜地创新了自办校、联合办校、办分校或分班、设分班或教学点等多种多样的办学形式，有效地提高了入学率。这种先进经验值得许多也存在自身条件限制的区县老年大学（老年教育机构）学习借鉴。

"五个十工程"项目选择的研究对象皆是老年教育事业中发展水平相对较高的、走在前列的单位。研究这些案例能够提炼、归纳许多先进的事业发展经验，得出各个不同层次、不同类别地区的一些带规律性的策略。这些研究成果和经验就可以供其他同类级别、同类地区的同行们学习借鉴。因此，这些研究对象是先进的，是最具榜样力量的，是能够引领同行共同前进的。而这，正是教育科学研究的本质意义和价值所在。

（四）前瞻性

在老年教育本身年轻的历史背景下，"五个十工程"项目设计伊始便确立开展全国范围的案例研究，既囊括了像天津市老年人大学等行业老牌劲旅，也涵盖了青岛城阳区老年大学等新兴现代化城区的老年学校；既包含了北京海淀区老龄大学这种以书画艺术为主要课程的老年专科大学，又涉及了上海徐汇区老年大学这种以学历教育学校为法人单位、打造区域终身教育平台的"多块牌子，一套班子"模式；有东南沿海发达的江浙沪，又有欠发达的西南三省一市川渝云贵……"五个十工程"项目的研究对象的选择注重把握整个事业发展的全面性、均衡性和可发展性，对老年教育事业的均衡、全面、可持续发展具有特殊的示范作用。因此，这个研究是具有未来眼光、富于预见、引领事业向前发展的。

在项目实施方法方面，"五个十工程"十分符合案例研究的常用方法和要求。案例研究需要特定的情境作为研究对象，具有很强的空间感。教育案例的特定情境是以真实教学状况和事件为基础，发生在特定的时间和空间的。在情境性方面，"五个十工程"的省市、地市、县市、区、社区5个分项目实施过程中，始终基于各学校、各地区的案例，围绕特定的历史发展和外部环境所构成的特定情境展开研究，体现了一定的整体性和典型性。从研究对象背景、发展历程及对历程的解读和分析研究的启示及问题的发现方方面面，各个项目的相关单位在实施项目过程中，根据自身特色和各自所处的情境所设计的项目子方案，以及撰写的报告成果都符合案例研究的基本结构。在空间感方面，案例研究注重事物的性质及相互关系。"五个十工程"既选取了东南西北中各方位的案例，又考虑到同一地区各行政层次间的相互影响与整体关联，既有横向多地区的广度，又有纵向各行政层次的深度，成功地构建了一个完整全面的案例研究空间体系。

综上所述，"五个十工程"是"案例研究"的典范运用，它的方向是正确的，方法是科学的，运用是成功的。它将指引更多老年教育工作者在理论研究领域勇于创新、敢于尝试，去获得更多更好的研究成果。

二、"五个十工程"体现了学术研究对事业发展的强劲助推，是老年教育科学研究活动的重大突破

教育学术研究的出发点和落脚点都在于其实践性，即研究从实践需要出

发，同时所得经验和理论不仅在于解释教育实践，更在于指导继续进行的教育实践。由老年大学协会学术委员会主持的"五个十工程"开展的学术研究是实践的研究，是"接地气"的研究。它对中国老年教育事业的发展具有相当的、突出的指导性和实效性；它身先士卒、知行统一、有形有效地打破了某些学术研究纸上谈兵、脱离实践的局限性，是老年教育科学研究活动的重要突破，强劲有力地助推了微观层面老年教育的发展以及宏观层面老年教育的震动。具体表现在以下三个方面：

（一）指导性

调查才有发言权，基于调查的理论成果才有指导价值。"五个十工程"秉承着调查为基、理论先行的实施理念，从摸索教育规律、设计研究策略、探讨结构模式到总结有效经验，整个项目流程都以事实为基础，富有科学依据。所有纪实报告均在实地调研的基础上总结经验、提炼理论，进而升华为全面系统的指导意见。如哈尔滨老年大学在我国老年教育系统中率先研究老年教育思想，摸索老年教育特有的教育规律；上海老年大学开创了"1＋20"覆盖全市的"上海老年大学教育联盟"，建立起科学的资源共享模式，并且根据学员不同层次的学习需求，开了我国老年人学历教育的先河，为老年教育与终身教育体系接轨提供了行之有效的科学经验；金陵老年大学校领导立足于老年教育刚兴起时无模式可循，缺乏成熟办学经验的问题，提出"老年大学办教育，要按教育的规律来"，推动该校在全国率先提出"建构中国老年教育学"，为老年教育事业的发展加载理论内核；武汉老年大学则基于联合国倡导的"积极老龄化"和自身办学实践经验提出了"积极老年教育观"，并通过举行研讨会与其他老年教育兄弟单位分享理论成果，帮助各地老年教育机构确立合适的办学理念、采用经过实践检验的办学方法。"五个十工程"从立项到中期再到结题，中国老年大学协会学术委员会都以实地调查研究、召开推进会等方式，有序有效地指导"五个十工程"各级分项目的实施工作。无论是严谨的执行过程，还是站位高、落地实、理论强的研究成果，对全国老年教育事业发展都有相当突出的指导作用。

（二）科学性

科学的方法与科学的过程能够科学地推动老年教育的整体和个体在事业

上的发展。"五个十工程"执行的 4 年间,学术委员会定期举行推进会,研究各机构在项目实施过程中的问题和对策;项目领导小组亲自到各级老年大学(老年教育机构)调查研究、了解进度、给予科学指导,并及时通过中国老年大学协会的刊物和文件增进"五个十工程"相关机构之间的沟通与交流,为互鉴互助提供平台渠道,推进了工作科学地、顺利地开展。这些都是对老年教育事业长远发展的有力助推。如 2015 年 1 月召开省级校项目中期推进会,2015 年 6 月召开地级校规范化建设工作中期推进会,2016 年 5 月召开的"五个十工程"县(市)校项目和区校项目课题会议,确定成果编撰流程,及时提供科学指导;同时,"五个十工程"相关机构在开展研究过程中,融合了项目其他兄弟院校的成功经验,进而关注和致力于本机构的建设、打造、提质和完善,为自身科学发展提供了强有力的经验支撑。"五个十工程"的相关研究工作既科学地助推了全国老年教育事业的发展,也对自身的科学实践提供了相当重要的应用价值。

(三)实效性

在学术委员会的指导下,"五个十工程"项目团队从准备阶段起就具有敏锐的战略性思维和前瞻性眼光,项目成果的实效性和正向外显性非常突出,提高了项目相关老年大学(老年教育机构)的办学质量与在政府、在社会的影响力和重要性。作为地市校项目之一的长沙市老干部大学通过"五个十工程"项目的执行,梳理了该校多年办学的经验与不足,理论上继续深入对老年教育学及老年教育课堂教学的研究,编写出版了专著《老年教育课堂教学论》,实践上大刀阔斧地在学制、课程、教师管理规范等方面进行改革,取得了学员学习效果优、学校品牌效应高、地区社会效益好的成绩。因此,在三年内有两任市委书记亲自视察,并且市委市政府为学校的提质扩容、开设分校提供了充足的保障支持;省市校(含副省校)项目代表武汉老年大学了解了其他地区校园文化建设的优秀经验后,为全市及全省的校园文化建设注入了新思想、新理念。2017 年,由湖北省老年大学协会、湖北省老年大学举办的全省老年大学校园文化建设经验交流会,贯彻落实《老年教育发展规划》"积极推进校园文化建设,培育优良校风、教风、学风,打造一批在培育和践行社会主义核心价值观方面具有示范作用的老年学校、老年学习团队"的要求，打造物质文化、精神文化和制度文化新高地，创新自有文化载体的内容形式，推动校园文化建设可持续健康发展；福建老年大学聘请福州大学、福建师范大学等多所相关学科的专家加盟老年教育学术研究活动，发挥高校优势，联合创办福建老年教育研究所，研究制订老年教育管理方向的研究生课程，招收老年教育方向的硕士研究生，将老年教育事业规范化、院校化，推动"老年大学"成为名副其实的"大学"，为老年教育管理工作源源不断地提供大量的、专业的、新鲜的储备力量。

"五个十工程"这种前期准备充足、中期认真实施、后期注重反思的学术研究，对实践的指导和促进作用是十分强劲有力的，实效是显著可见的；这种学术研究，是红色的，不是灰色的，是充满了正能量的，是实践的指南；这种学术研究及其成果值得在全国老年教育领域提倡、推广，能够引领东西南北中各区域各层次的老年教育实践活动取得重要突破和全方位的快速发展。

三、"五个十工程"促进了老年教育理论体系的自身完善，成就了老年教育完整理论体系的首次建构

"老年教育"是一个大概念，是整个教育中的一个重要组成部分。从理论上说，应该是一个大的分支，包含极其丰富的内涵。"五个十工程"虽然重点地就"老年大学"这一方面进行了许多探索和总结，但是仍然牵涉到老年教育的方方面面。因而，"五个十工程"促进了整个老年教育的理论系统的进一步科学、全面、系统、完善。这一点除了可以从"五个十工程"的6本专著中得到证实，最鲜明突出的是"五个十工程"2015年甫结束，2016年春，学术委员会就组建了"老年教育学科建设和基础理论研究"课题组，历经23个月，完成了《老年教育学》的研究和出版。这本78万字的鸿篇巨制，虽然标注的是"中国老年教育34年实践经验的学术研究升华"，但是，由于它的作者2/3是"五个十工程"单位，又是紧接着"五个十工程"进行的理论梳理、观点提炼、经验总结和文字表达的成书研究。所以，在很大程度上，它渗透了"五个十工程"的理论研究成果和实践探讨的结晶。主编两届学术委员会主任陆剑杰在本书"序言"中曾多次提到"五个十工程"，并满怀深情地说"五个十工程"和他参与的其他许多学术委员会的课题，"把

哲学和老年教育学联系起来，把学术研究和实践研究结合起来，把经验积累和学理提升统一起来。所有这些，最后都在浓缩后进入了这部《老年教育学》中"。这一本书名为"老年教育学"，涵盖了老年教育的诸多问题，比此前的任何一本关于老年教育学的著作，更不必说某一篇论文或多篇论文，都更全面、系统和准确。"五个十工程"对老年教育自身的理论完善，其促进进程和丰富内容的作用是十分显然的。具体体现在以下几点：

（一）全面性

"五个十工程"既包含了对全国范围老年教育的主要运行形式的研究，又兼容了区域发展特点和个体发展亮点的分析，有对过去的总结，有对当下的反思，更有对将来的展望，完整展现出中国老年教育理论发展的全貌，让中国老年教育理论研究不再是片面的而是全面的，不再是静止的而是发展的，在一定程度上克服了理论研究以偏概全和止于静态的弊病。

老年教育的种子在中国土壤以学校教育的形式从萌发到成长的这30余年，恰恰是人民群众的高层次需求快速发展的剪影。中国老年教育理论的发展相对落后于人类老龄化理论视野的积极转换，或者说对现代老龄化理论的理解与接纳还存在着某些偏差与误解，客观上造成了国内老年教育发展的价值定位模糊不清。1983年，全国第一所老年大学山东老年大学（原名山东省红十字会老年大学）诞生时，老年教育还是离休干部的"小圈子"娱乐，玩得健康、开心足矣，牵扯不到"终身教育""学习型社会""老有所学、所为"和教育科研的层面；之后，上海老年大学率先开启了课程开发的探索之路，越来越多的老年学校教育开始基于老年群体的特征与诉求，反思老年教育发展的目的与方向，全面地开展了老年教育的研究。如长沙市老干部大学就一直高度重视课堂教学，专门研究了适合老年群体的课堂教学的原则、方法、艺术和模式，并撰写了《老年教育学》中的专论，填补了老年教育研究中关于课堂教学的空白。诚然，全国范围内发展的不平衡不充分仍然是当下老年教育事业的客观状态，老年教育全覆盖的江西省鄱阳县村（社区）相邻的县村在老年教育这块园地上发展就相对较慢，"五个十工程"优秀县（市）老年大学代表湖南永顺县老年大学、广西壮族自治区平南县老年大学等附近的县（市）经济实力却难以负担老年教育的推广开支。所以，"五个十工程"

项目不局限于发达地区和城市，仍向"先天不足"但办出特色、办出实绩的老年教育学校抛出橄榄枝，既分析了"不差钱"的发展模式，也宣传了精打细算的成长路子，让项目能够全面覆盖中国老年教育的各个角落，基于此所总结出的经验和理论也必然是全面的，是囊括了整个中国老年教育事业的。同时，"五个十工程"本身也是一次关于老年教育学校教育理论的大学习、大研究、大讨论、大实践，它检验、运用、丰富、发展了原有的理论，探索、获取了一些新的理论，使老年教育的学校教育理论越来越完整、全面、成熟。

（二）系统性

"五个十工程"把握了中国老年教育发展的历程和特点，并从深层次上揭示和体现了老年教育发展的规律，利用定性和定量相结合这一社会科学领域基本的研究范式，自下而上地归纳构建了中国老年教育理论体系。根据亚里士多德解释和理解事物的"四因说"，理论的构建可以从形式、质料、动力、目的四个维度展开，以保证研究的系统性。"五个十工程"的研究是促进老年教育理论达成这一点的。

形式维度即研究老年教育的内在特征，帮助人们认识"什么是老年教育""老年教育与其他教育存在哪些重大区别""哪些因素决定了老年教育的根本属性"等，如宁波老年大学团队对老年教育的性质进行了深入研究，明确了"培养现代老人"的办学目标。

质料维度即探究老年教育的构成要素及其构成关系。围绕这一核心主题，探讨老年教育的教育结构、培养类型、培养目标、培养方案、培养体系、课程设计、教学要求、考核评价等要素的内涵，如苏州市老年大学着力分析了老年教育课程设置、课程创新和课程实施，围绕课程的需求量、多样性、层次性、地域性及创新性等重点问题进行课程的开发和设置；哈尔滨老年人大学深入研究了老年学校的行政、教学、科研管理，着力推进"开放式科研"；《10所省市（副省级城市）老年大学的共同报告》中就着重提到"开展'规范管理、爱心服务相结合'的管理创新"。

动力维度即探究老年教育是如何产生、发展、变化、运动的，探讨机制机构、经费来源、办学形式、管理规律、教学科研、社会认可度和发展方向等基本内容。如广州市老年大学在老年教育现代化方面有颇高造诣，牵头进行了《中国老年大学教育现代化指标体系设计》的课题；景德镇老年大学用心于老年教育的"开门办学"；《17个社区老年教育全覆盖县（市）区共同报告》中提出要"借助现代科技手段，发展社区老年远程教育"；《10所地（市）老年大学的共同报告》中指出老年大学要"加强管理信息化、数字化建设"等。

目的维度即围绕老年教育的最终目的、价值归宿，探讨其是否有利于教育创新发展，是否有利于社会经济发展，是否有利于人的全面发展等价值目标，如天津市老年人大学注重老年教育价值，推动老年学员的个性化发展和社会化发展。如上所述，林林总总，"五个十工程"正是"无心插柳"地涵盖了老年教育这四个维度的深入研究，是一次对老年教育理论体系的系统性建设的重要尝试。

（三）准确性

"五个十工程"之所以能够有效地促进老年教育理论准确完善，主要归功于项目的切入点、项目的真实"数据库"以及项目的问题导向。"五个十工程"以学校教育（老年大学）为切入点，目前老年教育中学校教育（老年大学）的重要地位和巨大作用已毋庸置疑，是老年教育的主要、重要组成部分，甚至几近成为老年教育的代名词；同时，老年大学也是老年教育机构中最受老年人欢迎，帮助老年人健身娱乐、结朋交友、益智增能、发挥余热的场所。正是因为学校教育（老年大学）是老年群众追捧的"香饽饽"，所以基于它的研究最能准确勾勒出当下中国老年教育理论研究的全貌，最能准确把握整个中国老年教育理论发展的脉搏。

有说服力、有生命力的理论必然是准确的，必然离不开数据和事实的支持。"五个十工程"的切实实施正是为老年教育理论的构建提供了一个真实而庞大的"数据库"。这个"数据库"的来源正是长期在老年教育工作一线创造"数据"的实践者，一手的资料、真实的经历、切身的体会，使得老年教育的许多理论研究从观点到阐述到结论都更加符合事实。如果不是"五个十工程"的挖掘，理论研究可能就会缺少湖北省浠水县老年大学这样一个由省老年大学拨款80万、县政府配套拨款70万共同为远程教育创造条件的模式的真实"数据"；可能就会缺少安徽省含山县这样一个老干局办好老年大学、民政局办好敬老院中的老年大学、文旅委做好群众文化指导支持、体育局帮助解决健身器材、教育局支持教员选配等，全县各部门联合推进老教工作的模式的真实"数据"。正是这一个个真实的"数据"让老年教育理论研究工作及其成果能够基于事实、趋向准确。真正的理论是源自"问题"的理论，围绕"问题"而发展是理论发展的内在逻辑，准确捕捉和回答时代性"问题"是理论发展的根本途径。因此，"老年学员该如何管""老年课堂该如何教""老年课程该如何设计""老年教育事业该如何发展"等贯串于"五个十工程"研究过程中的问题都是构建老年教育理论体系的基石，容不得模糊，容不得似是而非。如长沙市老干部大学在研究"老年教育课堂教学"时就是围绕"老年课堂该如何教"的问题，在该校多年研究课堂教学的基础上，融合全国特别是"五个十工程"相关机构的经验，才得出较为科学、准确的结论，编写出了全国第一本《老年教育课堂教学论》。正是"五个十工程"以案例为基础、以问题为导向的研究方式，大大增强了老年教育理论的准确性。

综上所述，"五个十工程"促进了老年教育理论自身的不断完善，使之趋于成熟，为未来老年教育事业的发展提供了更好的理论依据、政策参考和策略方法。

总之，"五个十工程"是成功的案例研究典范，它将激发所有的老年教育研究工作者，面向实际，针对问题，从实际出发、解决实际问题、完善工作成绩、达成事业目标的研究。"五个十工程"是助推实际事业快速发展的有力举措，它将启发各级各类领导，设计连锁、组团、梯次的各种发展方案，开展一定规模的带有研究性的行动，促进我们事业的大面积、高质量、多经验的向前发展。"五个十工程"是理论研究自我完善的一种途径，它启发我们要善于从实践中总结工作，发现规律，提炼经验，完善理论，形成完整、全面、科学的老年教育的科学体系，为老年教育事业的发展提供更有力的理论基础和前进动力。"五个十工程"是中国年轻的老年教育发展史上一个非凡的创举，是一次关于老年教育的理论和实践的前无古人的宏大探索。我们必须充分认识和高度重视"五个十工程"的理论意义和实践价值。

提高认识　积极行动　认真反思
——我们编制教学大纲的体会①

　　老年教育的教学大纲的编写是一件极富开创性的大事、盛事、难事。自编写始，我们的初心就是：以开垦处女地的精神为年轻的老年教育编写教材，不畏繁难，铆足力气，做到编前果敢，编中悉心，编后深省，精益求精，追求卓越地投入这一工作，努力编写出质量较高的老年教育的教学大纲来。起步较早，多次修订、补充，主要源于我们对教学大纲高度重要性的认识、说干就干的积极行动和关于老年教育教学大纲特点、功能的琢磨、反思。下面就此向大家作一个汇报。

一、提高认识：高度重视教学大纲

　　从校务委员会决定要编写教学大纲开始，我们就通过理论讲座、学习文件和开会讨论，宣传和讲说教学大纲在办学过程中的高度重要性，使大家认识并坚信教学大纲是学校教育的根本，至关重要，应该高度重视。

　　从规范办学的高度来看，教学大纲是学校教育中学科教学诸因素中的纲领和龙头。任何一个学科的教学都由教学大纲、教材、教学方法和教学评估等众多因素构成，教学大纲—教材—教学方法—教学评估是分层排列又相互联系的。但是在这诸多因素的内在结构中，教学大纲是统领其他诸因素的：教学大纲中的教学目标、教学内容和教学参考资料，规定了教材的编写；教学大纲中的教学目标、内容，特别是教学方法建议引领着教师们对教学方法

---

　　① 本文写于2019年5月，原载于全国老年大学"优秀教学大纲建设校"表彰暨交流研讨会资料集。

的选用；教学大纲中的教学目标内容、教学方法建议，特别是教学评估指导了教学评价。因此，要抓好学科教学，少不了它。

从学校管理的角度来看，教学大纲是一所学校学科教学科学管理的第一重器。没有它，学科教学的科学管理将没有依据，无所适从，无法进行。目前，老年大学的许多学科连教材也还暂付阙如的时候，教学大纲尤其显得必要。同理，拟定教学管理的规章制度，开展教学的各种活动，对教师的管理、使用、评价等，没有教学大纲为依据，都将难以执行。这也是教学大纲本来就是根据办学的总体要求、学科的性质、地位以及目的任务而制订的关于教学要求的基本纲要所决定了的，更是教学大纲是实施教育思想和达成教育目标的有力工具的体现。

从达成老年人的满意度来看，也就是从提高教学质量的角度来看，教学大纲是提高教学质量的重要保证。教学大纲的有无和质量的高低，直接影响着我们办学效果的优劣，决定着老年大学学员的满意度。

总之，教学大纲是老年大学的立校之基、教学之本，十分重要，不可或缺。

二、积极行动：扎实编好教学大纲

认识上去了，行动就跟上来了。我们决定，一定要细心、稳妥、高质量地抓好抓实教学大纲编写的具体工作，保证它知识的准确性和高度的科学性。

第一，充分准备。一是就教学大纲编写重点做布置和动员；二是各个学科或推举或指定了编写教学大纲的执笔人；三是召开了执笔人的小型预备会，明白了各自任务，知晓了时间节点，印发了学习资料。

第二，加强指导。举办了执笔人的小型培训，大家聆听了关于教学大纲是什么、重要性和基本内容的讲座；向全体执笔人印发了《长沙市老干部大学教学大纲编写体例》，明确了教学大纲的栏目、内容、格式；提供了《古文选读》学科的教学大纲的样稿，作为示范；编写过程中，随时就初稿进行具体的指导。

第三，修改完善。初稿完成以后，经历了"同行教师研讨—学校领导过目—有关专家审读—部分学员座谈—执笔编者修改"的"过五关"。专家审读还比较详细地给出了书面审读意见。2002 年上学期，学校已开设的 23 个专业的教学大纲正式诞生。2018 年，更加科学准确、统领教学的 33 个专业的新版教学大纲正式出炉。

三、认真反思：优化、用好教学大纲

我国的老年大学从 1983 年 9 月在山东诞生起，到今天不足 40 年的历史，编制这前所未有的教学大纲，还是一项需要锐意探索、精心研究、反复实践的新"课程"，其中，需要我们认真反思的东西不少。这些反思将敦促我们继续前进。

其一，教学大纲要充分考虑老年人的特点。我们多处强调要关注老年人的身心特点和认知规律，准确把握教学大纲的内容选择和语言措辞。

其二，教学大纲应成为教材编写的依据。大纲在前，教材在后。教学大纲中的教学目标、教学内容和教学参考资料规定了教材的编写方向和内容纲要，大纲中蕴含的教育理论、教学思想和教学经验也有力地支撑了教材的编写过程。学校应该因势启动教材的编写。我校在自编教学大纲的指引下，紧锣密鼓、快马加鞭、较快较早地编写发行了《老年实用按摩》《老年计算机教程》《老年实用英语》《老年实用保健》《老年声乐》《中医基础理论》《中国古典文学》《老年实用养生学》等 8 种共 22 册教材。这些教材被 88 所兄弟学校采用。

其三，教学大纲是打造学校精品课程的基础。教学大纲的主要作用是规范教材的编写、教法的选用和评价的掌控。我们还应该充分利用教学大纲培养优秀教师，打造精品课程。

老年教育教学大纲的编写，我们也还在起步阶段。限于水平，编写工作不尽如人意，编写质量还有上升空间；比起许多兄弟学校来，更有较大差距。我们一定向大家学习，不懈努力，加强优化大纲的研究，争取编写出更好的教学大纲来。

致谢：

本文撰写过程中得到学校副校长贺佳妮和教研室同仁的指导、帮助，记以致谢。

老年大学"公开研究课"的
价值取向、实施技术和达成效益初探①

公开研究课是各级各类学校教育中以公开为形式、以研究为内容的一种课堂教学研究活动。它在课堂教学的公开观摩、互相交流、共同研究的过程中，展示优秀的教学范例，引发同行的自我反思，开展有益的改革研讨，从而提高课堂的教学效益和促进教师的专业成长，是学校教育中一项最常见、最基本、最典型的教研活动，常被人们称为改进课堂教学的风向标，打造高效课堂的有力推手和传播先进教学理念的最佳载体。但是年轻的老年教育的学校教育——老年大学，由于种种原因，尚未广泛而经常地推行。

长沙市老干部大学从 2004 年起，开始举行公开研究课的教学研究活动。② 至 2019 年，共开设公开研究课 50 多次；并且自 2011 年始，把这一活动提升为每学期 2 次、每年 4 次举办的一项制度，坚持至今，一次不辍。③ 10 余年来，前后有 50 多位教师上了公开研究课。每次上课，教研室的老师与授课教师一起，选择教学内容，确定研究方向；授课教师钻研教材，认真备课，多次修改，打印教案。参加听课的有：同学科、同系的教师；学校领导、教研室全体教师和兼职教研员、学委会的干部；其他学科的教师和学员。每次听完课以后，都必定召开评课会议，听课的人员都参加（听课班的学员派代表）。为了发挥长沙市老干部大学的辐射引领作用，有时还开设面向全市四县五区老干部大学的公开研究课，邀请更多同行前来一起观摩研究；同

---

① 本文写于 2020 年 9 月，由龙志斌与薛根生合写，薛根生执笔，获中国老年大学协会第十四次老年教育理论研讨会一等奖，原载于《终身教育》2021 年第 2 期。

② 《长沙市老干部大学 2004 年下学期大事记》："11 月 23 日，陈尊梅老师上英语公开研究课，参加人员有学校领导、教师代表、教务处全体人员和兄弟学校的有关老师。课后进行了评课。"

③ 长沙市老干部大学：《老年教育公开研究课述评荟萃》。

时教研室为培养年轻教师，给他们压担子让他们拔节成长，还多次选派一些80后、90后的老师上公开研究课。在评课会上，大家针对本节课的教学实际，对成功的经验和待改进的欠缺各抒己见，同时也依据一节好课的教学目标、内容、方法、手段，乃至教学思想集思广益，获得共识，一起进步。每听完一位老师的公开课，都有两个"规定动作"：一是必有一位教研室的老师做全面综合点评，点评重在成功经验的总结、教学规律的提炼和高效课堂的打造；二是由教研室的老师写出对这堂课的述评文章，重在全面介绍活动概况和充分肯定教师劳动，发表在学校报刊上。① 这样，每次公开研究课对授课老师和听课老师来说，都是一次很好的学习和提高，还浓厚了学校的教研氛围，为整体提高学校课堂教学的质量，提供了一级又一级台阶。同时，学校借此契机，加强和提升了课堂教学的研究，不但主动请缨在全国老年大学协会学术委员会主编的全国首部《老年教育学》② 中增加、撰写了"课堂教学研究"一章，而且在此基础上扩展延伸编写出了全国第一本关于老年教育课堂教学论的专著③，已于 2018 年 12 月正式出版。

一、老年大学"公开研究课"的价值取向

公开研究课作为一项由开放范围较大、主体意愿强烈、研究导向明确、比对分析清晰、活动意义丰富等多个维度的核心要素构成，由积极参与、细心观摩、平等对话交流、认真反思总结等任务驱动要素和教师集体参与、"专家"内行指导等关系要素结合，能够实现教师集体智慧的整合和"专家"高屋建瓴的引领，从而有利于构建良好的学校教研文化，有效促进教师专业发展，推动课堂教学质量提升和增强教学研究氛围的教研活动，其重大的价值意义是十分鲜然的。那么，它的价值取向究竟何在呢？

（一）利用公开研究课对老年教育课堂教学实践中的特点、策略、技巧进行全面、深入、细致的探讨研究，从而提高老年教育课堂教学的质量

顾名思义，"公开研究课"首先是研究课。研究什么呢？首要的当然是

① 陆剑杰、钟旭秋：《地区老年教育的群星灿烂》，团结出版社 2016 年版，第 301 - 305 页。

② 陆剑杰等：《老年教育学》，河海大学出版社 2017 年版，第 341 - 358 页。

③ 长沙市老干部大学编著：《老年教育课堂教学论》，湖南教育出版社 2018 年版。

"究竟怎么给老年人上好课"。公开研究课教研活动或以示范的方式，或以问题的探讨，或以专家的指引为途径，推出样板，宣讲理论，传授经验，总结教训，使老年教育的课堂教学实践渐渐步入科学的轨道，日益符合老年人的需求，达到老年人的满意度。

1. 全面认识、研究、了解老年教育课堂教学的特点

老年人的生理、心理特点和认知特征与中小学生、大学生是不一样的，老年人上老年大学想学的东西、要达到的目的也与大中小学不一样。因而老年课堂的教学内容（教材）也应该与大中小学有明显区别，老年大学的课堂教学就不能与大中小学的课堂教学一模一样。这一系列的老年大学的课堂教学的实际问题，虽然教师个人也可以在教学中去摸索、探讨，但是，作为以研究为宗旨的公开研究课，则可以把这些问题有计划、有重点地安排到不同的课次中去有意识有导向地进行探索和总结。这样一来，我们不但能够有效地开展本学科本节次特定内容的教学，还能够有序地研究老年教育课堂教学的一些共同的基本规律，从而提高老年课堂教学的教学质量。通过公开研究课的教研活动，我们逐渐摸索归纳出了许多老年课堂教学的特点，让年轻的老年教育课堂教学渐入佳境，也使许多老年大学教师中的新手顺利入门上路。

2. 深入探讨、研究、把握老年教育课堂教学的策略

公开研究课不但让我们对老年教育的课堂教学对象的了解、内容的把握、基本方法的选用更加熟悉并日益形成规律性的认识，而且引导我们深入探讨、研究、把握老年教育课堂教学的策略。关于老年教育课堂教学的两种不同的课型就是最好的例证。老年教育课堂教学前所未有，刚开始谁也没有对其课型进行研究，得出分类。可是，我们在多次的公开研究课的教研活动中，逐渐明晰地感觉到它们各有特点，因而教学应该采用有所不同的教学思路和方法。这让我们特别回忆起古典文学和民族舞蹈两节公开研究课。是这两节课引发了我们关于老年教育课堂教学两种课型的思考和不同教学思路方法的研究探索。①

综观老年大学的诸多课程，大而言之可以分为两类：知识型课程和技能

---

① 长沙市老干部大学编著：《老年教育课堂教学论》，湖南教育出版社 2018 年版。

型课程。像古典文学、国学常识、旅游地理、心理健康、生活与法律、隔代教育、证券理财等，属知识性课程；像声乐、器乐、绘画、摄影、书法、舞蹈、手工、按摩、武术、模特等，属技能型课程。老年大学以技能型课程为多。这两类课程的特点和教学方法是大不一样的。

知识型课程一般以讲授为主。讲授的基本要求是：循序渐进；少而精；知识要有系统性、科学性；内容应中心明确，重点突出；语言应准确简明，条理清晰，深入浅出，富有魅力；要善于把教材、教师和学员三者的思路，糅合在一条授课主线上；使听者得其要领，印象深刻。其基本认知路线是"传递—接受式"。基本教学程序是：复习旧课—激发学习动机—讲授新课—归纳梳理—布置作业。

而技能型课程的教学方法一般选用理论实践一体化教学法、模拟（仿真）教学法、现场教学法等。主要是精讲多练：理论精讲，技能多练。"精讲"就是要讲得精当。教师根据教学目标和学员的实际，钻研教材，把握重点，突破难点。"多练"指的是在课堂教学中，强化教学实践环节。教师要留出足够的时间，多给学员练习的机会，让学员自己去实践、去操作、去掌握。练的目的是使知识转化为能力，只有练了，才能获得技能。这些认识和经验，还通过公开研究课得出了"练的内容要序列化，练的方式要多样化，练的方法要科学化"的规律和具体操作程序，基本可以称之为模式了。技能型课程在老年大学占了85%以上，通过多次技能型课程的公开研究课，大家还总结出了技能型课程的教学要注意"三重"：理论与实践相结合，更重实践；教师示范与学员训练相结合，更重学员训练；训与练相结合，更重练。

3. 细致琢磨、研究、创新老年教育课堂教学的技巧

公开研究课的教研活动对课堂教学的实践的探讨研究除了全面关注特点、深入寻找策略，也越来越细致地琢磨技巧；对许多细节也不放过，还有不少创新之举。如在注意两类不同课型采用不同的教学策略方法的同时，也承认"教学有方，教无定法，贵于变法"，要不断探索教学方法的改进与创新。在"变法"时，几条基本原理不能变：①教师为主导；②学生为主体③实践为主线；④能力为目标。还要重视现代教育技术的运用，以必要、恰当、有效为原则，有条件的可以开展分层、分组教学；教师要重视锤炼教学语言：清

晰、准确、有条理、无废话、声音洪亮、字字入耳，偶尔穿插一点幽默、趣话、轶闻、故事，也是受学员们欢迎的；在技能训练时，要善于发挥"学员老师"作用，既能提高效益，又促使了课堂气氛活跃；几乎所有公开研究课都不放过教学中的板书，并且达成了共识——好板书要做到"三精"：内容精当，文字精练，结构精巧，是每次教学的一个窗口、一个纲目、一个浓缩教案。

（二）利用公开研究课对老年教育教师的教育观念、教学技能和情感态度进行全面熏陶，从而加速教师的专业成长

公开研究课大多是优秀课、示范课、导向课，一句话，是高质量的课。高质量的课是高水平的老师上出来的。它体现了高水平老师正确的教育理念，展示了高水平老师优异的教学技能，显示了高水平老师成熟的情感心理。但是，公开研究课的"公开"的最终目的不是要对教师的教学水平进行等级排列与量化评价，不是要颁给某位老师何种荣誉称号，而是欲借他的具体教学来激发广大教师的学习热情，促进教师专业知识技能的发展，提高学校教师团队的整体水平。这一点是其他教学和研究方式不可替代的。尤其是，公开研究课是面向全体教师的，各种不同年龄、程度、水平的教师，同科教师和不同科教师，授课教师和听课教师乃至教学管理工作者，都是参与者，公开研究课对他们都会产生一定的影响：它是成熟教师成长为良师、名师的进级台阶，是骨干教师挑战自我、展示自己的最好平台，也是年轻教师提升自身素质的最好学习机会。公开研究课对教师的培训成长是极富价值意义的，其价值取向主要体现在以下三个方面：

1. 能转变教师的教育观念

教育观念是指教育思想、教育理想，包括教育的基本理论、教育的原则方法、教育的评价标准等许多对教育的认识。观念是指导行动的（即使你自己并不明确自己有什么样的观念，它也是存在的）。观念告诉你什么是对的，什么应该做、怎样做等，如人生观、恋爱观、价值观。当教师就应该有正确的教育观念。没有正确的教育观念做指导，即使有热情、有干劲，也不一定能把工作做好；一旦自己有了明确的、正确的观念，并用它去自觉地有意识地指导行动，那就会发挥更大的作用，取得更好的效果。这里所说的"转变"，主要是指我们老年大学的教师以前大都没有从事过老年教育，学过的、教过书的，都是基础教育或高等教育相关。现在从事老年教育了，虽然有很多基础教育高等教育的教育观念还可以用，但是毕竟对象完全不一样了，很多观念需要转变。老年教育是全纳性终身教育、"完善性"的素质教育、"补需性"的按需教育、"积极休闲性"的生活教育和"自为性"的生命教育。老年教育区别于青少年的素质养成和中年的素质调整，是以自主自由学习为本质的教育。老年人的学习淡化功利性、习惯沿用传统方法、适合宽松的学习环境和相对缓慢的学习节奏，并呈现出这样一些学习规律：凡学习者，均是自觉的学习者；均是量力而行地学习；自觉学习的热情和量力而行的自控相互结合，结合点在学习的自主选择上；记忆遗忘但又愿意循序积累；服从情感主宰但接受环境制约；崇尚学思结合与知行统一等。老年教育是以授业、熏陶、活动三结合为教育方式的教育，具有培养现代老人、应对人口老龄化、推进老年文化建设和加强社会治理的功能，其培养目标是文明学员、现代老人和风范长者等。而这些，皆可以通过公开研究课教研活动进行宣讲、传播、渗透，从而学习、树立这些观念，从中得到"转变"。由于这些观念是在公开研究课教研活动的备课、上课时候要想到、用到的，更是老师、专家们评课时必然涉及和引用的；也就是说，在公开研究课教研活动中关于老年教育的教育观念的传播是紧密结合教学实际、理论与实践相结合的，是就事论理、事理融合、虚实互证、理据并存的。因此这比专门去学一门"老年教育学"课程、去听一个"老年教育的性质、特点、规律、方法和功能"的讲座，去阅读一本《老年教育教学论》，理解更容易，印象更深刻，收效更实在，更易于教师掌握。所以公开研究课教研活动能够较好地转变教师们老年教育的观念是显然的。

2. 能提高教师的专业技能

公开研究课上，具体展示的是教师的教材分析能力、教学活动的设计与执行能力以及新知识、新方法、新技巧的运用等。而这些，对于新进教师而言，无疑就是一种规范、模仿、学步，是"入门"的捷径；对于成长中的教师而言，也是一种比较借鉴、对照反思和交流探讨的良机。这些不但能够促进教学水平的整体进步，还有利于教学技巧的不断创新。这是公开研究课最具实质性的价值。记得最近的一次京剧青衣和京胡演奏的公开研究课的评课会上，一位新入职的凭"能者为师"而任教古筝的老师惊叹"老年教育的课，原来要这样上""今天终于搞清了技能型课程的特点与教学流程了""板书对教学还有这么大的作用啊！大开眼界！""我就是不知道如何关注、顺应老年人的学习情绪，现在明白了！"不少骨干教师包括名师、系主任听课以后，也认为学习到了很多东西。前面说过，老年教育课堂教学究竟怎么上？师生互动应该怎样设计？技能型课程的训练如何落实？这些都还处于摸索与实践中，如果通过公开研究课给老师提供一个可以临摹、仿效和研讨的范本，我们的老年教育课堂教学就更具操作性，使大家特别是新任教师在实践中少走弯路，顺利"进门"。成长中的教师，借机相互交流、研讨，对照反思、取舍，从而"登堂入室"。在听课者成长的同时，执教者更在成长，他们的成长主要来源于"磨课"环节。磨课过程既是学习、研究、实践的过程，又是煎熬、阵痛、破茧的过程，也是合作交流、反思创新的过程，更是专业素养、理念提升的过程。磨课，使授课教师的教学水平可以获得质的飞跃。如果我们把它摆在年轻的老年教育这个背景下来看，不少教师专业素养比较扎实，即使非科班出身，也都是一些行家里手、能工巧匠；这就特别需要"专业操作的改进"——教学过程的合理安排、教学方法的选择组合、教学手段的优化采用、教学技艺的巧妙运用等。而这，恰恰是公开研究课的优势和强力影响所在。

3. 能影响教师的情感态度

课堂上，特别是公开研究课的备课、磨课、上课的过程中，我们都能够灵敏地感受到授课教师的精神状态、情感风貌和心理素质。这些，也无疑会对听课教师产生具体、生动、深刻的影响。其一，唤起教师的成长意识。大家在听课中，学习授课教师的先进教学理念和成功的教学方法，欣赏授课教师的设计艺术和操控技能，领略授课教师的优美语言和教态风采时，耳边会常常响起撰写《师说》的唐代大儒韩愈的"彼，人也；予，人也。彼能是，而我乃不能是"的名言，这就唤起了教师的成长意识：我要加强师德修养，学习广博知识，深钻教学技能。追求成为一名政治水平、敬业精神和专业能力整体素质优秀的教师的迫切愿望和强烈意识就融进了教师们的心灵。这，将是教师专业成长的不竭动力。其二，锻炼教师的心理素质。授课教师在接受上公开研究课任务时的内心纠结，准备过程中的各种困难曲折，授课时的诸多顾虑担忧，成功或失败带来的不确定的精神震颤；听课教师的学习愿望和端正态度，评课会议的发言准备和细心听取，同行当中的切磋琢磨……这些都是参与公开研究课教研活动时每个人不能回避的现实，迎接它、正视它、经历它，都是自己心理素质的一次洗礼和历练，也就是成长。其三，提升教学研究的兴趣。从公开研究课的教研活动中，大家看得见摸得着感得到：所有人，包括授课教师和听课教师的专业成长和课堂教学质量的提升，与此同时，几乎会被教学改革教学研究乃至教育科研所吸引、倾倒，从而引发兴趣，产生热爱，大大提升了教学研究的兴趣。

这样，有了目标追求、有了兴趣热爱、有了底气，加上榜样在前，同伴在旁，还有专家内行的引领提携，教师团队的建设优化应该是可望而可即的了。教师作为教学活动的关键因素，教师的专业发展关系到教学的质量、办学的水平，公开研究课的价值也就于此可见一斑了。如果我们把它摆在年轻的老年教育这个背景下来看，有那么多非老年教育专业科班出身的教师在老年大学担任课堂教学的主力和大军，公开研究课的价值还应该高估一筹。

（三）利用公开研究课对老年教育课堂教学的理论进行验证、提炼、积累，从而完善老年教育课堂教学的理论体系

公开研究课是研究课。除了研究课堂教学的实践和教师，当然还要研究课堂教学的理论。理论指导实践，理论又来自实践。只要我们带着研究的眼光，联系课堂教学的实践，并结合学术的理解，就可以从课堂教学的实践中去提炼并形成构建课堂教学理论的学术视角和提升思路，以课堂教学实践，再以实践获得的经验、教训、体会、感悟，去补充和发展课堂教学理论的学术内涵，甚至改变、创新关于课堂教学理论的一些基本观点、重要提法，颠覆一些过往的观念、概念。虽然截至目前，老年教育课堂教学的理论尚未形成完整而科学的体系，急需归纳、提炼、总结。但是通过公开研究课，还是可以让我们获得从实践—感悟—提炼而形成的崭新理念。比如，关于老年教育课堂教学的基本原则，在我们长沙市老干部大学主编的《老年教育课堂教学论》中，其提出的基本观点就大为让人惊喜且又不得不为之首肯。在这一章中，共介绍了这么一些基本原则：

一、生命活跃原则：（一）实用性原则，（二）趣味性原则，（三）学乐为相结合的原则；二、秩序稳定原则：（一）统筹安排原则，（二）科学系统原则；三、优质讲授原则：（一）少而精原则，（二）直观性原则；四、师生互动原则：（一）平等尊重原则，（二）重视启发的原则；五、灵活施教原则：（一）适度性原则，（二）因材施教原则。

很明显，作者根据老年教育课堂教学的实践，提出了 11 个原则，又把它们归到了 5 个大原则之下，全面丰富而科学合理，内涵复杂而条理清晰。特别值得一提的是，在这 5 大原则 11 小原则当中，作者置公认的、基本的、上位性的教学原则如"科学系统原则、因材施教原则、师生互动原则"于不顾，打头第一条就提出了一个各种教育理论书籍从未写进书里的"生命活跃原则"。"生命活跃原则"是什么意思呀？其实，这个原则的提出，正是命中了老年教育的根本特点：老年人就是为了生命的活跃——健康、快乐、长寿、有为而来老年大学学习的；这个原则摆在首位，是必需的、正确的、毫无疑义的。其他如"统筹安排原则""少而精原则""平等尊重原则"等对于老年教育颇为重要的小原则也都置于了相关的大原则之首，这也是很恰当的。而这些，都与长沙市老干部大学在公开研究课的教研活动中的探索、研究有关。书中在阐释这些原则的举例材料中，很好地说明了这一点。再如，《老年教育课堂教学论》第三章"老年教育课堂教学的主要方法"中"创新的教学方法"一节的补充；第四章"老年教育课堂教学的艺术技巧"中的一些例子；第五章"老年教育课堂教学的评价体系"中的课堂教学评价量表的完善；第六章"创建老年学校教育的高效课堂"中理论和实据的获得……《老年教育课堂教学论》随处都可俯拾即是地看到公开研究课教研活动的研究成果。目前，我国的老年教育事业还处于成长、探索、发展时期，关于课堂教学观念的确立和变化、方法的改革和丰富，对于课堂教学理论的完善无疑有着重要的作用。

此外，公开研究课的推行中还触及了老年教育教材的编写、使用，教学管理制度的制定、运行，老年教育教师队伍的建设、优化等许多方面，对这些方面所提的问题和探讨及给出的一些建议，对整个老年教育的发展都具有不可忽视的参考价值和促进意义。

综上所述，我们可以说：公开研究课的推行富有不可估量的价值意义。

二、老年大学"公开研究课"的实施技术

价值产生效益，效益有应然效益和实然效益之分。公开研究课的应然效益是指公开研究课在教研活动过程中对其各利益相关者应该起到的作用或达成的效果，它是公开研究课教研活动的目的及价值追求之所在；公开研究课的实然效益是指公开研究课在教学活动过程中对其各利益相关者实际起到的作用或达成的效果，它是对公开研究课活动所起到作用的真实反映。事实上，应然效益与实然效益之间必然存在着差距，公开研究课亦然。我们的愿望是最大限度地缩小二者之间的差距，追求公开研究课的最大效益。而这，公开研究课的实施技术是最重要的因素。因此我们必须高度重视，精细讲究。

公开研究课的实施技术是指在公开研究课教研活动的过程中各相关因素的质量、运用、配合的计划、组织、安排、准备等实践操作的技能和艺术，包括目的宗旨、方向指导、教学行为、评课活动、支持服务、评价机制等诸多方面。长沙市老干部大学在10余年的公开研究课教研活动的实践中有一些体会，如：充分准备是公开研究课效益最大化的前提，精心操控活动过程是圆满达成目标的关键，开好评课会议是提高效益的不二法门。

（一）关注指导

执教者、听课者、组织者长时间、深入、充分的准备，是保证公开研究课效益最大化的前提。关注并精心指导是"充分准备"的核心工作，是获得高效的首要条件。所以公开研究课教研活动一定要做好指导工作。

1. 开课指导

一节公开研究课要经授课教师认真备课，多次修改，然后众多同行、专家、领导听课，再聚众评课等繁复的过程，这与日常教学相比，繁简难易是大相径庭的。如果其结果仅仅只让授课教师一人受益，其收效与所付出的时间、精力是不相称的。因此公开研究课上什么课？谁来上？这应该是有目的、有计划的，即必须确定研究方向，聚焦现实问题。公开研究课虽然是由授课教师个人首先独立备课，但是此前一定要与学校教研员商量。这个商量就是

一种指导。教研员要根据比较长远的教研计划以及课堂现状中存在的问题，考虑执教者本人的特长、素质，由组织者物色执教者或者在自愿申请者中选择合适人选，改变单纯让教师展示个人教学风采的弊病。这样，公开研究课的内容和方法都聚焦问题，然后依据问题选择教材，设计方法，实施教学；再通过全体参与、反思对话和方向指导的评课，架起教育行为与教育认识的桥梁，去建构、完善、优化授课教师和听课教师的学科知识和教学技能，帮助教师成为专业性的实践者和教学能手、骨干、名师。在这里，聚焦问题是决定目标达成、效益微巨的关键。从我们的体会来看，目前老年教育课堂教学的问题主要有三种，其一是教师中普遍存在的问题，如技能型课程的训练的重要性、怎样实现高效的训练和面向全体等；其二是新开课程的问题，如"全健排舞"作为我校新开课程的一个新的舞种，它既不同于一般的民族舞等成品舞蹈，又不同于交谊舞、拉丁舞等双人或单人舞蹈，而是分为 A、B 两组两两对跳且分初级、高级不同动作的一种群众性舞蹈，因此它的教学程序需要专门设计，要在民族舞和交谊舞的教学模式上进行改革；其三是年轻教师的问题，如如何体谅和理解老年人的生理心理特点，知晓老年人的认知特征，让老年学员轻松、快乐又有收获地学习的问题。针对这些问题选定和设计的公开研究课，其教学效益应该是有的放矢、确保无误的。

2. 上课指导

就一节课本身来说，教学内容的选择、教学方法的选用、教学过程的设计、教案的撰写乃至媒体的使用、课件的制作等都应该是由执教者自己来做的；但是作为公开研究课，为了符合该次公开研究课的目标要求，教研员作为组织者应主动积极参与指导，必要时还可以组织部分同科教师，特别是系主任一起研究。执教者综合大家的意见，形成教学设计初稿，送教研员审读，必要并有条件时还可以试教（长沙市老干部大学经常是在平行班级试教；一定要避免在已经试教过的班级重复上公开研究课），提出进一步的修改意见，完善教学设计。公开研究课不涉及比赛的名次、单位的荣誉、个人的得失等，而是就某一个或多个问题的解决、一种模式的探索、一种方法的试验，给出更准确的答案、优秀的示范，让听课的同行们获得更好的启发和学习。

3. 指导因人而异

科班教师重在课堂组织和教学实施的方法艺术的探索指导；"能者为师"的教师首先帮助他们了解和实践课堂教学的必备环节和基本套路；年轻教师要把鼓励他们勇于上课和树立经过努力能够上好课的信心摆在首位；骨干教师可以在他们自己设计的基础上强调新的突破；而名师则提倡显示个人风格和给出教学范式，让所有的听课人员默默欣赏和啧啧赞叹。对于我们学校的蒋婧、马雪琴、赵艾铃、李青松、王德安等老师执教的公开研究课，我们就是这样因人而异、各有侧重予以指导的。他们的公开研究课的教学效果都很不错。

（二）讲究过程

实施过程是公开研究课教研活动的中心环节；讲究过程是取得理想效益的根基。

1. 设置基本流程

每次公开研究课教研活动都必须认真走好"选课（含选人）—备课—上课—评课—发布述评"五部曲，缺一不可。

2. 把握重点步骤

一是选课。①选好研究问题，明确主攻方向。②选好授课人。③选好教学内容。二是上课。①备好课：认真钻研，不惮修改；规范打印，听课人员人手一份。②上好课：除授课教师熟悉教案流利施教之外，如果有多媒体辅助教学，一定要准备和调试好设备课件。经验表明，多媒体运用的障碍事故最容易影响授课教师的情绪。③听好课：通知到人；安排座位；发放听课本；必有学员代表参加。三是评课。①教师自我反思。②听课人员各抒己见。③主评专家全面提升。

3. 抓住效益放大

其一，教、听、评人员和谐组合、各司其职；必有校长、副校长参加听课并主持评课会议；评课会议一般不允许请假。其二，授课、听课成员的"优惠"待遇：授课教师增加讲课金；听课教师发给交通费，提供中（晚）餐。其三，同科教师完成"作业"：看通知，了解课题；读教案，知晓内容；记笔记，对照反思；必评课，感悟交流；交"作业"（听课记录），不可缺交。

（三）重视评价

"三分上课七分评。"评课活动是公开研究课教研活动的重头戏、压台戏，是提升公开研究课教研活动效益的命脉之一。

1. 修订评价标准

评价是杠杆，评价标准是导向。科学的、正确的评价标准可以给出老年教育课堂教学的样板和范式。我们在 2004 年就已经开始的关于老年教育课堂教学评价研究的基础上，不断调整完善老年教育课堂教学评价的标准。与此同时，我们考虑到，课堂教学效益是以学员的收获为考量的，是要让学员来"打分"的。因此，我们在制订实施课堂教学评价标准的评价量表时，从原来单一的"老年大学课堂教学评价量表"，扩大衍变成了"教师自评与专家评用"和"学员评课用"两种。① 这样，便于根据教学设计的方案，实施对教师教学全过程的全面审视和学员学习效果的有效监控。它强调了学员学习过程的体验、进步和成功，使我们获得教研活动的全面反馈信息。这对教师的教学行为的反思和调整，促进教师不断提高课堂教学的方法技艺水平，改进教学，乃至改进教学管理，促进课程、教材、教师的选用的不断完善，都是很有好处的。这种设计既能考察教师教学的优劣，又能检查了解学员的学习成效，是真正实现课堂教学目标的重要参照和依据，也是公开研究课教研活动的根本宗旨。

2. 严控评课过程

为了保证和提高公开研究课教研活动的效益，必须坚持授课听课结束后趁热打铁召开与聚焦问题对口、听评课教师学员反思对话、专家点评指导的评课会议，以实现集思广益、经验升华的教研活动目标。第一，必有授课教师自评。授课教师在教研员的指导下，经过认真钻研教材、摸清学情，并反复修改完善教学设计，再经过课堂教学的实践，应该是有不少体会和感悟的。他的感悟属个人经验、切身体会，非常宝贵。对同行有很大的借鉴价值。许多时候，也是给大家的评课提供一些背景和说明。在评课会上，他们必须说，

---

① 参见长沙市老干部大学编著：《老年教育课堂教学论》，湖南教育出版社 2018 年版。

并且先说。第二，强调听课学员参评。学员作为课堂教学的学习主体，如鱼在水，冷暖自知——"课堂好坏学员知"：他们是我们全部教研活动的施与对象和效益见证，是教学效果最权威的发言人。评价一节课的成败得失、利弊优劣，需要如何进一步改进优化，也必须听听他们怎么说。他们应该有与其他听课教师同等的话语权。同时，老年教育的师生结构与基础教育不同，师生间的年龄、经历、学识等更利于平等交流对话。如果说中小学的评课活动不便于请学生参加的话，那么老年教育这种成人教育的评课活动，学员的参加就应该是不可或缺的。所以，我们一直坚持这样做。事实证明，很多学员的评课达到了一定水平。曾经有一位学员就特别强调课堂教学时间的科学分配，每次评课他都能够就授课教师的教学步骤和占时比例评价教学的成败得失。第三，鼓励听课教师多评。公开研究课不仅要成为授课教师自我反思的契机，同时也要成为教师同行研讨的领域，从而对促进教学改革和教师专业成长起到实质性的作用。因此我们给参加听课的每一位老师都在听课前发放听课记录和反馈表，人人必须填写并于开完评课会议以后收回，同时鼓励人人评课发言。我们动员大家，不要求发言绝对正确，但态度一定要积极认真；不求面面俱到，也不求四平八稳，言之有物、言之有据就行；当然能够自成一家之言，哪怕只是一孔之见都非常欢迎。由于事先有要求，大家有准备，每次评课几乎都是争先恐后，时间恨少。

3. 优化专家总评

在整个公开研究课教研活动的过程中，学校教研室的教研员（专家）一直应该处于前沿、中心、先行。在要求授课教师听课教师认真准备的同时，教研员更要精心准备，深入钻研教材，广泛翻阅相关资料，总览老年教育课堂教学的全局和突出问题及对策，结合本次公开研究课教研活动的选课内容、教学方法、教师优势，指导、帮助授课教师形成比较成熟可行的教学设计。如果教研员（专家）课前不下一番深入研究的功夫，就不能实现比较理想的教学实况和听课实效，自己也难以做到精当地评课，当然也就不可能真正发挥教研员的专业引领作用。就教研员的显性作用来说，每次公开研究课教研活动的评课会议中的"总评"是最具价值、最富影响的一招。如果说教师评、学员评是一种综合评、全面评、自由评的话，那么，每次评课最后不可或缺的必有一个"规定动作"——专家总评。因为它对执教者、听课者、学员乃至学校领导和教学管理人员都将产生一定的关于教学成败优劣、活动效果大小和改革提升方向的不可回避的回答和明确无误的指导。虽然它既不能对公开研究课进行盖棺定论，也不应该对执教者做结论性鉴定，但是它要在追求切实性、公平性和指导性、鼓励性时，促使执教者和听课者在公开研究课结束之后，乐于继续探索，知晓怎样前进。所以，这个"总评"是有讲究的，是有重点的。重点是什么呢？重点是在大家赞赏优点、讨论不足和提出问题的基础上，就"应该这样教"作出指导。具体地说，应该紧扣三个方面：其一，呼应聚焦问题，直击解决策略；其二，紧扣老年教育，强调特点特征；其三，结合本次课例，提出"应该"事项。若能达此，则不失为公开研究课教研活动的锦上添花和圆满收官，就能达成公开研究课教研活动的比较理想的效果。

总之，关于公开研究课教研活动的实施技术，我们实践探索了一些办法，也获得了明显效益；但是由于老干部大学当前办学机制的局限和教师的分散性、非职业性，给公开研究课教研活动带来了一些问题。比如听课老师是公开研究课教研活动的主要受众和效益体现，如果他们都以积极进取、认真学习、提高自身的态度，做到认真钻研所上研究课的内容，考虑与研究课内容相吻合的教学设计，或说说自己如果上该内容的课例分析，或撰写一些与该次研究课主题内容相关的反思心得、交流分享等；学校也能给听课者以足够的准备时间，为下一步听课、评课做好扎实的准备……那听课和评课会议的质量就会更高一些，而在评课会上，或默默无语，或说些套话、空话、恭维话，或重复别人发言的几句名词术语，缺乏实际内容，毫无个人感悟的现象就会基本避免。此外可能还有一些我们尚未发现的，比如实施细节不够完善等，都有待我们继续探索、改进。

三、老年大学"公开研究课"的达成效益

公开研究课是一种非同"日常课"的特殊的课堂教学形式，通过备、讲、听、思、评，既能提炼教学中的许多经验，又能发现教学中的一些不足，还有行家里手的专业引领，具有示范、交流、研究、培训等多种功能，特别

是这种公开研究课的组织模式，创建了执教者、听课者（包括教师、学生）和组织者（教研员、专家）构成的学习共同体，追求执教者、听课者和组织者共同学习、共同探究、共同提高的多赢效益。其对促进教师队伍整体素质的提高、学校科研浓厚氛围的形成和课堂教学质量的提高是毫无疑义的，而且其效益是动态的、综合的、长远的。人们常说它是课堂教学质量提升的助推器、教师专业发展向前的催化剂和教学研究氛围增强的加速箱是不为虚夸的。诚然，我们的公开研究课教研活动的实然效益离应然效益还有一定差距，但是由于我们在实施技术方面殚精竭虑、认真细致，还是达成了显而易见、令人欣喜的成绩。

（一）提高了课堂教学的整体质量

长沙市老干部大学推行公开研究课教研活动的 10 余年来，全校 6 个系都上过公开研究课，而且都不只一次。我们规定，同系的老师必须参加听公开课。因此可以说，学校的教师基本上都参加过公开研究课教研活动。这就保证了就目前来说，以课堂教学实践为主的唯一的中型的教师培训形式，能够普及、辐射到全体教师，让学校的每一位教师都有机会参加公开研究课教研活动，基本做到了人人参与，不留空白。同时上课教师既有骨干教师、老教师，又有年轻教师、新教师，让各个不同层次、各种不同类型的教师都登上公开研究课的讲台。这样，公开研究课授课的学科、课型、教师涵盖全面，听课教师无人遗漏，教研活动的群众性是很强的，这就保证了公开研究课教研活动效益的影响面和广度：全校教师，人人受益。

如上所述，在公开研究课教研活动中，执教者、听课者、组织者构成了一个学习共同体，有序地开展了包括从写教案开始，到教学目标的把握、教学内容的选定、教学过程（方法）的设计、教学手段的优化、师生互动的安排、课后作业的布置等教学全程的示范、观摩和课后的反思、研讨，还有专家的总结指导，这除了给授课教师们提供了一个挑战自我、展示自我、提升自我的舞台，更给广大听课教师提供了一个专业学习、专业切磋、专业成长的课堂。它让教师们关于课堂教学的全景俯瞰和细节微察是亲见亲历和耳濡目染的，这也就保证了公开研究课教研活动的效益的深度：生动深刻，终生难忘。

尽管公开研究课教研活动的效益不完全是立竿见影、瞬即生效的，它是一种内化渐进、润物无声的过程。但是现在在长沙市老干部大学的课堂教学中，已渐次、常常、不一而足地出现了课堂教学的好景象。我们的教研员不时感叹能欣赏到一节节优课的惊喜：电脑教师李青松用心贴近学员，手把手训练学员，课内课外、一言一行都传达着给学员的关怀；拼音教师钟海明开始自编教材，走进学员的心里，用生动活泼的语言激发了学员的学习兴趣和潜能；李健美老师的按摩课教学设计思路清晰，课堂张弛有度，示范动作大方到位，全体学员投入训练；杨润芝老师的电钢琴课师生活动把握得当，课堂上学员兴趣盎然，始终保持着强烈的学习欲望，每个学员都体验到了进步的喜悦；史进序老师教学员画花鸟时亮出了自己的优点，善于捕捉教学过程中动态生成的带普遍性的问题，重点对基础较差的学员进行有针对性的训练，真正体现了因材施教的理念；喻志萍老师教老年舞蹈已近20年，上课时特别关注年老学员和后进群体，强调愉悦欢快的老年课堂气氛，正在以自己独特的教学方法形成个人的教学特色……虽不能说，现在长沙市老干部大学的课堂教学堂堂精彩，节节优秀。但是，那种教师讲授的一言堂、满堂灌；或训练放任自流，交流无效闲聊；或教师自身的素质展示很好，而学员知能落实不够；或备课时只备教材，不顾学情，飘在空中，让学员不知所措，有的提问的目标指向不够明确，致使学员回答漫无边际；或未能真正面向全体，总是关注少数几个学员等现象，已渐渐远去……课前课后、电梯校园，夸赞老师课上得好的话语时有所闻；《枫叶》校刊的教研员反映，投稿表扬老师上课精彩的稿件越来越多了。

诚如龙校长说的，"老年教育的课堂教学，在知识的获取和技能的习得之外，更重视教师与老年学员的情感交流，更重视老年学员的满意度"① 了。

（二）培训了老年教育的广大教师

学校课堂教学质量的提高离不开教师的整体素质的提高。如果说，可以通过多种途径，如理论学习、辅导讲座、提供资料、走出去请进来等来促进教师专业成长，那么，组织公开研究课则是综合以上途径的最佳方式，最能促进教师专业发展：因为它能满足教师成长的需要，帮助教师扩大知识面；

---

① 长沙市老干部大学：《老年教育公开研究课述评荟萃》。

帮助教师学习教学技能艺术——撰写教案、抓住重点难点、巧妙"讲""训""练""评"和运用现代教育技术等；它还能丰富教师的教研实践，分享智慧，积淀经验。

对于承担公开研究课的老师来说，上公开研究课有压力，但是压力就是动力，更能敦促自己研究、学习、钻研，从而提高自己。教师平时上"家常课"，很少为准备一节课而几天吃不好睡不好的；而上公开研究课则不同，从决定上公开研究课时起，大脑就开始高度紧张起来，每时每刻都在为如何去上课思考，甚至寝食难安。作为公开研究课外在呈现的两节课的教学过程的设计，是最让授课教师殚精竭虑、反复琢磨的。而这精心琢磨的过程，正是教师集中精力学习教育理论、全面反思自己日常教学行为的好机会，从而使自己的课堂教学获得一次跃进巨变。大家都公认："当教师不辞辛劳地打造公开研究课的时候，公开研究课也毫无疑问地打造了教师。"骨干教师、名老教师也不例外。因为他们都在想：我要展示我的最高水平，要对同行起示范引领作用，我必须追求教学的一种极致。所以表面看来这些给教师增加了负担，但是也让他们利用一切可利用的时间、精力及所储备的教学资源和才智资源，迅速地提高了自己的专业能力。一位执教过公开研究课的年轻教师深有感慨地回忆道："磨课是最让我累并快乐的事。这几乎就是一个破茧成蝶、凤凰涅槃的过程。我从没上过公开研究课。第一次试教，系主任和同行教师提了很多意见，我虽然郁闷，但很快又投入了教案的修改中。当我第二次把自认为已经不错的教案拿出来却依然没有被通过时，我忍不住哭了——天寒地冻、加班加点、挖空心思的'杰作'居然被否定。但教研员的一句'别急，我们一起来'，让我心趋平静，倍感温暖。从下午1点一直到晚上7点，我们才将教案敲定。教案中每一个环节的处理与创造，每一张课件的更改与重置，每一处认知的预设与生成，都紧扣目标，符合老年教育的理念。上一次公开研究课，对自己处理教材的能力、驾驭课堂的能力、教学反思的能力、课堂生成应变的能力都有促进作用，让我有一种成长的飞跃！"这是真情实感。

对于听课教师来说，绝大多数教师都能抱着虚心学习的态度认真听课，积极参与评课活动，增进了同行之间、学科之间和不同年龄教师之间的沟通交流，大家对老年教育课堂教学的教学理念和特点有了更深的感悟，也对高效课堂的打造有了进一步的认识和增强了信心。

10 余年来，长沙市老干部大学广大教师在拔节成长，名优教师在不断涌现，像王德安、钟海明、刘峰、喻志萍、李宪魁、杨文盛等都已经是遐迩闻名、拥有众多粉丝和追捧者的名师了。

（三）形成了科研强校的浓厚氛围

在公开研究课教研活动的影响下，广大教师洋溢着朝气蓬勃、积极向上、锐意进取的良好精神风貌，学校呈现出了一种教研有益、听课帮教、反思获知、互帮互学、共同提高的可喜势头。整个学校的科研强校，向教学改革、教学研究要质量的氛围更加浓厚了。

其一，有教师主动要求上公开研究课了。以前，每个学期开学初，教研室制订工作计划研究两次公开研究课教研活动的系科、课程、教师时，有时需要到各个系去找系主任请求帮忙，动员鼓励；而现在，开学前就有教师或系主任毛遂自荐、主动申报要上公开研究课了。其中，青年教师还不少。

其二，改革精神、创新意识、优质教学、高效课堂等观念逐渐深入人心，达成共识。在教学活动中，我们很高兴地看到，教师们越来越关注老年人的学习心理，试着创设适合老年人的学习情境。声乐课的老师把卡拉 OK 时的注意事项植入教学内容当成一种改革；心理健康教育课堂尽量让学员开展无拘无束的情感交流和互助来体现学员的主体地位，并发挥到淋漓尽致；书画教师们认为学员一个个都能够认真、细心、精致地创作、修改、装裱并题诗题词展示和赠送、捐助是优质教学的重要标准；舞蹈教师们已经广泛地运用分层、小组教学，让学员到台上来展示舞姿或领舞，推荐学员到社区和广场去任教师普及舞蹈等多种教学形式……这些做法，效果很好，都生动地说明教学改革和创新的精神已经深入我校教师的心灵深处，学校的教学研究氛围日趋浓厚。

其三，写教案、写反思、写教育叙事、写论文，并且积极投稿，参加学校和全国的论文评选的人多起来了。有的人把公开研究课的教案经过施教和评课以后再度精细加工向《教学动态》投稿分享；不少老师开始在备课本上只言片语或一大段一大段地记下自己的教学反思与大家交流；听了学校对全体教师举办的《怎样写教育叙事》辅导讲座以后，就有教师很快写出了还算不错的教育叙事文章；而或总结经验或反思教训或探讨问题而写作的各种文章也已经陆续发表了，其中有些已经登上了全国《老年教育》等刊物。据统计，现在我校教师在省市全国报刊所发表的文章每年在 10 篇以上。

还是校长龙志斌说得好，公开研究课教研活动"扩大了听评课活动的影响、带动更多的教师投入到教育研究当中"① 来。

10 余年来，我们在开展公开研究课教研活动上取得了一定成绩和一些体会，但是还存在不少问题和诸多不足，如在认识上关注"上课"多于"听课"，实施上强调"教学"多于"教研"，评价上偏重"技术"而非"学术"；再如备课时的指导还可以加强，上课的形式还需要改善，听课的安排还应该科学，评课的组织还可以优化；还有在细节上为了追求公开研究课的完美化而常常忽视了学情和课堂生成，对课堂上出现的非预期性因素的展现视而不见、听而不闻……这些说明，推行公开研究课教研活动我们还在路上，离理想境界还有距离。我们要为"推动教师教学水平进一步提高，激励教育研究工作进一步律动，促进学校办学质量进一步攀升"② 而再接再厉，继续前行。

致谢：

本文在写作过程中得到贺佳妮、陈志丹、黄庆达、谭睿、胡玮等同仁的帮助，特此致谢。

---

① 长沙市老干部大学：《老年教育公开研究课述评荟萃》。
② 长沙市老干部大学：《老年教育公开研究课述评荟萃》。

论老年教育应对"改善人口老龄化背景下的劳动力有效供给"的担当、作为、策略

——落实《国家积极应对人口老龄化中长期规划》之老年教育回响之一①

人口老龄化是指一个国家或地区的老年人口占总人口的比例不断提高的一个过程。按国际标准，通常将 60 岁以上的人口占总人口比重达到 10%，或者 65 岁以上的人口占人口总数的 7% 作为一个国家或地区进入老龄化社会的标准。据《中国发展报告 2020：中国人口老龄化的发展趋势和政策》给出的数据：2000 年，我国 65 岁以上的人口比重，约为总人数的 7%；到了 2019 年末，65 岁以上的人口，已经达到 1.76 亿，比重飙升至 12.6%。这说明，我国人口老龄化进程迅猛，已经步入了真真正正、货真价实的老龄化社会。虽然人口老龄化是社会发展的重要趋势，是人类文明进步的体现，但是它也给社会带来许多难题。我国人口老龄化的加速将是今后较长一段时期的基本国情，它对我国经济运行全领域、社会建设各环节、社会文化多方面乃至国家综合实力和国际竞争力，都将产生深远影响。因此为了积极应对人口老龄化，2019 年 11 月 23 日，中共中央、国务院印发了《国家积极应对人口老龄化中长期规划》（以下简称《规划》）。《规划》强调，积极应对人口老龄化，是贯彻以人民为中心的发展思想的内在要求，是实现经济高质量发展的必要保障，是维护国家安全和社会和谐稳定的重要举措。我们要按照经济高质量发展的要求，坚持以供给侧结构性改革为主线，构建管长远的制度框架，制定见实效的重大政策，坚持积极应对、共建共享、量力适度、创新开放的基本原则，走出一条中国特色应对人口老龄化的道路。《规划》明确了积极应

---

① 本文由贺佳妮与薛根生合写，薛根生执笔，写于 2020 年 10 月。

对人口老龄化的战略目标和具体工作任务，提出了夯实应对人口老龄化的社会财富储备、改善人口老龄化背景下的劳动力有效供给、打造高质量的为老服务和产品供给体系、强化应对人口老龄化的科技创新能力和构建养老、孝老、敬老的社会环境5个方面的具体工作任务。其中第二项"改善人口老龄化背景下的劳动力有效供给"，涉及老年人力资源开发的工作，是影响我国经济社会发展的重要问题之一。我们必须借鉴发达国家的经验，结合我国国情，探讨老年人力资源开发的理论和策略问题。作为老龄工作重要一翼的老年教育，面对这一宏伟而艰巨的任务，必须努力提高老年教育的教学质量，成为"高质量的为老服务和产品供给体系"中的一部分和利用老年教育的各种现有手段最大限度地营造"养老、孝老、敬老的社会环境"；应该说，从实际出发，全面发动，挖掘潜力，创新课程，优化教学，积极进取，尽所能为"改善人口老龄化背景下的劳动力有效供给"发挥作用，做出贡献，应该是义不容辞的了。

近年来，关于我国社会老龄化进程加速、开发老年人力资源的必要性和重要性以及有效策略的问题已有一些研究，但是关于老年教育对于开发老年人力资源的价值认知与策略建构，尚未发现专门的研究和成果。因此，我们想就此问题做一些探讨。

一、担当：必须做，责无旁贷

应对"改善人口老龄化背景下的劳动力有效供给"的主要策略之一是进行老年人力资源开发。老年人力资源开发是国家需要、社会得利、老年受益的好事，是老年能行且颇具优势的能事，还是给教育特别是老年教育的发展以挑战和机遇的幸事。老年教育必须参与其中，责无旁贷，义无反顾，勇于担当。

（一）国家需要，老人受益

面对"改善人口老龄化背景下的劳动力有效供给"，进行老年人力资源开发，老年教育必须责无旁贷、勇于担当，首先是因为这是国家社会的需要，老年人也能受益。

1. 老年人力资源开发是国家需要

如前所述，我国未来较长一段时期，人口老龄化程度将继续加深。据有关部门预测，未来，16~59岁的青壮年劳动年龄人口不断下降，从2011年的9.2亿，将逐步下滑至2050年的7.0亿。这就意味着由于人口结构变化，劳动年龄人口相对减少和绝对减少的相继发生，劳动力的短缺和劳动力市场的需求压力给我国人力资源开发问题敲响了警钟，也就让老年人力资源开发的重要性日益凸显了出来。这在产业结构转型升级率先启动的东南沿海地区"用工荒"问题中已经初露端倪。根据劳动力年龄变化趋势预测，人力资源发展报告提出，中国经济发展方式转变之后，第三产业比例上升，使有效劳动年龄的提高成为可能，会带动更多老年人就业。转型升级后新型产业发展对劳动者体能的要求不断下降，劳动者受教育年限的逐步提高等客观因素，老年人力资源开发将会受到越来越多的重视。另外，我国是在"未富先老"的情况下步入老龄化社会的，与欧美发达国家相比，具有明显的"历时短，增速快"等特征。而欲以生育激励政策来促进人口结构优化取得效果尚待时日，加之养老保障基础薄弱且相关措施出台滞后等，开发老年人力资源逐步被提到议事日程。目前数量巨大的老年人力资源存量及未来更大的存量，本来就是经济发展和财富创造可以利用的宝贵资源。我国要基本实现现代化，实现中华民族伟大复兴的战略目标就必须加强对老年人力资源的深度开发，变巨大的人口老龄化压力为人力资源动力，发挥老年人在经济发展和社会进步中应有的作用，促进我国全面协调可持续发展，共建和谐社会。

2. 老年人力资源开发对社会有利

据统计，我国60岁以上人口到2020年已经达到总人口的1/5，2050年左右将达到总人口的1/3。如此庞大的老年人群，如果作为经济的纯消费人口，尤其是在人口预期寿命不断延长的情况下，将会是巨大的经济负担。从世界发达国家的实践看，人口老龄化多发生在经济比较发达的条件下，相比而言，我国的老龄化是在计划生育政策的背景下提早出现的。当我们进入老龄化社会时，人均GDP尚不足1000美金，而其他发达国家进入老龄化社会时，人均GDP均在5000~10000美元。因此我国是典型的在未富先老情况下进入老龄化社会的，如果能够将老年人力资本作为一个雄厚的人力资源群体，把它转换为人口红利，运用于国家的社会经济发展之中，不仅有助于减轻人口压力，实现健康、积极老龄化，还能够在很大程度上促进家庭幸福、社会和谐。根据经济合作与发展组织（OECD）的统计，许多国家的老年人都还在继续工作，并借此改善了自己的经济条件和生活状况，实现了社会和谐和生活富裕。如日本，2016 年就有大约 23% 的 65 岁以上的老人仍在工作，美国有 19% 的在工作。这对他们国家和社会的和谐稳定，不无作用。

3. 老年人力资源开发使老人受益

在人力资源开发利用上，加大就业灵活性，充分调动老年人参与创业的积极性，或延长工作年限，或二次就业，对老年人自己也是大有裨益的。国家发展改革委社会发展研究所副主任李璐指出：对老年人给予持续的培训，给他们一些包括公益性岗位，包括让他们身体力行、能够力所能及地创造岗位等，或者是更多灵活性就业的岗位，就是给他们既能够增加社会财富的储备，同时又能够发挥自身作用的这样一个舞台。这里提到了"舞台"，这个"舞台"老年人是很需要的。老年期是人的一个角色转变，严重一点说是角色不断丧失的时期。适应这个社会角色转变是老年生活的一个重要关口。就像处于儿童期的人要学习如何长大、成熟一样，处于老年期的人也要学习如何适应老年生活。随着年龄的增长，老年人的生活发生着许多变化，其中一个重要的变化是一些角色和活动的削弱甚至丧失，特别是那些已经习惯承担的角色和曾经长期从事的活动的丧失。由此产生一个重要的反应就是促使部分老年人有了消极的自我暗示和归因偏差，如"我确实老了，不中用了"等消极的想法，从而使得情绪波动、意志消沉、性格变异、兴趣淡漠等。活动理论认为，活动和社会关系之间有其互动存在，满意的活动，能使个人维持自尊及获得他人的敬重。根据活动理论，老年人通过参与社会活动，如果能够二次就业，继续工作，就会使他们觉得自己尽管退休了，但还有事情可干，还对社会有用，还不是"白吃饭的人"，就不会因为失去过去的角色而郁郁寡欢了，因为有新的有意义的角色可以替代。也就是说，从老年人的社会地位和生理心理状况来说，一方面，老龄人口逐年递增，老年人在身心健康、代际关系、人际交往方面会产生一些不同于以往的新问题与新诉求，需要从教育层面对其进行引导、管理；另一方面，虽然与年轻一族相比，老年人具有一定的知识技能积累以及丰富的生活经验，但是由于老年人的体力、记忆力、认知能力等机能普遍处于衰退期，尤其是进入信息社会以后，青年人作为网络生活的主力军对老年人的代际反哺也相对削弱了老年人通过知识、劳动技能的积累而形成的社会地位的优越感。在此意义上而言，老年人也需要在社会地位及社会归属感层面进行重构，从而建立老年生活的精神家园与灵魂支撑。如果大部分低龄老人和其他身体健康的老人还能够重返工作岗位或二次就业，就能够实现他们的愿望，使他们获得劳动的快乐和心灵的安慰，借助就业重构自己的社会地位，获得新的归属感，从而建立老年生活的信心和安然的守望。在英国，很早就奏响了"为乐观地步入老年而歌唱"的口号，众多的老年人在工作中度过更加幸福快乐的老年。

（二）老人能行，且有优势

开发老年人力资源不仅是国家社会和老人自身的需要，也是由于老年人力资源是全社会不可轻视的珍贵资源。

1. 老年人力资源数量庞大

我国老年人力资源数量庞大，特别是中低龄和健康老年人口较多。根据我国第六次人口普查的数据，我国劳动人口约为9.2亿，60岁以上的人口约为1.78亿，65岁以上的人口有1.18亿。同时，生命周期的延长为我们提供了更为丰富的老年劳动力资源储备。2000年，我国人均预期寿命男性为69.00岁，女性为74.44岁；据预测，到2050年，我国人均预期寿命男性将达到74.4岁，女性将达到79.9岁。若以60岁为划分老年人的年龄界限，2000～2050年间，我国15～59岁的劳动年龄人口占总人口的比重呈明显下降趋势，但与此同时，也形成了60～74岁年轻老年人的巨大劳动力资源储备。而且调查显示，这部分老年人90%以上身体健康，精力充沛，心态良好，文化水平较高，大部分是高中以上学历，大专以上学历者至少占1/3。著名的美国老年教育专家麦克拉斯基在马斯洛理论的基础上提出大多数老年人都有应付需求、贡献需求、表现需求、影响需求、超越需求这五种基本需求，也适合我国老年人的情况。除应付需求外，其他四种需求都可以在社会服务、继续工作或二次就业中得到满足。如果这部分劳动资源得到合理开发，将在一定程度上能够缓解我国劳动力紧缺的压力。

2. "银色人才"富于增值空间

老年人力资源常常被称为"银色人才"，他们有着丰富的实践经验、良好的逻辑思维、足够的心理承受度、更稳定的性格和品质，同时还有几十年来积累的人脉资源和建立起的人际关系。经验优势赋予他们人力开发较大的增值空间。而中青年劳动力在经验和能力上受到工作时长等的影响，与老年人力资源相比存在一定程度的欠缺，这就使得老年人才再次进入工作时有着比年轻人更独特的优势。再加之老年人在选择再就业的职业时往往会倾向于选择自己熟悉的、擅长的领域，所以，老年人力资源开发成本较低，在市场经济条件下，能以较小的成本获取最大收益而更受用人单位青睐。在日本，还有 85 岁的老人上班，特别是像某些销售岗位，她们花了数十年建立了一大串客户名单，谁比她们更有能力吸引老年的消费者呢？作为宝丽·奥蜜思（Pola Orbis）控股公司的子品牌，宝丽 4.2 万名销售人员中有大约 1500 名的年龄达到了 70 岁、80 岁甚至是 90 岁。其美容业务负责人表示："她们已经工作了很长时间，她们与客户建立了深厚的关系，相互之间有很多的信任。"

3. 老年科技人才尤为宝贵

老年人力资源中最为宝贵的是大量的老年科技人才，开发和利用他们有助于提升劳动力素质。现代社会的生产劳动中，知识和智力因素越来越重要，掌握现代科学技术的老年科技人才仍然能从事生产劳动，创造社会财富。在我国第六次人口普查的 60 岁以上至 65 岁的 0.6 亿老年人中，有相当一部分是各行各业的老专家、老精英、老科技工作者。据有关统计数据显示，我国离退休科技工作者约 600 万，占在职科技工作者的 20%，其中有高级专业技术职称的人员占在职有高级专业技术职称人员的 40% ~ 50%，即 240 万 ~ 300 万；我国离退休的老教授、老专家近 100 万人，占全国在职高级专业技术职称人员的 50%，预计今后 5 年还将有 20 万 ~ 25 万老教授、老专家退休。我国这部分到了法定退休年龄（男 60 岁，女 55 岁）的老人有相当一部分身体状况良好，有能力继续在原来的岗位上做出更多的贡献，若忽略了对这一宝贵群体的开发利用，必然会导致人力资源的巨大浪费。另外从生理学的分析得知，随着年龄增长，人脑的细胞确实逐年稍有减少，但人的大脑未曾利用的潜力高达 90%，所以，老年人仍保有很高的学习能力。国外有一项研究，调查了 738 人，其年龄在 79 岁或 79 岁以上，结果发现，有 4 类人，即历史学家、哲学家、植物学家、发明家，在 60 岁时成就最多。这充分说明了，老年人不仅仍具有学习的能力，甚至具有创造能力。

总之，无论是从人数、成本、效益，还是社会影响方面考虑，老年人力资源都是全社会相当优越的珍贵资源，他们具有年青一代短期内难以培养的优良特征品质，他们完全可以成为未来劳动力市场的重要组成部分。

（三）迎接挑战，抓住机遇

如前所述，我国虽然快速进入了老龄化社会，即将出现"劳动力结构性短缺"，但是我国老年人力资源的储备却十分丰富。相关研究认为，促进老年人口再就业，需要对老年人力资源进行再次开发。有效的老年人力资源开发途径，一是学习开发，二是制度开发，三是政策开发，四是投资开发，五是使用开发。其中，"学习开发"居首位。学习是以教育为本的。因此教育是开发人力资源的重要途径。但是我国百多年来的国民教育，一直都局限于青少年的基础教育、高等教育和不够完善发达的职业教育，基本上对老年教育未有关涉——老年教育纳入国家教育行政部门的视野仅仅是近 30 年的事。因此，面对"改善人口老龄化背景下的劳动力有效供给"，进行老年人力资源开发，对我国的国民教育、职业教育和老年教育都将是一个新的挑战；当然，同时也是获得发展的良好机遇。

1. 国民教育需要整体调整

面对"改善人口老龄化背景下的劳动力有效供给"，进行老年人力资源开发中的学习（教育）开发，我们的整个国民教育，就必须从指导思想、宏观规划到纵横结构、学校设置都来一个大调整、大转变。我们要借此机会，建构一个"老有所学的终身学习体系"。"体系"，其中就应该包括"老年人力资源开发的教育、培训途径"，如高等教育，特别是高等职业院校可以结合学校特色开发老年职业教育课程。要向德国、美国学习，绝大部分的大学不设入学年龄限制，向老年人开放，老年人可以参加"第三年龄级"或专门开设"老年班"学习相关课程；老年教育应包括职业教育的内容；要像我国香港 2007 年开展的"长者学苑"计划那样，探索实践"借力相乘模式"，通过利用中学、小学和民间机构现有场地和资源开展老年教育等。

2. 职业教育面临严峻挑战

职业教育是开发老年人力资源教育体系中的主要途径。职业教育应大大

"拓展职业教育覆盖面","积极发展多种形式的继续教育","建立有利于全体劳动者接受职业教育的灵活学习制度",开展面向老年人群的"后职业教育"等,从而把参与职业教育的人群拓展到老年人,创建真正意义上的现代职业教育体系;同时要认识到老龄化的社会一定是"银发产业"健康发展的社会,也一定是"银发人才"与"黑发人才"取长补短、和谐共建的社会。只有开发一定规模的"银发人才",才能促进"银发产业"发展。"银发人才"开发要坚持"赋权增能"原则。"赋权"就是要赋予老年人接受职业教育学习职业技能的权利,"增能"就是增强老年人继续就业创业的能力。"赋权"是前提,"增能"是目标。"赋权"与"增能"要"同频共振"。以上等等,都是职业教育应该借这一次的挑战和机遇得到的认识上的强化和实施中的策略。

3. 老年教育赢得发展机遇

毋庸讳言,老年教育作为"老有所学的终身学习体系"的主要载体,更是责无旁贷。这即是说,面对"改善人口老龄化背景下的劳动力有效供给",进行老年人力资源开发中的学习(教育)开发,正是老年教育遇到的挑战和获得的一次加快发展老年教育、扩大老年教育供给、创新老年教育体制机制、提升老年教育现代化水平的一次难得的发展机遇。我们要以《国家积极应对人口老龄化中长期规划》和《老年教育发展规划(2016—2020年)》为指针,以"通过提高出生人口素质、提升新增劳动力质量、构建老有所学的终身学习体系,提高我国人力资源整体素质。推进人力资源开发利用,实现更高质量和更加充分就业,确保积极应对人口老龄化的人力资源总量足、素质高"和"基本形成覆盖广泛、灵活多样、特色鲜明、规范有序的老年教育新格局""基础能力有较大幅度提升,教育内容不断丰富,形式更加多样""实现教育现代化"为目标,以《老年教育发展规划(2016—2020年)》提出的发展老年教育的五项主要任务①为思路,来实现这一次机遇的回报和赐予。因此,我们要从教育和社会经济协调发展的角度,重新思考老年教育的功能

---

① 发展老年教育的五项主要任务,一是扩大老年教育资源供给,优先发展城乡社区老年教育,促进各级各类学校开展老年教育,推动老年大学面向社会办学;二是拓展老年教育发展路径;三是加强老年教育支持服务;四是创新老年教育发展机制;五是促进老年教育可持续发展。

与价值，发展自己；要更新传统的"老有所乐"的老年教育观念，尽快把"老有所为"的"后职业教育"理念渗透植入到老年教育的体系之中，以"老有所乐"现有成就为基础，大力增加和拓展"老有所为"的教育功能，在当前及今后相当长的时期内探索、解决、优化完成这一老年教育不可忽视的课题。作为老年教育的主要形式的老年大学更是应该借此机会好好调整办学的指导方针、课程设置、服务策略；应该成为老年人力资源再培训系统的龙头，或者与职业培训并驾齐驱，平分秋色，帮助老年人及时更新自己所掌握的知识，提高老年人的就业能力，以此应对清晰明了的老年人力资源开发，发展职业培训这一新的领域，为国家富强、社会前进做出新贡献。2020 年 9 月 21 日，中国老年大学协会教师座谈会在青岛市老年大学举行。第十届全国人大常委会副委员长、中国老年大学协会名誉会长顾秀莲出席会议并讲话。她指出，面对新的时代，我们要推动老年教育的创新发展，要研究重点，抓住关键问题，发现规律性、系统性要素，用好体制、机制，积极发挥老年人的作用，共同推进老年教育事业的发展。毫无疑问，实现人口老龄化背景下的劳动力有效供给，是老年教育创新发展和重点关键的题中之意。

综上所述，在应对"改善人口老龄化背景下的劳动力有效供给"问题上，老年教育责无旁贷，完全应该义无反顾，尽其努力，做出贡献，为这样一项解国家之困、促教育发展、助老人完美的十分有意义的事业，做出老年教育的责任担当。其实，在人口老龄化的不利影响的诸多问题当中，除了"劳动力呈现结构性短缺"，还有"社会养老负担日渐沉重和家庭幸福指数趋于下降"等问题。但是，相较之下，前者更为重要。因此，我们能够来参与解决这一问题，为"改善人口老龄化背景下的劳动力有效供给"做出贡献，也是极其光荣的。

二、作为：我能行，大显身手

在应对"改善人口老龄化背景下的劳动力有效供给"，进行老年人力资源开发中，学习（教育）开发是重中之重。老年教育能行吗？他们有这个能耐吗？我们认为，他们能行，可以大显身手，大有作为。英雄有了用武之地，就能够做出自己应有的贡献。

已有研究表明：实施积极老龄化、解决"劳动力结构性短缺"的综合战略有五：一是改善老年劳动者健康和工作条件；二是促进和激励企业改革年龄管理策略；三是强化积极的劳动力市场政策；四是加速培养老年就业者；五是促进老年劳动力持续就业。老年教育所能做的，就是后两项"加速培养老年就业者"和"促进老年劳动力持续就业"。在这两个方面，老年教育是有依据、有条件、有能力的。

（一）政策允许，条件具备

老年教育能够为"加速培养老年就业者"和"促进老年劳动力持续就业"服务，首先是政策允许、现实需要和条件具备。

1. 政策允许

国务院办公厅印发的《老年教育发展规划（2016—2020 年）》以我国已进入老龄化社会，未来 20 年我国人口老龄化形势将更加严峻为背景，提出了要基本形成老年教育新格局、老年教育法规制度逐步健全、老年教育基础能力有较大幅度提升等目标，扩大老年教育资源供给、拓展老年教育发展路径、加强老年教育支持服务、创新老年教育发展机制、促进老年教育可持续发展等主要任务和学习资源建设整合、远程老年教育推进、老有所为等计划。在这些目标、任务和计划中，都包含着老年教育理所当然地应该并且有能力去承担"改善人口老龄化背景下的劳动力有效供给"、进行老年人力资源"培养开发"中职业培训的任务。

2. 现实需要

从我国的老年人力资源看，需要参与职业培训的老年人为数众多。根据 2014 年的人口统计年鉴资料显示，60 ~ 69 岁的低龄老年人有 8182 万人，约占总人口的 6.64%，占到所有老年人口的 64.7%，在这部分人群中，有很大一部分人都有健康的、可以满足岗位需求的身体状况，而且他们具有十分丰富的工作经验，有强烈的愿望想要继续从事自己喜欢的职业。再与我国老年教育的规划衔接：根据相关研究的预测，未来 20 年我国老年人力资源需求呈上升趋势，但 16 ~ 59 岁的青壮年劳动年龄人口不断下降，到 2050 年将从 2011 年的 9.2 亿减少到 7.0 亿，每年约减少 500 万、同时根据国家统计局数据显示，2017 年我国 60 周岁以上的人口数量已有 24090 万人，占总人口比重的 17.3%。按国家老年教育规划要求，20% 的老年人参与老年教育活动，则应有 4980 万人。若要补充 500 万 16～59 岁的青壮年劳动年龄人口的缺口，则每年应有 10% 的参与老年教育活动的老年人接受老年职业教育。应该说，投入到"改善人口老龄化背景下的劳动力有效供给"、进行老年人力资源"培养开发"中职业培训的老年人是很多的，数量是足以保证的。

3. 条件具备

老年教育能够在"改善人口老龄化背景下的劳动力有效供给"、进行老年人力资源"培养开发"的职业培训中有所作为，除了政策允许、数量庞大、劳动力市场需求的老年劳动力受教育水平还需要进一步提高等因素，还因为现在作为老年教育的主要形式的老年大学已经有了相当规模，初步具备了对老年人力资源进行职业培训的条件。据全国老年大学协会网站 2020 年 8 月 3 日的数据，中国老年大学协会目前管理的全国各类老年教育机构近 8 万所，老年大学（学校）近 6 万所。由于党和政府的重视，老年大学已经走上了健康快速发展的道路，学校数量仍在不断增加，办学规模日益扩大。遵循"全面协调可持续发展"的方针，全国老年大学正在形成科学合理的网络布局和加强学校规范化建设。绝大多数学校已经具有相当规模的教学场地、丰富多彩的课程设置、德才兼备的教师队伍和日臻完善的教学设施；学校管理体制规范灵活，专业设置广泛多样，教学形式科学合理，社团活动丰富多彩。近些年来，随着科技进步，在全国老年大学协会的领导下，远程教育、教材建设、教学观摩、学术研究等各项活动异彩纷呈，一些学校已经创建成了 5G 校园。总之，办学的"硬件"和"软件"，在发展完善上都取得了长足的进步。尽管这与承担规范而保证质量的老年人力资源开发职业培训的要求还有一定的差距，特别是师资、设备、实习等条件欠缺，但是已经具备了良好的基础。

（二）途径清晰，抓手有力

老年教育能够在"改善人口老龄化背景下的劳动力有效供给"、进行老年人力资源"培养开发"的职业培训、实现第二次人才开发中有所作为，是具备了自己的主要途径和抓手的。那就是在老年教育的各级各类学校中，挖掘潜力，创造条件，开设各种社会需要的职业培训课程和班级，培训有关人才，对接国家需要的短缺劳动力的供给。诚然如前所述，在老年教育自身的各级各类学校开设各种社会需要的职业培训课程时，的确存在师资、设备、实习等条件上的欠缺，需要有关部门、单位，特别是高等院校和职业院校的支持和帮助。这在省地两级还相对易行，县市就难度大一些。但这是量力而行、尽力而为的事。课程和班级的设置根据需求有大中小或高中低多个级别，只能办低的就不办高的，只能办小的就不办大的；同时可以考虑与高等院校、职业院校联合办学。在这方面，重庆市在探索在中职学校建立老年教育点，已经为我们做出了榜样。2017年重庆市北碚职业教育中心就成为首批老年教育培育点单位，在校内和北碚城区，开办智能手机应用、插花、烹饪等老年教育课程，受到了众多老年人的欢迎。2018年，重庆市中职学校老年教育点已从10个发展为20个，形势喜人。职业院校实施老年教育，开辟了我国老年教育发展的新途径，也提高了职业院校教育资源的使用绩效，而且这也特别符合《规划》所说的县以上老年大学要按照"办研究型大学、出创新型人才"的要求。

（三）辅助多样，同行并举

老年教育除了可以利用老年大学这一主渠道努力开发培训课程直接为短缺人才补充服务，围绕老年人就业指导和专业培训方面，还可以同时开展多种多样的辅助活动。

1. 开设讲座：解决普遍性、认识性问题

根据需要，不定期地举办讲座，解决一些普遍性、认识性的问题。如部分老年人自我实现意识淡薄，靠充足的退休金和赡养费生活得很惬意，安于居家养老使得自己不想再就业，应让他们认识到参加职业培训是应对社会人口结构改变、给国家纾困解难的积极贡献，激发老年人参与劳动的热情；解除一部分老年人思想上觉得再就业会使得熟悉自己的人认为自己的儿女未尽孝道、没有出息的传统观念的束缚和对老有所为缺乏信心、即使有一技之长也宁愿赋闲在家、浪费余热的顾虑；提高老年人对职业培训的重要性的认识：老年人重新参加社会工作，仅仅"消耗"原有的积累是不够的，在知识经济的时代信息社会，科学技术迅猛发展，应该结合自己的特点和工作需要继续学习，即使是受过高等教育的老年人，知识面也相对有限，知识结构也存在着某种程度的不合理，因此也需要通过培训了解和掌握一些新信息、新技术以适应工作需要；增强老年人的改革意识、竞争意识：老年人相对守旧，思想的革新在老年人力资源开发中非常重要，因此有必要引导老年人适应变革的环境和树立变革的意识，消除对变革和创新的恐惧，并学会如何去适应频繁的变革，培养信息时代的竞争意识；还有宣传老年人就业、创业的先进事迹等。这些对于老年人就业有激励、开导、辅助作用的知识、常识、能力，我们都可以通过开设讲座的方式进行传输。

2. 成立社团：解决实践性、具体性问题

建立老年学员发展中心，其下可以成立各种社团，帮助老年学员解决一些比较具体的、实践性的问题。如提高某些老年学员的学习能力，通过对现代知识和技能的学习，以现代社会所能认同的方式更充分地发挥自己的潜力，并将多年的经验积累和现实的社会要求有机地结合起来，争创二次就业，在新的岗位上体现应有的价值；培养某些老年学员在二次就业时需要进一步提高的灵活横向和纵向沟通的技巧和协调能力；开展就业的尝试和专业的实习；等等。

3. 咨询服务：解决特殊性、个别性问题

建立咨询服务中心，免费提供老年人的咨询服务。如：与有关部门联系，广泛收纳人才需要信息，随时向社会公布适合老年人就业的岗位信息；帮助老年人根据客观条件和主观愿望，从比较切近的目标群中筛选出和社会需要一致或近似的个人目标，指导老年人规划第二次职业生涯；通过咨询服务，进行交流和行为引导，并加以指导、鼓励和支持，使就业目标对老年学员发生更大的牵引作用，从而激发他们二次就业的主动性和积极性等。

总之，老年教育能够承担一定的"改善人口老龄化背景下的劳动力有效供给"、进行老年人力资源开发的培训和其他服务。

三、策略：这样做，蓄势而行

在应对"改善人口老龄化背景下的劳动力有效供给"、进行老年人力资源开发中应该担当、可以作为的老年教育，需要有具体可行的实施策略，需要以只争朝夕、未雨绸缪的精神，积极行动，蓄势而行，去履行和完成这一光荣的使命。

（一）转变观念，提高认识

观念是行动的指南。"改善人口老龄化背景下的劳动力有效供给"、进行老年人力资源开发是一件新时期出现的新鲜事，需要我们转变一些原有的、陈旧的观念，树立新的认识，以适应和指挥我们的行动。

1. 转变人力资源观

从事老年教育的所有党政机关和企事业单位人员，都要认真学习领会《国家积极应对人口老龄化中长期规划》《老年教育发展规划（2016—2020年)》和有关理论，转变关于"劳动力""人力资源""老年人力资源"中对老年人的认识，树立"老年人力资源开发"的正确观念。

其一，人力资源指的是一个国家或地区所具有的能为社会创造物质、精神和文化财富，从事脑力劳动和体力劳动的人口群体的总称，它强调的是人所具有的劳动能力，因而老年人口群体完全符合人力资源的概念。早在1982年维也纳老龄问题世界大会通过的《老龄问题国际行动计划》中就指出："老年只是每一个人的生命期、事业的经验和自然延续。而他的知识、能力和潜力，在整个生命周期都一直存在。"这种观念既肯定了老年人的价值，又承认了老年人参与社会经济活动应有的权利。因此我们要从更多的人口学和经济学的角度去承认老年人力资源的客观存在、老年人力资源的特殊价值和人口老龄化更加需要开发老年人力资源，认识老年人力资源开发的意义，从而树立正确的人力资源观：老年人口在社会经济发展过程中具有承前启后的重要作用；老年人口具有独特的经验型人力资本和社会资本；老年人口的生活状况和社会经济活动参与程度起着代际示范作用；老年人力资源开发活动有着积极的经济效应。

其二，随着知识经济时代迅速发展，社会必须适时转变观念，不仅仅视老年人为财富，而应该将老年人看作一种特殊资源，老年人有适应社会发展的需要而主动变化的能力和特征，包括老年人的劳动能力、身体智力和心智技能的潜能，应重在开发，并纳入国家社会发展战略，当成一项系统工程有计划、有组织地对其进行开发和利用。开发时要体现"以人为本"的观念，建立和坚持关于老年人的赋权增能理念，并发展老年人的自我认同感，参与社会活动的主体意识，掌控闲暇时间、适应社会变化、参与社会服务活动和从事一定职业的能力，调动和激发老人的积极性和创造性，以达到满足老年人老有所为的目的。

其三，转变对老年人再就业时的老年人与青年人争夺就业岗位、影响年轻人就业的"老年抢饭碗论"。要认识到，老年人在人生阅历、实践经验方面的优势是年轻人无法企及的。另外，就业只是手段，发展才是目的。老年人和青年人是共存互补关系，而不是不可相容的。在西方发达的市场经济国家，通过压抑老年人就业来增加本国青年人就业的政策，从来就没有产生过明显效果。欧盟的经验也已经证明，年长劳动力退出劳动队伍与年轻人就业率之间没有明显的联系。我国大连市老科技人员再做贡献的实践也证明，发挥老科技人员的作用与在职科技人员所发挥的作用是不矛盾的，且能相互补充，还能吸收许多青年人就业。现在劳动力过剩，并不是真正意义上的过剩，而是就业岗位短缺与就业岗位空缺、有岗无人和有人无岗、无业可就和有业不就、高级蓝领奇缺和高职学历人员就业率低等现象并存，即一方面有人没事干，另一方面有事没人干，可见不存在老年人再就业与年轻人争就业岗位的问题。老年人就业反而可以补充"有岗没人干"的空缺，在一定程度上校正劳动力供求的错位。同时，还可以通过发挥老年人的优势开发出一些工作岗位，带动一些中青年人就业。

2. 转变尊老养老观

就社会舆论和意识形态领域，要准确理解敬老、孝老、养老的内涵和方式，转变传统意识和社会世俗中的一些偏见，树立积极养老的正确意识和良好社会氛围，促进老年人力资源开发。"家家有老人，人人会变老。"我国一直保有敬老孝老的优良传统和养老护老的固有方式。但是随着社会的发展和时代的前进，有的观念已经不适用了，需要调整，需要转变。如要转变一味强调敬老爱老，即让老人安享晚年、百事不管、养老待遇水平越高越好、养老条件越优越越好的观念。日本政府在解决老龄问题上，曾经学习西方国家花大笔钱单纯提高老年人的生活福利，结果却未能促进老年人身心健康。在此教训的基础上，日本提出了鼓励老年人"自主、自立、共同劳动、互相帮助"的口号，这一口号后来成为了日本政府解决老龄问题的基本国策。这一点值得我们学习。事实上，老年再就业者与那些退休后没就业的人相比，他们与周围世界产生了更多、更积极的交流，从而避免了退休后赋闲在家、无所事事而产生的消极心理，保持着健康和乐观向上的心态。调查表明，再就业的老年人与赋闲在家的老年人相比，其发病率明显降低，衰老速度减慢，死亡率也随之降低。实际上这就是积极养老的良好效果。因此老年人不是单纯追求闲暇长寿，也要不断学习，更新知识，接受挑战，要活得健康、有尊严、有价值。

面对"改善人口老龄化背景下的劳动力有效供给"、进行老年人力资源开发，我们提倡老年人在贡献家庭、含饴弄孙中同时做到三个积极：一是积极于继续社会化。老年人继续社会化是指老年人在原有社会化的基础上进一步发展，如熟练运用基本生活技能，自觉遵守社会行为规范，逐渐调整新的社会关系；同时不断学习新知识、新技能，学习并掌握担当新的社会角色，建立新的社会关系；在走出家庭，社会参与、社会交往、社会贡献中，更积极于社会贡献，而不是把退休看作社会生命的终结，脱离社会，死守家庭。二是积极于老有所为。如果说尊老敬老主要是精神层面的态度、意识，那么孝老养老则主要是实际行动了。不要让老年人静候老之已至，而是让老年人开发潜力，老有所养、老有所乐、老有所学、老有所为。在老有所养、老有所乐、老有所学、老有所为中，更强调老有所为，积极于老有所为。三是积极于二次就业。积极老龄化的理念中强调老年人仍有"潜力"，是"未来发展强有力的基础"；老年人的智慧和技能，在"改善自身条件"的同时，还能"参与改善社会条件"；老年人不单纯是"消费者"，而且是"贡献者"等。因此，在老有所为中，就应该挖掘潜力，开发智能，服务社会，再做贡献。即更强调服从国家需要，服务人口老龄化背景下的劳动力有效供给需要，力所能及、尽力而为地弥补国家劳动力结构空缺，更积极于二次就业。另外，有人认为由于中国的家务劳动社会化程度低下，老年人应该在家里做家务带孙子，不方便再从事社会劳动，这也是一种不利于老年人力资源开发的论调，个人遵从可以，广为传播不宜。

3. 转变老年教育观

教育和培训是实现人力资源开发最重要的途径。这对老年人力资源开发同样适用。因此，在老年人力资源开发中，必须积极推进老年教育事业。此中，转变对老年教育的性质和功能的认识尤为关键。多年来我国学术界对老年教育的认识和理解有多种观点。如老年教育是老年人提高自身生命质量和生活质量、适应时代和社会需求的素质教育活动；老年教育是终极目的和现实目的的统一，既注重提高老年人身心素质的生命教育，又促进老年人全面发展的教育；老年教育是形成学习型社会的保障；老年人所受教育程度的提高，可促进老年人的幸福感和自我效能感的提升；甚至有人说老年教育是"以提高老年人生命质量、提升老年人的幸福感、增强老年人享受生活为直接目标的活动"等；作为现行老年教育的主要形式的老年大学，全国老年大学协会的办学宗旨也定为"增长知识、丰富生活、陶冶情操、促进健康、服务社会"……概而言之，满足老年人的个体需求，提升个体的生命质量和全面发展是当前老年教育的主调。在这些说法中，虽然也提到了"适应时代和社会需求、自我效能感的提升、服务社会"等字眼，但是从人口老龄化的趋势、老年人的社会性的本质、教育的基本功能、老年教育的全面作用、人力资源开发的理论和现实的需要来看，都缺乏"老年教育应对人口老龄化，应该为老年人继续社会化，通过学习，益智增能，从而力所能及地为二次就业服务"这一重要而明确的意思。

事实上也是这样。我国的老年教育多年来在价值取向和功能追求上，关注老年人的兴趣、圆梦、康乐等个体需要、娱乐休闲、自我完善多，考虑社会的需要少；在老年大学的课程设置上，"怡情养性""消闲健身"的课程多，学习科学知识和技能培训的课程少，有意识地提高老年人再就业能力的培养培训基本没有。在人们关于老年教育的口头禅"老有所学、老有所乐、老有所为"中，"老有所为"往往被排在最后，淡化甚至取消了。而这，与积极应对"改善人口老龄化背景下的劳动力有效供给"、进行老年人力资源开发的精神是有一定距离的。

近年来，面对我国老龄化的严峻形势，在国际上提出的积极老龄化思想启发下，不少学者从新的高度和新的视野，深入思考老年教育的功能，提出老年教育不能只停留在满足老年人的兴趣、爱好、求知、求技上，还要应对老龄化社会的战略需要进行新的拓展延伸。有人从社会学的视角引入社会化的概念来探讨老年教育的功能，把老年教育的功能分为内部功能——促进老年受教育者发展的功能，包括健康保健功能、心理调适功能和观念革新功能；外部功能——促进社会进步的功能，包括经济功能、政治功能和文化功能。经济功能指的就是通过老年教育开发和利用老年人力资源，变消费人口为生产人口，使老年人从"包袱"变为"财富"，促进社会与经济的发展的功能。还有人提出，老年教育应具有维持生命、充实生命、重整生命和超越生命的功能，并举出我国台湾教育行政部门相继制定的《老人教育实施计划》《发展与改进成人教育五年计划纲要》说明，老年教育应该协助老年人经由再学习、再社会化的过程，达成良好的社会适应，完成其自我实现的目标；帮助有工作动机的老年人，利用其丰富的人生体验和专业智慧，再培训、再工作、再出发；帮助老年人发挥余热，继续为社会做贡献。就在全国老年大学协会学术委员会组织编写、陆剑杰主编的《老年教育学》的"老年教育的对象、老年教育的性质、老年教育价值论、老年教育目的论和老年教育理念论"中，多处强调老年教育"应对人口老龄化的功能"，把它排在"老年教育功能的多元性"的第二位。显然，这些观点很有见地。因此，我们必须重新审视老年教育的性质功能和价值取向，转变对老年教育的认识和观念：其一，要以人口学、社会学、教育学和经济学为依据，从人口快速老龄化的国情和积极老龄化的态度出发，全面认识和把握老年教育的性质和功能，就是要综合考虑分析老年教育功能在原有的认识上延伸、拓展和放大。教育的视角应从个体需要更好地享受生活和获得幸福快乐、促进人的全面发展，转变到充分认识教育既具有个体性也具有社会性，老年教育在给老年人提供包括闲暇教育、补偿教育和继续教育中，放大和强调继续教育，把老年教育与人力资源开发相联系起来，超越仅对个体的关注，扩展到人力资源开发的范畴。其二，在遵循老年教育的"老有所为"方针时，应该拓展"为"的外延，深化"为"的内涵，挖掘"为"的意义。"所为"的内容，完全应该包括"再就业"和社会公益活动。老年大学的办学宗旨，从重点是"老有所学、老有所乐"转到"学有所获、获有所为"，强调"老有所为"。使老年教育从"娱乐休闲养生"慢慢向"益智增能有为"加快速度、增强力度、拓宽广度转变，让老年人通过老年教育，力所能及地再就业或参加社会公益活动。使那些虽已退休然而不愿在家里忍受孤独生活、有继续劳动的愿望、还愿意为社会做贡献的老年人，经过学习培训，既能得到心理上的满足，充实生活内容，又能获得知识和技能，服务国家社会；还可以增加收入，改善生活，促进家庭和谐。从老年教育与义务教育、高等教育和职业教育相比，没有文凭学历的要求、没有分级升班的强制，超越功利性目标的认识，转变到可以学技艺、涨能耐、拿到文凭证书、再就业、再谋职、再赚钱的观念。其三，转变老年教育即圆梦善终的认识，树立老年教育是让老年人完善自己、老有所为、建立新功、再做贡献，优雅、铿锵、荣耀、充实老去的观念。

我想，在帮助我们转变老年教育自身的观念时，全国老年大学协会张晓林会长在《积极拓展老年教育的社会功能》中说的许多话是我们很好的导引："老年教育除了姓'教'、姓'老'以外，想必还有别的含义、别的更为丰富的内涵，有待于我们去认识、去开掘。毕竟老年教育才有30多年的历史，是新时期的新事物，还有很多未被认识到的东西，未知远远大于已知。从社会学的角度来解读老年教育，积极拓展老年教育所承载、包含的社会内涵、社会功能，或许有助于我们深化对老年教育的认识，进一步增进老年教育的自觉意识和有益理念。""从社会学的角度看，老年教育是老年人重新融入主流社会的重要支点。""积极开拓和发挥老年教育的社会功能，更好地造福老年一族、造福社会。"张会长所说的"老年教育除了姓'教'、姓'老'以外，想必还有别的含义、别的更为丰富的内涵，有待于我们去认识、去开掘"，就是指的老年教育的观念的转变吧。我们一定要尽快努力实现这一转变。

（二）顶层设计，宏观管理

一直以来，老年教育鲜有进行老年人力资源开发的想法，更缺少这一方面的宏图规划。现在既然要积极为"改善人口老龄化背景下的劳动力有效供给"担当作为，大显身手，除了国家层面的老年教育体制改革、相关法规制度建设、经费投入机制完善等政府行为之外，首要的就应该是在现有机构设置的前提下，进行老年教育的顶层设计调整，改革宏观管理。

1. 完善老年教育宏观管理体制

在总的指导思想上，老年教育需要从人力资源开发的战略高度意识到老年教育需要承担更加艰巨的任务而给予足够的重视。老年教育既有自身体系的独立性，同时也有事关国家人力资源开发战略的统一性和全局性。提升老年教育高度，需将老年教育与其他阶段教育贯通和结合起来，完善老年教育的管理体制，在全国范围内建立统一的老年教育赋权管理部门，以协调当前老干、文化、民政、教育以及老龄工作等部门为基础，进一步扩大统筹协调的范围，将老年教育与人力资源开发，与社会保障、产业转型等任务结合起来，统一规划和设计老年教育的宏观管理体制，并制订能够兼顾老年人个体需求和社会人力资源需求的全面完整的老年教育规划。

2. 提升全国老年大学协会职能

鉴于目前全国老年教育工作的具体领导管理机构就是"全国老年大学协会"这一群众性组织，它是以老年教育目前最主要的形式老年大学为根基组建起来的。其名称"全国老年大学协会"尚欠统领性、涵盖性，无法真正行使和开展远宽于"老年大学"的老年教育的所有工作，所以有必要更名为"全国老年教育协会"，以便名正言顺地执行"协会简介"中所说的"积极贯彻落实《规划》精神，探讨老年教育发展的新机制，拓展老年教育的新路径，提升老年教育办学水平，引领和带动各地老年教育的快速发展，开创中国老年教育发展的新格局"的职权和任务。并在此前提下，提高其级别，扩充其职能，庞大其机构，着手就"改善人口老龄化背景下的劳动力有效供给"、老年人力资源开发考虑进行诸多的顶层设计，如成立专门的职业培训分支机构（处室），制订全面培养培训规划，选择先期试点，建立老年职业教育表彰奖励制度等，以正式吹响老年教育工作响应国家的《国家积极应对人口老龄化中长期规划》的号角和作为积极回应。

3. 发动二级机构制订行动计划

协会之下的内设机构办公室、事业发展部、社会活动部、国际联络部及分支机构老年教育学术委员会、远程教育工作委员会、教学工作委员会、宣传出版工作委员会、企业老年大学工作委员会和高校老年大学工作委员会，还有会刊《老年教育》、内部《通讯》等都可以并应该根据这一精神各自打开思路、创新格局、发挥优势、制订计划，稳步地试验和谨慎地开展有关工作。

4. 基础研究课题实验率先起步

学术委员会、理论研究基地率先开展有关基本理论研究和实证课题实验。

比如：把老年教育如何应对"改善人口老龄化背景下的劳动力有效供给"这个问题纳入国务院办公厅印发的《老年教育发展规划（2016—2020 年）》中提出的"开展老年教育基础理论研究、政策研究和应用研究，探讨和解决老年教育发展中的重大理论和实践问题"来看待，并积极组织研究；加强对老年教育与"老有所为"的专题研究，为什么现在需要强调"老有所为"？"老有所为"的"所为"包括哪些丰富的内容？二次就业在"老有所为"中有什么特别重大的意义？为了"老有所为"老年教育需要做好怎样的准备？等等。老年人二次就业，天地非常广阔，项目繁多，这就需要在选择方向、项目时进行比较，力求适情对路，这是老年教育为其服务必须清楚明白的首要问题，它决定了我们老年教育职业培训开设课程的选择。尽管一般认识和推测会是如会计、医生、法官等，不少国家在老年人力资源开发的领域中，也把眼光集中在农业、制造业、服务业、专业技术工作、办事人员等方面，如包括美国在内的 8 个国家中，老年工作者在制造业中就业的比例超过了20%；日本及许多发达国家，老年人在专业技术领域及行政工作领域的比例在逐渐上升；20 世纪 80 年代，奥地利老年人在上述两个领域工作的比例达到 36% 以上；等等。但是我国的国情不同，老年人才需求的排序也许就不一样。有研究者提出，排在前几位的分别是具备丰富市场经济知识和营销经验的人才、建筑咨询认证人才、高层次的管理人才、ISO 9000 质量体系管理技术人员、副主任医师以上职称的医务人员、人寿保险公司的咨询和医药公司的医药代表、教师等。还有人归纳为①咨询：从事咨询和调查研究活动，或各级政府部门的顾问，为领导决策或某项工作进行可行性研究论证，提出参考意见和建议；②参加各项公益活动和服务性工作：可以从事无报酬的公益事业，如维护城镇社会治安、维持交通等；健康的轻龄老人也可以参与到社区为老服务中去，参加老年人自我管理、自我服务工作或为身体差的高龄老人提供服务；③到工厂企业参与管理和技术工作，发挥自己一技之长为社会继续创造物质财富或传、帮、带为国家培养各种人才，或为企业提供技术咨询和经济信息咨询；④著书立说；⑤教书育人等。当然还可以延伸研究"社会人口结构改变—老年人劳动参与—老年人接受教育—老年教育"这一新型社会链条、现有的大学中设立老年人专属学科或者在老年大学专设职业教育分校、利用互联网技术让老年人在家中接受职业教育、国外老年人力资源开发的现状和经验等问题，把它们纳入我们自己所做调查甚至课题实验的视野。

5. 创建老年教育办学网络体系

目前，虽然各地都在努力建设老年教育四级办学网络体系，但尚属初级阶段，并不健全和完善。为适应新形势发展的需要，老年教育的办学网络体系建设可以考虑着重抓好五项工作：一是大力兴办老年学校。鼓励有条件的社区（行政村）建立老年学校；对已经成立的社区、街道（乡镇）老年学校要在规范、巩固、提高上下工夫。二是整合社会资源开展老年教育。在各级政府和各类教育机构的大力支持下，充分整合、综合利用现有各类教育、文化、体育设施和场所，开展老年教育工作。三是积极动员社会力量多层次、多渠道兴办老年教育事业。四是建立全国、各省（市）老年教育信息库，资源共享。在多级老年大学间建立互动的教学和管理网络，实现信息联网，加强信息交流与协作。五是充分利用广播、电视、互联网等现代教育与传播手段，开办老年教育网站和老年教育空中课堂，逐步形成覆盖城乡的远程老年教育体系，方便老年人就地、就近学习。通过省、市、区（市）各级老年教育中心，将本地区各个层次老年教育办学网络联通起来，使之成为一个上下贯通、左右相连的整体。与此同时，还可以开展更多的老年人自助自治的活动项目，包括老年人学习团队、共同兴趣小组等，通过场所提供、机构共享和设备改善，促进老年教育拥有"时时、处处、人人"能学的优良环境。在开展老年学习项目的同时，还可以考虑增加老年学习服务项目，包括志愿者、指导员、咨询顾问等，为老年人的知能学习和职业培训提供全方位的技术服务和支持。

（三）基层实体，蓄势而行

在努力转变观念和进行顶层设计的同时，老年教育的基层实体也可以开始有计划地进行一些实际工作。

1. 时机成熟，适度宣传造势

在各级党政领导部门关于《国家积极应对人口老龄化中长期规划》的实施条例的文件出台以后，应遵照有关"改善人口老龄化背景下的劳动力有效供给"的具体方案，利用老年教育的宣传工具和各级各类实体机构，组织专题讲座、参观学习、沙龙群聊等，宣传老年教育为应对"改善人口老龄化背景下的劳动力有效供给"、进行老年人力资源开发而开展老年职业培训的意义；营造一定的氛围，形成一定的声势。让老年人人人知晓我国人口老龄化的国情，个个明白老年人可以再次就业的现状，激发、鼓励老年人关心国事，融入社会，服务社会，再做贡献。

2. 老年大学，未雨绸缪行动

作为老年教育的主要形式的老年大学，有责任有条件尽快行动起来，为老年人力资源开发做一些准备工作。其一，在课程设置、内容安排上要尽可能体现时代特色，既适应老年人群特殊需要又反映现代社会发展的要求，引领老年人学习现代政治、经济、文化、科技等知识，助推老年人更好地融入主流社会，跟上时代和社会的步伐；还可以在课堂教学中，有意地渗透老年人应该根据国家需要力所能及地二次就业、实现老有所为的思想；还可以提高各种教学的服务性功能。其二，要做好调查研究：本地的"人才结构性短缺"在哪些方面？数量上有多少不足？质量上要求什么规格？什么知能结构？从本校自身的历史、现状、基础、特点出发，我们有什么能耐？可以设置什么课程？开设哪些班级？并进一步考虑专业和课程设置的师资、教材、实习等问题，设计由标准、计划、实施、监控、改进等程序形成的教学管理路径，以保证老年职业培训的基本质量，增强老年职业教育的吸引力。如在学员中进行登记，组建二次就业意向队伍，了解老年教育的职业培训的学情等。实施开门办学、开放教学的方针，以开办分校、联合办学、建立基地、成立社团的方式，主动赢得和接受社会大系统的办学物质资源、办学人才资源和办学信息资源的输入，共同办好老年职业培训。

3. 面向学员，接受咨询服务

成立老年人才资源开发服务中心，接受老年人的咨询。比如辅助老年人获取信息，帮助老年人认识自己的责任。就目前的国情来看，不仅是老年人，整个社会层面都并未对我国老龄化加剧的形势有所了解，更遑论义务意识。要宣传公民的权利和责任应贯串于人的整个生命周期，老了也还应该想到社会服务和力所能及的二次就业。又如帮助老年人认识自己的优势，引导老年人认识到自己还是人才，还能发挥余热。有许多老年人人老心不老，他们的思维、智力、体力和能力都很强，一旦想干事情，就可能创造辉煌。如：俄国伟大作家列夫·托尔斯泰 82 岁写小说《我不能沉默》；意大利雕刻家、画家、建筑师和诗人米开朗琪罗 88 岁设计了圣玛丽大教堂；英国剧作家萧伯纳 93 岁写剧本《牵强附会的寓言》；西班牙大画家毕加索 88 岁那年画了 165 幅画；我国著名国画大师齐白石 80 岁的一天，家人叫他去吃饭，他还坚持画完了 5 张画，并在画上题字"昨天大风雨心绪不宁，不当作画，今朝特此补上，不教一日闲世也"。上海宝山区渭泽镇建国村农妇阮娣 72 岁开始学画，90 岁成名，作品多次在全国获得一、二等奖，其惊人成就被收录世界美术大典，并获取了"世界名人证书"。诸如此类的先进老人的事迹会给老年人以鼓舞。

参考文献：

1. 中共中央、国务院：《国家积极应对人口老龄化中长期规划》，2019 年 11 月 23 日印发。

2.《老年教育发展规划（2016—2020 年）》，国办发〔2016〕74 号，2016 年 1 月 5 日。

3. 中国发展研究基金会：《中国发展报告 2020：中国人口老龄化的发展趋势和政策》，2020 年 6 月 11 日。

4. 张晓林：《积极拓展老年教育的社会功能》，载于《老年教育（老年大学）》，2017 年第 3 期。

5. 毛建茹：《人力资源开发：老年教育的一项重要使命》，载于《河北师范大学学报（教育科学版）》2017 年第 19 卷第 1 期。

6. 童玉芬、廖宇航：《银发浪潮下的中国老年人力资源开发》，载于《中国劳动关系学院学报》2020 年第 34 卷第 2 期。

7. 谭绍华、谭莉莎：《职业教育开发老年人力资源的价值认知、原则遵循与策略建构》，载于《重庆广播电视大学学报》2018 年第 30 卷第 5 期。

8. 付晓萍：《老年教育对老年人继续社会化的功能分析——以上海老年大学为个案》，载于《济南职业学院学报》2007 年第 5 期（总第 63 期）。

9. 岳瑛：《试析中国特色老龄社会中老年教育功能的拓展》，载于《天津市教科院学报》2012 年第 3 期。

全国《发展社区老年教育与建设学习型城市研究》课题长沙市子课题研究报告①

一、课题研究的概况

从上海开会回来后，我们立即成立了《发展社区老年教育与建设学习型城市研究》长沙市子课题组，制订了子课题组的研究方案，召开了全市的相关会议，进行了课题参与者的课题调查培训，随即开展了调研工作。从 3 月下旬至 7 月底，我们围绕如何做好调查研究、写好调查报告召开了 4 次专题会议，编发了 3 期课题研究简报，通过电话、网络、面谈，经常进行调查研究的讨论交流和切磋。各区县更是高度重视，行动迅速。如雨花区根据子课题组的统一部署安排，在市里开会以后，立即召开了专题会议。在会议上认真学习了党的十七大关于"和谐文化""建设学习型社会""终身教育"等思想理念和上海市老年教育工作的先进经验，制订了课题调研的方案和分段实施计划。县老干局周敏局长亲自主持会议，精心部署安排，还在人、财、物上提供有力保障。又如天心区调查工作十分扎实，他们在青园社区调查时，区老年大学、区人大、青园社区各辖区单位代表、失地农民代表、老党员代表、社区书记等都参加了座谈会，座谈会气氛活跃，发言积极。省电力公司、友园山庄老党员、超高压管理局代表等人发表了许多好的建议，对写好调查报告、改进社区老年教育工作大有裨益。宁乡县②召开了社区主管老年教育的领导、老同志代表、老年大学学员代表、各离退休支部负责人和典型社区

---

① 本文由唐安石、陈志丹、薛根生合写，薛根生执笔于 2010 年 9 月 30 日。原载于中国老年大学协会课题组著《发展社区老年教育与建设学习型城市研究》，复旦大学出版社 2012 年版。

② 今宁乡市。

代表的座谈会 6 次，在调查研究中强调做到四实：情况真实，材料详实，文风朴实，建议切实。望城县①印制了个别走访卡，要求参加座谈会的老干大学员准备简要的书面发言提纲；调查报告出来后，召开了 3 次会议进行讨论修改，表现了特别认真的精神。芙蓉区雷厉风行，工作干在前。他们采取的是实证研究与理论探索相结合的方法深入基层进行调研，收到好的效果。岳麓区调查样本丰富，数据采集全面。开福区高度重视，从区委党校抽调了教师以加强研究人员的力量。浏阳市调研工作扎实有序。他们准确统计数据、认真分析问题、探讨可行性的对策，写出了有一定价值的调查报告。长沙县将调研与宣传相结合，县电视台《和谐社区》栏目对他们的调研进行追踪报道，产生的社会舆论影响很大。此外，市老干大也在本校发放调查问卷 100 份，召开座谈会 1 次，针对性地补充了一些必要的材料。汇总全市，本次共调查了 586 个单位，发放单位问卷 1752 份，收回有效问卷 1509 份；共召开了各种形式的专题座谈会 46 个；个别访谈 128 人；共发放个人问卷 7120 份，收回有效问卷 6819 份；共提各种意见、建议 1484 条，收集整理了 304 条。以上调查基本符合总课题组的要求，为我们完成子课题的研究目标提供了很好的实证依据。

二、关于课题主旨的理论探讨

（一）关于课题两个主要概念的学习体会

1. 社区老年教育

社区。"社区"这个概念是由德国社会学家滕尼斯最早提出来的。中文"社区"一词是 20 世纪 30 年代初以费孝通为首的一些燕京大学社会学系学生根据滕尼斯的原意首创的。在本课题中，社区，是指一定数量居民组成的、具有内在互动关系与文化为维系力的地域性的生活共同体。地域、人口、组织结构和文化是社区构成的基本因素。我国从 20 世纪 80 年代中期才开始使用"社区"这一概念。但是，作为我国城市行政管理建制（市—区—街道—社区）中的一个最基层的结构、用以修饰原来的"居委会"，大约始于 20 世

---

① 今望城区。

纪90年代（2000年，国务院颁发了《关于在全国推进城市社区建设的意见》的文件，全国有26个城市搞了社区建设实验区）。

社区教育。社区教育发轫于19世纪中叶北欧国家，是由于当时北欧国家出现了以工业化、人口增长和大规模移民为特征的社会变化，这些变化的聚合，启发了民众求生存、求发展的意识和对知识学习、技能提高的迫切要求，从而促进了为成年人创办的教育活动，形成了大规模成人教育的社会背景。一战前后，随着工业化的推进，欧洲、美洲，社区教育普遍开展起来；到二战结束后，由于现代化进程的高速推进，社区教育在美洲、欧洲、澳洲以及亚洲、非洲部分国家、地区都有了蓬勃开展。截至20世纪末，全球已有70多个发达与较发达国家在通过社区教育促进人的发展、社区的发展，进而在促进国家的现代化发展方面取得了显著的成果，令人信服地反映了"社区教育的发展状况与国民现代化素质状况、国家现代化建设的发达程度呈正比例相关关系"的规律。

最近20余年，伴随着现代化进程的推进，我国也出现了类似于当年北欧国家的工业化、人口增长、大规模移民（主要是国内地区间流动）等现象，民众的生存、发展意识和学习需求也空前增强，这为我国社区教育的兴起提供了与国外社区教育兴起时相类似的社会土壤。加上我国在现代化快速推进的同时，还伴随着急剧的、大幅度的社会转型。这种转型表现为社会经济体制由计划体制转向市场体制，中国社会由封闭转向扩大开放，社会形态由农业化社会转向工业化、信息化社会，人民生活由总体贫穷转向总体小康并逐步走向富裕小康等。这种社会的快速进步和急剧转型对几千年农业社会造成的思维方式、思维习惯，积淀的生产方式、生活方式提出了全面而严峻的挑战，对国人的思想、道德、文化、技能等素质提出了崭新的要求。于是，国人普遍感受到社会转型给自身带来的生存、发展压力，同时也普遍产生了因人而异的多样化学习需求。同时，社会的急剧转型，也使一些思想准备不足，对时代发展跟随不紧者表现出了明显的缺乏市场经济体制要求的自立意识、竞争意识、效率意识、民主法制意识和开拓创新意识，还有相当部分人成了欠缺现代信息知识、技能、技术的"功能性文盲"。所以。在新世纪到来之时，普及包括思想意识、道德观念、基础智能（基本文化与信息智能）、职业技术、生活方式等的现代素质教育，已成为现代化建设的重中之重。一进入新世纪，社区教育就像一股春潮，在中华大地上涌动。社区教育是一种存在于生活环境，由民众居住、生活的社区提供，对社区成员具有促进素质全面提高的综合性和促进生存能力增强、生活质量改善的人文关怀，同时具有全天候、全方位、全人生的基本特征，所以，它是实施普遍性现代化素质教育的最佳选择，已经展现出了广阔美好的发展前景。在社区教育的发展过程中，我国已经经历了"理念引进期—探索实验期—扩大实验期"三个发展阶段，现在正处于"全面推进期"阶段。国家教育部制定的"社区教育实验区评估指标体系"和"社区教育示范区评估指标体系"正在引领我国的社区教育朝着健康的方向发展。

社区老年教育。社区教育中可以有基础教育、职业教育、成人教育。社区老年教育只是社区成人教育中的一个组成部分，当然是十分重要的一个组成部分。在我国社区教育发展的"探索实验期"，它和青少年校外教育还是当时社区教育的主要内容。社区老年教育是以社区老年人为教育对象，满足社区老年人的学习需求，为社区老年人提供学习机会和条件，实现社区老年人素质和生活质量的提高，促进社区整体发展和全面进步的一种区域性教育活动和过程。社区老年教育的途径是组织各种班级教学、讲座、活动、展览、演出等。因此社区老年教育又是广义的老年教育，包括社区学校教育、社区社会教育，还包括社区远程教育。在我国，虽然京津沪和其他少数大城市，社区老年教育发展较好，但就全国而论，不论是理论的研究，还是实践的发展，还有政策的支持、指引，关于社区老年教育的投入都很不够。正因此，我们要加强关于"社区老年教育"的研究。

2. 学习型城市

学习型城市的概念是伴随终身教育、终身学习和学习型社会理论应运而生的。1992 年国际经济合作与发展组织（OECD）首次提出了学习型城市的概念。简单地说，学习型城市就是以学习作为城市发展根本途径的城市。在知识社会背景下，学习型城市突出以人为本，把促进人的全面发展作为中心。在以推动城市现代化水平为目标的过程中，强调通过开放、合作、有组织的学习行为，形成有利于提高城市人力资源建设的机制，从而促进城市管理的民主化、科学化，形成和谐、文明的现代城市文化，最终促进城市的全面进步与可持续发展。

我国学习型城市的建设工作从进入新世纪开始，大城市发展势头良好，中等城市一般，小城市和乡村集镇就等而下之了。大城市建设学习型城市主要是抓了三个方面的工作。一是制定适宜的政策目标任务，推动学习型城市创建工作的开展。如上海提出以终身教育体系为基石、以学习者为中心创建学习型城市。要求从学习型员工、学习型干部到学习型家庭、学习型社区、学习型企业，最后到学习型城市，形成适合各种人员需要的终身学习体系。深圳制定了《深圳市教育发展十年规划（2001—2010）》，提出要"构建终身教育体系，建立全社会成员在合适的时间、合适的地点接受合适的教育的学习化社会，率先基本实现现代化"。南京提出建设学习型城市的总体目标是：围绕"富民强市、率先基本实现现代化"的发展战略，树立新的学习理念，构筑市民终身教育体系，建立各类学习型组织，力争用 5 年左右的时间构筑起学习型城市的基本框架，用 10 年左右的时间构筑起与率先基本实现现代化同步的比较完备的学习型城市体系。二是形成党委、政府领导下的系统管理体系，保证各项政策措施的落实。杭州市建立区、街道（镇）、社区三级管理体系，形成有效的管理体制。武汉市形成"三级委员会，四级管理"的组织管理系统。市一级成立了市终身教育推进委员会，对全市终身教育工作进行统筹规划、综合协调、宏观管理。三是提供师资、经费和理论研究支持，提升学习型城市的创建水平。武汉市建立市、区两级师资人才储备库，依托社区教育学院在全市组建一支社区教育专职队伍；聘请大专院校的教授、学者及社区离退休教师、干部、科技工作者等组建一支千人兼职教师队伍；在全市组建一支万人的社区教育志愿者队伍，加强社区教育工作队伍建设。创建学习型城市的经费各地基本上都采取多渠道方式，如深圳宝安区采取"政府拨一点、单位筹一点、个人出一点"的办法，各（镇）街道政府每年按本镇总人口人均 1 元的标准核拨社区教育专项经费。济南市形成了"各级财政拨付一点、社区筹集一点、学校优惠一点、部分专业收缴一点"的保障制度。杭州市实施向弱势群体发放教育券制度。理论研究的深入是指导实践工作开展的基础，各地通过参与研究活动或举办学习研讨会等，推动各地学习型城市的建设。

这三方面的工作还卓有成效，部分地方的学习型城市建设已经初步显示出了自己的地方特色。如南京：通过载体创新，推进学习型城市建设。一是精心打造"学习节"，营造浓郁学习氛围。举办各类文化知识讲座，开设学习咨询点、免费开放文化场馆，吸引市民参加创建学习型城市活动。二是着力构建"金陵讲坛"，努力打造文化品牌。建设由市、区（县）和社区三个层面构成的讲坛网络，利用电视、报刊等媒体，各种社会中介组织积极介入，进行讲坛文化建设。三是推出"快乐学习"活动，激发学习内在动力。市妇联组织的"家庭快乐 20 分钟学习"活动，"天天 10 分钟我和爸爸妈妈学外语"的情景展示，三代同堂学电脑展示、家庭技能展示等，激发了市民的学习热情和愿望。济南：以发展成人教育为龙头，强化学习型城市的基础保证。一是健全成人教育运行机制。首先，加强了市成人教育局的组织建设，统筹管理全市职工教育、农民教育、社区教育、成人中等学历教育和社会力量办学等 11 项行政职能。其次，健全了职工教育体系、农村成人教育体系和社区教育体系。再次，明确了成教及有关部门在创建工作中的职能任务及保障措施。同时，制定创建学习型城市专项工作文件；建立市级推进学习型城市建设联席会议制度；学习型组织创建工作指导小组等。二是进行成人教育工作创新。武汉：探索创建学习型组织的途径，开展全民学习活动。一是实施四个百万计划，即"百万职工知识武装计划""百万职工新知识新技术培训计划""百万职工职业道德创建计划""百万职工健身计划"，大力推动学习型企业、学习型班组、学习型单位的建设，倡导学习光荣，争当知识型、学习型职工的全新理念。二是发挥社区教育实验区的作用。以开展"文化兴街、学习进万家"等活动，推进学习型家庭、学习型社区等学习型组织的建设，形成"一社区一品牌"的学习特色。

（二）关于课题主旨的价值取向的理解

做过课题的人都知道，凡课题题目中有"与"字的，这个课题的研究价值取向就主要是研究这个"与"字（"与"字在这儿是介词而非连词）前后两个事物之间的关系，探寻、归纳、总结出一些解释、解答、解决这两个关系的带普遍性的理论、规律、方法来，应用于更广泛的实践，以期取得最好的效果。由于总课题组对子课题的研究要求重在社区老年教育的现状调查，因此，我们子课题组也以此为主要任务布置安排了区县（市）的研究工作。当然的，在区县（市）的研究成果——调查报告中，关于"发展社区老年教育"与"建设学习型城市"之间的关系的研究就十分薄弱甚至缺失了。作为一个省会城市的子课题，我们觉得，对这个问题还不能交白卷。因此做了一些探讨，形成了下面的一点粗浅认识。

（三）关于课题主旨研究的心得

1. 基本结论

我们国家要实现的总目标是现代化的和谐社会，和谐社会的一个重要条件是要建设学习型城市。党的十六大和十七大都提出了"构建终身教育体系，形成全民学习、终身学习的学习型社会"的重要战略决策。学习型社会包括学习型城市和学习型农村。城市最基本的细胞是社区。建设学习型城市有诸多方面的事要做，其中有一件不可或缺的事就是发展社区老年教育。据不完全统计，2009 年，全国城市老年人口已经占 5.5%，其中离退休人员又占 4.8%。这些退休后的人员脱离了直接、经常关心他们学习的单位和组织。他们学习和接受教育的任务必然转移到他们生活的社区。如果没有发达的社区老年教育，大多数老年人就会被排除在老年教育之外，学习型城市也就无从谈起。同时，我们要贯彻中央关于加强和谐社会建设的战略要求，而和谐社会的基础是社区建设。社区建设的重要内容之一是社区教育，而老年教育是社区教育中很重要的组成部分。因此发展社区老年教育对于和谐社区建设和整个和谐社会建设都是不可忽视的重要一环。总之，发展社区老年教育能促进学习型城市的建设，而建设学习型城市的目标、要求和实施，又能带动社区老年教育的发展。我们这个课题的研究就是要广泛调查社区老年教育发展的现状，发现问题，追索原因，寻求对策，以促进社区老年教育的快速发展，最终推动学习型城市的成功建设。在此过程中，创建学习型城市和发展社区老年教育两者必不可少、密不可分、相辅相成。创建学习型城市，必须挖掘社区老年教育的潜力；发展社区老年教育，必须以学习型城市建设为总目标。所以，将发展社区老年教育纳入构建终身教育体系和建设学习型城市的统筹框架之内，以发展社区老年教育来促进学习型城市的建设，以建设学习型城市来带动社区老年教育的发展，是相互促进、相得益彰的最佳选择。

2. 具体分析

建立一个学习型城市，需要拥有终身教育体系、确立终身教育制度；需要使学习超越基础教育、职业教育和普通高等教育等正规学校教育的范围，把社会全体成员都看成学习者；需要以学习者为中心，满足学习者的学习需求；需要有群体与个体均可以广泛参与学习的机会和条件。因此，构建终身教育体系、创建学习型社区，特别是发展社区老年教育，是建设学习型城市的基本途径之一。社区老年教育通过组织多种形式的培训、小团队的学习和各种各样老年人的教育活动等途径来促进社区教育的发展，进而推动学习型城市的构建。具体而言，社区老年教育为学习型城市建设服务主要表现在以下四个方面：

其一，通过社区老年教育培养学习型城市的学习个人。社区应经常开展老年人的学习活动，经常举办社区老年人座谈，组织老年人观看有关视频等，广泛开展关于终身学习的宣传和教育，使社区老年人认识到树立终身学习的理念和养成终身学习的习惯，是老年人适应现代生活节奏的必备，是今天学习型城市的每位成员的责无旁贷的义务；使每一个老年市民明确学习的目标，立志把自己培养成为学习型城市中的学习个人。

其二，通过社区老年教育营造学习型城市的学习氛围。通过充分利用社区的各种宣传栏、板报等宣传阵地，通过组织社区老年人学习模范的巡回演讲活动，宣传老年人学习的重要性，培养老年人的学习热情，渲染"活到老学到老"的理念，形成学习型城市不可或缺的人人就学的良好氛围。

其三，通过社区老年教育创设学习型城市的开放学习环境。学习型城市的学习是开放型的，因此要有开放的学习环境与之相适应。社区老年教育所建立的开放的学习场所，如图书室、活动室、健身室、会议室、微机室等和开放的学习模式，如利用现代网络技术接受远程教育、帮助老年人联系个人进修、组织老年人集体培训以及组织老年人共同休闲娱乐、分享交流学习体会等，均成为了学习型城市开放型学习环境的有机组成部分。

其四，通过社区老年教育组织学习型城市的各类学习活动。这是社区老年教育对于建设学习型城市最根本的贡献。在社区广泛深入地开展多种形式的老年人的读书学习和各类文体活动，如举办"读书讲座月"活动，老年人知识竞赛，老年人社区运动会，以市民学校为依托定期组织各种老年人讲座、授课活动，以各种节日、纪念日为依托不定期组织的各具特色的文艺演出活动，等等，真正体现了学习型城市的本质和功能，展现了学习型城市最难能可贵的一面，张扬了学习型城市的典型特征。

3. 关于在建设学习型城市过程中社区老年教育的功能和社会价值

在建设学习型城市过程中，社区老年教育功不可没，十分重要。

其一，家家有老人，人人都会老。社区老年教育作为联系、团结和引导基层老年群体开展科学、文明、健康的学习、文体活动的基地，是党和国家关心老年人身心健康，促进老年人欢度幸福晚年的桥梁与纽带，体现了党和国家对老年人的爱护和关怀。

其二，发展社区老年教育，提高老年人的社区意识和参与兴趣，是老年人继续社会化的重要途径。它使老年人更新了知识，学习了技能，陶冶了情操；使老年人深刻地感受到：社区老年教育直接满足了自己"老有所学"的需求，提高了自己"老有所为"的能力，丰富了自己"老有所养"的内涵，实现了自己"老有所乐"的目标。同时，学习医疗保健知识，也有益于满足"老有所医"的自身保健需求。在社区老年教育平台上，老年人既保持了身心健康、安度晚年，又通过再学习，获得新知识，获得新的生命力，可以充分施展才智，更好地发挥自己的优势，从而继续为社会做贡献。这也更体现了"老有所为"服务社会的潜能。老年人在充分展示各种才能、实现自我价值的同时，有效地缓解了老龄化给社会带来的负面影响。

其三，社区老年教育是以人为本的教育，它在让老年人体验美好、体验崇高，体验健康，体验成功，体验快乐，培养和引领积极的生活态度，树立科学、文明、健康的生活方式的同时，坚持以人为中心，全面提升老年人的个体素质，突出人的自我价值和社会价值；把老年教育与人的个人尊严、健康和终极价值紧密结合，倡导健康、文明的生活方式和道德情感；体现社会、家庭、群体的人文关怀和人文融合，有利于全社会形成尊老、爱老的良好社会氛围，提高全社会的文明程度。

其四，没有老年教育，没有社区老年教育，学习型城市建设便会不完整。

因此，社区老年教育有利于建设完整的、全面的、真正的学习型城市。在建设"学习型城市"过程中，老年教育，特别是社区老年教育是薄弱环节。因此，发展社区老年教育能加强此薄弱环节的工作，能有力地推进"学习型城市"的建设。

其五，发展社区老年教育还能缓和省市、区县（市）各级老年大学生源拥挤、"出不来，进不去"的矛盾，让更多老年人享受多种教育资源，更好地实现教育公平，满足老年人日益增长的精神文化生活的需求。

总之，老年人作为社会群体的重要组成部分和人生不可或缺的终极阶段，如果国民教育剥离了老年教育，就谈不上构建终身教育体系，建设全民学习和终身学习的学习型社会（城市）。同时，老年教育又是老龄事业的重要组成部分，也是社会文明进步的重要标志。构建完整的终身教育体系应该涵盖六岁以前的学前教育，小学、中学的基础教育，大学和在职学习的专业技术教育，直至退出工作岗位后的老年教育。社区老年教育是社区教育和老年教育的重要组成部分，发展社区老年教育，既方便了老年人就近学习，又能将老年人的"学、教、乐、为"更好地结合起来；既满足了老年人日益增长的学习需求，又提高了老年人整体素质、生活质量，让他们安享天年。这才真正实现了有机统一。这也是巩固党的执政基础、构建和谐社会，促进改革、发展、稳定的一项重要战略举措。因此，社区老年教育，作为终身教育的一个组成部分，无疑是老年人实现完美人生、升华人生价值，国家构建社会主义和谐社会、完善全民学习体系、建设学习型城市的必然选择。

三、全市社区老年教育发展的成绩。

（一）基本情况

长沙市是湖南省的省会。全市城镇共有街道办事处 84 个、社区居委会 568 个。全市 60 岁以上老年人口约占全市总人数的 15.42%。受党中央的英明领导和改革开放大潮的推动，长沙市的经济步入了快速发展的轨道，2009年全市工业总产值跃居全国省会城市第十位。2009 年荣获联合国"人居环境良好范例奖"，并被评为首届最具软实力城市、十大创业之城、十大品牌城市、中国休闲宜居生态城市、国家科技进步示范市、国家园林城市等。4 个区荣获"全国和谐社区建设示范城区"称号，全市社区建设经验在全国推广。2008、2009 两年均荣获"全国最具幸福感城市"称号。

（二）长沙市社区老年教育发展的水平

长沙市社区老年教育的发展，大致可以分为三个阶段：起步探索、扩大发展和逐步完善。自 1999 年 9 月长沙市老干部大学复校起，全市老年教育即提上市委、市政府的议事日程。从此，社区老年教育也进入起步探索阶段。随之创办的芙蓉区、开福区、雨花区、浏阳市和宁乡市老干部大学，和市老干部大学一起，带动了其他区县和全市社区老年教育的全面起步。由于认识和条件的限制，在起步阶段，凡是有高等院校、大型工厂、政府机关的社区，依托这些单位的社区的老年教育发展得好一些。如开福区的上麻园岭社区，由于辖区范围内有中南大学湘雅医学院，医学院办了老年大学。这所老年大学教学环境好，设施齐全。学校原来只对院内离退休人员招生。在社区领导的协调下，2004 年开始，学校对社区的所有老年人开放。这就很好地解决了社区教学场地等硬件设施缺乏的问题。同时由于学校只有对场地的无偿使用权，除所收学费外，没有其他任何资金来源，通过扩大招生，在一定程度上又解决了部分经费问题，促进了学校的发展，真正实现了双赢。目前，医学院老年大学已从 2 个班发展到 11 个班，300 多名学员，院外的学员占到了51%。这是第一阶段。

2007 年，市委市政府根据全市人口已进入老龄化社会的趋势，在总结全市老干部大学办学和社区老年教育发展正反两方面经验的基础上，针对市、区县老年教育（主要是老年大学）覆盖面严重不足，发展社区老年教育刻不容缓的形势，下发了市发〔2007〕47 号《关于成立长沙市老年教育工作领导小组的通知》。2007 年市委、市政府两办又下发了市办发〔2007〕47 号《关于印发〈长沙市关于加强老年教育工作的意见〉的通知》，明确各区县（市）、街道（乡、镇）均要成立老年教育工作领导小组，统筹安排辖区内的老年教育工作；并对加强街道（乡、镇）和社区（村）老年教育工作提出了要求，明确了老年教育工作要坚持与经济社会发展相适应，纳入国民教育发展体系；坚持统筹规划，逐步形成以区县（市）老干部大学为龙头，各街道

（乡、镇）老年学校为骨干，社区（村）老年教育学校、培训点、活动室等为基础的三级办学网络，并明确各级老年教育工作领导小组，负责统筹规划和组织协调辖区内的老年教育工作，老年教育经费列入各级财政预算，通过资源共享，解决办学场所等必要条件。全市各级认真贯彻落实这两个文件的精神，推动了老年教育三级办学网络的初步形成，推动全市社区老年教育事业进入了扩大发展阶段。2009 年，长沙市人民政府为不断提升全市全体成员整体素质和文明程度，加快构建全市终身教育体系，促进学习型城市建设，正式向各区县（市）党委和人民政府、市直机关各单位下发了《长沙市社区教育工作实施意见》，明确了全市社区教育工作的目标和主要任务，要求全市围绕"建设教育强市，推动创业富民""建设社会主义核心价值观体系"和实现市民素质大提升的总体目标，积极开发和充分利用社区教育资源，大力开展各种形式的社区教育活动。在长沙市社区教育领导小组的指导下，逐步建立健全"党政统筹领导、教育部门主管、有关部门参加、社会力量支持、社区自主活动、群众广泛参与"的社区教育工作管理体制和运行机制，并且要求全市各个部门要密切配合，采取可行措施，保障社区教育工作顺利进行。与此同时，2009 年刚好是市老干部大学复校 10 周年，市领导决定以此为契机，全市召开大型会议，开展多种纪念活动，推动全市，包括社区老年教育事业进入到逐步完善的科学发展阶段。这个阶段的重要标志，就是要借市发的红头文件，进一步明确全市老年教育的办学管理体制、财政投入渠道、工作队伍建设、责任考核追究等运行机制问题，使各级党政组织从对老年教育事业支持和扶持的随意性、感情化，逐步上升到依法依规、尽职尽责的法规责任高度，推动全市老年教育事业，特别是社区老年教育事业持续、健康、较快地发展。截至目前，现在市一级建有一所建筑面积 4000 平方米、办学规范、功能齐全、设施完善可容纳 5000 多人的全国先进老年大学、全省示范性老年大学；9 个区县（市）各建了 1 所老干部大学，其中有 1 所全国先进老年大学，4 所省示范性老年大学；有 84 个街道（乡镇）建有老年学校，158 个社区成立了老年学校，2000—2009 年参加各类教育学习老年人数近 30 万人，占全市老年人口的 30.6%。

经过 10 来年的努力，长沙市社区老年教育初见成效，在发展中呈现出稳步向上的良好势头。

1. 老年学校教育规范有序，富有成效，越来越受到老年人的欢迎

社区老年教育的骨干，还是学校教育。全市基本形成了以市、区县（市）、社区三级办学为主体，以与驻区单位共建共办、共同发展的多层次、多形式、多内容的老年学校为辅助的新格局。各级老年学校办学条件不断改善，办学规模不断扩大，在社区老年教育中发挥了重大作用。据不完全统计，各个社区开办的市民学校、电视学校、家长学校 1033 所，与驻区单位共建共办老年学校 18 所。据望城区调查，认为各级老年学校管理规范、注重社会效益的占 93.5%；认为学校教材很适合老年人的占 87%；认为参加学校学习能够自我完善、提高老年生活和生命质量的占 90%。望城老干部大学成立较晚，2005 年 8 月才开班招生，第一期 3 个班、3 门课程、110 人；到 2010 年上学期，已有 12 个班、11 门课程、320 多人。累计开班 93 个，培训学员2500 余人次，班级增加 4 倍，人数增加 3 倍。学校坚持改革创新，坚持素质教育的方向，坚持学与乐统一的办学方针，坚持教学质量第一的原则，并着力寻求灵活的教学方法，着力营造活跃的校园氛围，着力陶冶活泼的时代情操，取得了凝聚学员的成果。办学以来，望城老干部大学走出了一条自己的路子，显露了蓬勃发展的生机，学员知识素质显著提升，身体健康状态明显增强，师生已开始有自己的著述，并获得多个奖项。区交通局一位退休老同志自编顺口溜，介绍了自己参加老年大学的学习体会："我名叫作秦佑珍，年纪七十四岁整，五十五岁退了休，坐在家中闷忧忧。老倌教我打麻将，整日围城斗春秋，昏天黑地心神乱，耳眼昏花头脑涨。年复一年身体差，就到医院搞检查，患有结石犹自可，还有癌症受惊吓。下定决心走出门，老年大学报了名，学习太极拳和剑，接着又学乾隆扇，剪纸跳舞又唱歌，心愉体健笑呵呵。由于学习锻炼好，三年冒往医院跑，丰年盛世挽留我，哪怕百岁也不老。奉劝老年朋友们，赶快走出家庭门，老年大学办得好，我要终身学到老。"语言朴实，感悟深刻。目前，全市的各级老年学校都在打造便捷多样的学习平台，探索生动有效的学习方式，拓展老年人个性化的学习空间，不

断增强了学校的凝聚力、吸引力，越来越受到老年人的欢迎。

2. 其他社区老年教育形式多样，丰富多彩，正在吸引众多的老年人参加学习活动

除参加老年学校学习以外，社区老年教育还开创了不少其他丰富多彩的学习形式。一是兴建文化体育中心，提供老年人学习和活动的场地。二是开辟学习宣传文化墙，扩大老年教育受众面。三是举办多种形式的讲座，进行老年教育。四是组建各种文艺团队，寓教于乐。五是鼓励参加各类协会组织，迎合老年的兴趣爱好，发挥老年人的特长优势，让老年人余热生辉。如宁乡市城关镇9个社区中就有5个社区经常组织开办老年教育讲座活动，有3个社区开办了老年活动中心，有4个社区的老年人自愿组织了文艺社团；镇文化馆、俱乐部、老年活动中心则利用办班、活动等形式组织老人学习，全镇有40多位老年人参加了书法、绘画、摄影和老年科技工作者协会，边学习，边贡献。从对850个老同志的调查来看，没有参加任何一种学习的只有140人，只占16.4%。市内6个区的情况更加好些。

3. 老年自主教育日益增强，常学常新，让老年人圆自己"重塑自我、完善自我"的梦想

各区县（市）、社区提倡老年人自主教育、自我学习，弘扬老年人"活到老、学到老"的精神，构建了老年教育的个人自觉学习的有机部分。在社会、社区老年教育的不断发展、老年人终身学习的氛围日益浓厚的推动下，广大老年人根据自身条件，按照各自的兴趣爱好，进行自学的人日渐增多。有的自购书籍和相关资料，学习中国特色社会主义的理论和决策，学习科学技术和法律知识；有的订阅了《长沙晚报》《潇湘晨报》等报刊天天阅读；有的经常到图书馆借书、进阅览室看报；有的收看中央电视台的新闻、《百家讲坛》、《科技探索》等节目。我市不少单位、组织还给每位离退休老同志订了《老年人》或《老年文摘》等报刊，供老年人自学。所有这些，都为老年人自主教育搭建了学习平台，提供了学习机会，从而提升了老年人的思想政治素质和自我保健能力。在天心区的调查中，有95%的老年人认为经常学习有利于完善自我，79%的老年人愿意至少通过一种途径接受老年教育。如

原省橡胶厂的退休干部尹兴华，原是单位的老病号，入住青园社区主动自觉参加学习活动后，不仅身体越来越好，心态也越来越年轻，还总结出"不抽烟、不睡懒觉、莫生气、多运动"的养老秘诀，被社区广泛推介。在典型的示范带动下，一批批老年人自觉学习的积极性也在不断提高。

4. 注重树立典型，建设示范社区，引领社区老年教育快速均衡发展

长沙市岳麓区咸嘉新村社区是闻名全国的和谐社区建设示范社区、全国文明社区、全国十佳学习型社区、全国文化先进社区。他们依托老年学校，坚持"一月两课"，向老年朋友传播现代文明的基本知识；他们设立电子显示屏、科普画廊、宣传栏等，宣传各种知识和政策；他们创办了全省首家社区报《我们的家》，介绍各类养生保健、文化娱乐知识……在咸嘉街道老年公寓的老年学校，老年人积极学习法律法规、社会公德、卫生保健、爱国爱家、科技新知等，公寓党支部组织老年人开展"公民道德建设纲要"等学习，形成了良好的学习氛围。公寓的宣传橱窗里积极刊登老年朋友的学习心得、体会。公寓党支部还积极组织老年人读书看报，并自发组成了平均年龄80岁的老干部为主的参赛队，认真学习《毛泽东选集》《江泽民选集》《中国共产党历史新编》等书籍，查阅大量的相关资料，参加有100道题的关于建军及十七大主题内容的知识竞赛。80岁的党支部书记马玉书作为"长沙市十大社区新闻人物"，学习积极性特别高，先后在老年大学完成了两个专业的自考课程并顺利拿到文凭。他好学的精神、严谨的学风、认真的态度带动了整个老年公寓中老人们的学习积极性。91岁高龄的老党员赵艾夫坚持参加学习后，还出版了《平凡春秋》一书，热爱摄影的他还创办了"所乐义务影屋"，为老年人拍照，应邀举办个人影展，作品荣获"盛世夕阳摄影之星奉献奖"，省老干摄影二等奖。这些都是老年同志积极学习、奋发向上的缩影，他们学用相长，以朝气蓬勃的年轻心态和学以致用的实际行动为学习型社区、学习型城市建设贡献了力量。创建了长沙市自己看得见、摸得着、可描可学的榜样，带动着全长沙市的社区的老年教育的快速均衡发展。

总之，长沙市的社区老年教育已经全面启动，成绩初显，处于一个中等发展的水平。

四、发展社区老年教育存在的问题（略）

五、社区老年教育发展存在问题的原因（略）

六、发展社区老年教育的对策措施

（一）提高认识、加强领导

（二）抓紧立法，理顺体制

（三）增加投入、改善条件

（四）加强管理、整合资源

（五）完善自己、提高质量

参考文献

1. 朱涛：《社区教育：学习型社会的必然选择》，载于《中国教育报》2003 年 3 月 5 日版。

2. 李炎清：《加强社区老年教育工作的若干思考》，载于《实践与思考》2009 年第 1 期。

3. 范琪、谈龙河：《学习型城市与社区教育实践》，载于《杭州》2010 年第 5 期。

4. 俞恭庆：《高度重视老年教育的决策研究》，载于《老年教育（老年大学)》2010 年 6 月号。

5. 董之鹰：《改革开放以来老年教育的发展历程》，载于《中国社会科学院院报》2008 年 9 月 18 日版。

全国《老年教育领导管理方式的调查分析》课题 长沙市子课题研究报告①

一、长沙市老年教育的形成、发展、现状和特点的综合调查和研究

（一）长沙市老年教育发展的历史沿革

1. 最初出现的具有老年教育意义的主要形式及其形成过程

长沙市最早出现的老年教育的主要形式是学校教育形式，名称有"老人大学"和"老干部大学"。

办学最早的是民主党派。1984 年 4 月 15 日，湖南省民主促进会开始在杜家园省军区干休所办起了长沙市也是湖南省最早的老年大学——"长沙老人大学"。一开始办学规格就很高，由当时的两位省政协副主席袁学之、杨第甫任名誉校长，省民进驻会副主委王果任校长，邹建元、蔡彦彪任常务副校长，彭吟轩兼任副校长。湖南省首任省长、全国人大常委会副主任王首道为学校题写校名。据知情人回忆，这所学校当时是全国最早的三所老年大学之一。其他两所分别在北京和成都。学校成立后不到一个月，1984 年 5 月 10 日，全国政协的机关报《人民政协报》就以"满座春风 一堂白首 老有所学 其乐融融 长沙老人大学开学 湖南省民进又为社会办了一件好事"为题，发表了消息报道，并对其给予了高度评价，认为"创办这样的老人大学有五大好处：第一，老人问题是当今世界上一个重要的社会问题，这样做可以使老人晚有所乐，老有所安，充分体现了社会主义制度的优越性；第二，有利于老年人自己管理自己，为党和政府排难解忧；第三，老年人得以修身

---

① 本报告由唐安石、陈志丹、薛根生合写，薛根生执笔；写于 2013 年 11 月 20 日。

养性，延年益寿，解除子女的后顾之忧；第四，年高德劭者习武修文，对后代影响甚大，有助于社会主义精神文明的建设；第五，办学和上学为老人们创造了良好的环境，帮助他们扩展了知识领域，增强了身体素质，可以为四化建设贡献余热"。一位教育界人士在祝贺长沙老人大学开学的对联中说："老人办学，老人读书，老骥伏枥，老当益壮，人生易老天难老；新生事物，新生气象，新图大启，新又日新，祖国长新万古新。"开学时，几幅祝贺的对联也反映了这所学校受到人们欢迎的程度和老人们的喜悦。"满座春风，一堂白首；四方佳气，百岁童心。""春风又绿江南岸，老夫聊发少年狂。"次年3月，学校就搬迁至位于中山路上的湖南省中山图书馆（现在的湖南省少年儿童图书馆）的三楼。办学的头几年，学校只有几十个人，只有书法、绘画两个班。正如其校名一样，学校面向全社会招收所有的老人入学。一学期收费7元。办学的主要经费全部由省民进拨付。多年来，省民进得到省财政的支持，一直坚持每年拨付4万元及以上的老年教育办学经费。

长沙市的老年教育之所以由民主党派，特别是由民主促进会率先创办，主要是因为：其一，民主促进会是一个基本由教育、出版、文化界人士，特别是教育界人士为主组成的民主党派，他们的教育理想先进、教育意识强烈、教育技能在行，办教育有一定的优势。其二，他们的领导人，重视教育、关心教育、懂得教育的人居多。据不完全统计，成立至今，民主促进会的全国中央委员会的主席和副主席中，任过国家教育部部长副部长的就有马叙伦、周建人、叶圣陶、杨东莼等人；是教育专家的就有许广平、车向忱、林汉达、吴怡芳、雷洁琼、叶至善、许嘉璐、朱永新等。更重要的是，湖南省民进，一直特别关注中国的老龄问题，并因此而特别重视老年教育的问题。早在1987年10月，他们就派出了常务副校长邹建元、副校长彭吟轩出席了在南京金陵老年大学召开的"全国老年大学第二届协作年会"。2006年他们的《关注人口老龄化问题，实施"银色工程"，建好新型老年大学》的提案，受到了中共湖南省委的高度重视。当时的省委书记张春贤批示："请周强省长阅示，请教育厅认真研读此报告。此建议是破解社会发展中老龄化难题的一种探索，在条件成熟时可支持其启动。"在长沙市老年教育的创办早期，当时的省民进驻会副主委、长沙老人大学的第一任校长王果功不可没。王果是湖南长沙人，毕业于中央大学，任过新华日报记者、军区夜校教员；后一直在中学、师范、省教育厅、长沙师专等教育部门工作。1979年到省教育学院平江分院任教。1984年，任民进湖南省委专职秘书长，后任民进省委专职副主委、秘书长。他就是这样，一直在科教兴国思想的指引下，眷念着教育事业。1984年，已经63岁步入老年的王果，更加以深厚的教育情结致力于老年教育事业，不经意中，成为全省乃至全国的老年教育的先行者。其三，民主促进会出于自身的成员特点，在内部机构上也有其特殊性。他们从1945年成立起，就专门设置了教育处。他们的章程第一章工作总则的第二条就规定：本会以参政议政为第一要务，围绕中心，服务大局，加强与政府有关部门的联系，深入调查研究，对教育、文化、出版、科技等经济和社会发展中的重要问题提出意见和建议，参与协商决策和进行民主监督。由此看来，关心教育是他们的首要任务。但是长沙老人大学一直没有一个固定的办学场地，20多年来，学校多次搬家。学校的盛衰枯荣、强弱大小也随搬迁后学校的场地等条件而受到影响。学校后来又在长沙市一中老校区、长沙市少年宫（东牌楼）、湘雅医院附中、长沙市总工会、蔡锷南路11号添景阁A栋等地办过学。学校发展的鼎盛时期有24个班，1000多学员；20多年来，学费从7元、9元、15元、27元、35元、50元、60元、80元、100元逐步增加；学校工作人员最多时有7个；教师的工资每课时由40元、50元、60元逐级增加。近几年，几乎是他们办学的最低谷，学校蜷缩于一个只有两个教室的小楼里，一共只办了4个班，两个兼职的管理人员，仅每天上午上课。因此，目前长沙市真正有规模、成气候、上档次的老年教育还是市委老干部局创办的长沙市老干部大学。

1987年下半年，时任长沙市委副书记俞又昌提议，创办长沙市老干部大学。于是，由时任市委老干部局副局长杨建安任校长，请当时的市教委主任李克刚兼副校长，由当时的老干部活动中心主任徐洪炯任教务长，依附老干部活动中心办起了长沙市老干部大学。当时的市老干活动中心在蔡锷北路的局关祠，地方不大，于是就只办了3个班：书法、交谊舞、气功。直到1991年9月，市委搬家，让出了原市委的几间办公室作为老干部活动中心。于是老干部大学也就由蔡锷北路的局关祠搬了过来。根据省里的要求，中共长沙市委正式发文批准成立"长沙市老干部大学"。学校仍由中共长沙市委老干部局主管，由市老干部活动中心承办，校址还是设在长沙市老干部活动中心。当时，由组织部长易希文任校长，老干部局副局长李扬波任副校长，市老干部活动中心主任刘建义任教务主任。历时5年，1995年，因长沙市老干部活动中心要将原址拆掉全新重建，长沙市老干部大学便也因无场地而随之停办。直到1999年8月28日，长沙市老干部活动中心新办公楼落成1年后，再经中共长沙市委批准，长沙市老干部大学恢复办学。学校设在新建的长沙市老干部活动中心新办公楼（藩后街52号）的5楼。9月9日，长沙市老干部大学复校开学典礼在老干部活动中心的七楼多功能会议厅举行。省、市委有关负责人出席典礼，热烈祝贺长沙市老干部大学恢复办学。时任市委常委、组织部长秦卓夫宣读了经市委批准的市老干部大学领导成员名单：校长刘湘皋（长沙市原来分管教育的副市长），副校长伍蔚滇（老干部局局长）、李扬波（老干部局副局长）、宁兆时（专职，老干部活动中心支部书记）；校务委员（按姓氏笔画为序）宁兆时、李扬波、刘湘皋、伍蔚滇、胡珊珞、谭国材。应该说，这才是长沙市老干部大学的真正的开始。

2000年2月20日，校务委员会研究决定，市属各区、县（市）老干部大学要统一名称，一律称为长沙市老干部大学"××分校"，业务上接受市老干部大学指导。这样，长沙市的老年教育开始在党委政府统一领导下形成了系统。2月28日，长沙市老干部大学"岳麓分校"成立；5月15日，长沙市老干部大学"芙蓉分校"成立；6月2日，长沙市老干部大学"宁乡分校"成立；9月8日，长沙市老干部大学"雨花分校"成立；2001年11月5日长沙市老干部大学"开福分校"成立；11月15日长沙市老干部大学"天心分校"成立；2002年9月6日，长沙市老干部大学"浏阳分校"成立。至此，长沙市辖区内的区县（市）已经办起了老干部大学。另外的长沙县和望城县①到2007年也相继办学。

至此，长沙市老年教育算是基本诞生。

随后，长沙市老干部大学常务副校长宁兆时提出要实现"两个转变"的

---

① 今望城区。

主张；增补市老干部活动中心主任孙欢喜同志为校务委员，决定李新民任长沙市老干部大学教务长、校务委员；中国老年大学协会正式同意接纳"长沙市老干部大学"为中国老年大学协会会员；学校颁布《长沙市老干部大学教师职责八条》和《长沙市老干部大学学员守则八条》；长沙市老干部大学校刊《枫叶》创刊出版；2007年，长沙市成立了老年教育工作领导小组；2009年，长沙市委老干部局和老干部活动中心搬迁，把老干部局和活动中心原来使用的房屋全部无偿让给长沙市老干部大学；2013年8月22日，长沙市机构编制委员会正式发文，同意设立长沙市老干部大学，为中共长沙市委老干部局所属正科级全额拨款事业单位。至此，这才算是长沙市老干部大学真正诞生，有了正式户口。

2. 这些形式的老年教育得以存在和发展的主要原因

长沙市老干部大学之所以办起来了并得以继续发展，首先还是得到了市委市政府的重视和支持。市委、市政府的重视和支持主要体现在：

（1）建立健全老年教育工作领导小组。2007年全市老年教育工作领导小组的成立和坚持工作是长沙市老年教育得以发展的根本原因。全市老年教育工作领导小组由市委常委、组织部长任组长，分管文教的副市长任副组长，市委组织部、市委宣传部、市委老干局、市财政局、市教育局、市民政局、市文体局为成员单位的领导组成。在小组成立会上形成了《关于加强老年教育工作的意见》（长办发〔2007〕47号），并以市委办公厅和市政府办公厅的文号下发给各区县（市）党委和人民政府、市直机关各单位。应该说，这是长沙市第一个专门就老年教育工作而发的文件。文件中，就老年教育工作的重要意义、指导思想、基本原则、主要目标和各项措施都有阐述。2012年，市委市政府换届，对老年教育工作领导小组及时进行了调整，由市委副书记任组长，市老干部大学校长任常务副组长，组织部长、分管文教副市长任副组长，并及时召开工作会议，认真研究老年教育工作，又形成了《关于进一步加强和改进新形势下全市老年教育工作的意见》（长办发〔2012〕36号）。从标题可以看得出来，这个文件更为重视和全面，特别是工作机制上明确了成员单位市委办公厅、市政府办公厅、市委组织部、市委老干部局、市委宣传部、市文化广电新闻出版局、长沙晚报、市直机关工委、市发改委、市教育局、市民政局、市司法局、市财政局、市编办、市人力资源和社会保障局、市卫生局、市体育局、市物价局、市总工会的具体职责。应该说，这两个文件，对长沙市老年教育工作的发展，推动力是十分巨大的。

（2）督促建立校务委员会。学校自1999年秋复校起，就在市委市政府的督促下，成立了体现市委市府领导的、具体办好学校的领导实体——校务委员会。校务委员会由市级老领导、市委老干局领导、老干部活动中心领导和学校领导组成，他们定期研究学校各项工作，帮助解决学校发展中的各种问题，使学校得以正常运转和不断发展。

（3）由市委组织部牵头，市委老干局、市财政局、物价局、教育局、民政局等单位联合发文，为学员每期报销两科学费。

（4）不断增加投入，改善办学条件。市委、市政府把改善老年大学办学条件的建设纳入了"十一五"和"十二五"发展规划。校务委员会充分发挥请示汇报、上传下达和组织协调作用，帮助解决老年大学发展中的实际问题。10多年来，长沙市老干部大学得以顺利实现复校、巩固、发展、提升，班级增加了，环境优美了，设施改进了，硬件建设不断完善，都是因为得到了财政上的支持，而且逐年增加，目前已达到每年35万，保证了正常运转。现在学校可使用面积达到5000多平方米。有12间教室，有图书室、阅览室，工作人员每人1台电脑，每间教室都有多媒体设备等；教师的课时工资从原来的30元/课时，增加到了60元/课时，福利待遇也在逐渐提高。

（5）安排懂行的市级领导担任校长。复校后的首任校长刘湘皋是原长沙市一中校长、后来任长沙市管教育的副市长。他积极倡导学校要实现两个转变，规范教学管理，编写教学大纲和教材，开展教学研究，尽力提高老年学员的满意度。第二任校长、原市政协主席张贤遵，北京师范大学毕业，曾在北大、浏阳市一中工作过。退下来以后一直担任长沙市关工委主任，担任长沙市老干部大学校长。上任以后，视学校的发展为己任，坚持以科学发展观为统领，突出人本思想，开拓创新。他多方呼吁，奔走努力，赢得了上级各行政部门对老年教育的重视和支持。2007年成立的长沙市老年教育工作领导小组，就是他旗开得胜的第一个成果。它为全市老年教育的跨越式发展打下了坚实的基础。在办学中，张贤遵校长提出，办学靠"三才"，即人才、教材、钱财。一是要聘请教育界的老专家参与学校管理、教学，率先尝试在老年大学进行教学评估，优化教师队伍，设置"系"，这些措施深受老年学员的赞许；二是组织专职人员继续编写了多种教材，使学校教材被省内外多所老年大学交流使用；三是花大力气改善办学条件，正在把学校改造成适应现代教育的需要，做到校舍宽阔、窗明几净、多媒体教学设施一应俱全的较先进的老年大学。在他的倡导下，学校创新教育理念，狠抓教学研究，2008 年办起了《长沙市老干部大学学报》；每个学期出版 3 期《枫叶》校刊（《枫叶》校刊 2009 年 10 月被评为全国老年大学先进刊物）；每月出版 1 期《教学动态》，按时发放给教师阅览；3 种刊物都与全国各地百多所兄弟单位进行了交流。

其次，建立一支高素质、懂教育、肯奉献的管理群体和教师队伍是老年教育得以发展的重要保证。

老年教育是一项全新的教育事业，它集休闲性、康乐性、知识性为一体；同时，它教育的对象又是一个特殊的群体——老年人。要使每一个学员都老有所乐、乐得心悦，老有所学、学有所获，确实不是一件容易的事。这不仅需要有热情、懂教育、有名望的人来管理，还需要有热心、有专长、具耐心的老师来任教。长沙市老干部大学办学以来所聘请的几位管理人员和 50 多位老师，都基本具备了这一素质。

如复校时期的常务副校长宁兆时，既攻读过高等师范教育又勤奋学习，特别是钟情于老年教育，关注国内外老年教育事业的动态和发展，提出了学校两个转变的思路，探讨过无压力教育的利弊，追索过湖湘教育中关于终身教育的论述，亲力亲为抓教材建设。现任副校长唐安石，湘潭师范学院中文系毕业，湖南大学公共管理硕士，在长沙市中学教书三年，参加竞聘考试进入市委老干部局工作，由于工作出色，很快提拔为办公室副主任，2007 年正式调入老干部大学任常务副校长，他热爱老年教育事业，教育理念创新务实，积极上进，追求完美，在长沙市老干部大学的发展和提升阶段，是学校顶层设计和过程管理的主心骨。教务主任李新民是教师出身，任过多年中学校长后又担任省级教育业务部门的领导，教务管理业务娴熟，统筹有方，还身先士卒开发课程。教务员马秉权是长沙卫校的校长，是享受国务院津贴的教师，以老干部大学学员的事都是大事为工作准则，热情、周到、细致地做好了自己的分内和分外的许多工作。教导员殷慧娟退休前是长沙市铁一小的教导主任，小学高级教师，教务管理有条不紊，巨细无遗，还主动积极、任劳任怨地担起了最难的艺术团的工作，为学校赢得了众多的荣誉。教研员章铁军是"北有南开，南有明德"的长沙市明德中学的校长、中学高级教师、特级教师，管理经验丰富，尤其倾心教研教改，把教学评估的事抓得既扎实又富于影响。教研员陈志丹是长沙市天心区教师进修学校的党委书记、中学高级教师，教育教学研究能力很强，关心全局，勤于笔耕，成了学校的名副其实的"史官"。教研员薛根生是长沙市教科所的理论室主任、中学高级教师、特级教师、湖南省政府督学，为学校的规范教学、教材建设、教育科研做了一些事。

50多位教师中，葛稀年、黄锦培、王德安、戴月梅、蔡干宏、彭复旦、蒋兴国、王时焰、周碧瑜、董桂兰、王建民、杨文盛、喻志萍等，个个都是我市教育战线的带头人，他们热爱老年教育事业，专业知识扎实，而且有奉献精神。其中有21人有高级职称，23人有中级职称。正是因为这些老师的辛勤耕耘，积极努力，长沙市老干部大学才能不断兴旺发展，得到社会和老人的认可。值得一提的是，在教师的管理上，学校在要求教师必须按大纲、按每期的教学计划，有教材、有教案进行教学的同时，也不忘对他们生活上的关心。如二胡班教师缪运才，家境较贫困，又遇儿子重病住院，急需一笔较大数额的医疗费。学校知道后，立即作特例处理，从学校有限经费中补助他500元；3个二胡教学班近百名学员献爱心，自愿捐款5000多元。凡老师生病或进十的整生日及重大节日，学校领导都要上门看望、祝贺、慰问。对表现突出、教学成果优异、深受学员欢迎的老师，学校给予了他们"明星教师""优秀教师"的称号，予以表彰、奖励。这些做法，使受聘老师深受感动。

再次，规范的管理也是长沙市老干部大学得以发展的重要原因。

（1）聘任有管理经验的专家治校

除了上面提到的诸多优秀的管理人员，2011年接替李新民教务主任的黄祖训主任也是管理队伍中的良才。他担任过多年的教师和学校、教育业务部门的负责人，在学校管理方面，十分懂行。他的管理风格是：思路清晰，计划周密，实施认真，追求完美，充满人文关怀。学校选择他接替李新民主任来主管教务工作，更好地实现了"专家治校"的策略。

（2）根据实际情况制定了学校工作各项管理制度

如学校期初有计划，期末有总结，学校各项工作有条不紊。又如学校要求教师根据大纲要求，对照本班实际制订出切实可行的教学计划，期末对本期教学进行总结，撰写教研论文或经验等。学校的各项规章制度有十几种，涵盖了学校工作的方方面面。学校的生命是教学质量，一切工作都必须考虑有利于提高教学质量。于是学校又专门制定了《规范教学管理，认真搞好教学，提高教学质量的十项措施》，其中涉及充分调动教师的积极性，认真抓好课堂教学；坚持举办教学成果展示，不断激发学员的学习积极性和上进心；每期每科必须保证32课时的教学，任何人不能占用教学时间开展与教学无关的活动；在课时教学计划内安排的外出写生、实习、观摩等活动，属教学活动，必须精心组织，保证安全，并报教务处备案；定期听取教师、学员对教学工作的意见；坚持听课制度，提倡教师相互听课，及时沟通；期末各科教师应该根据学科特点，采用一定的形式检测评估学员学习效果；全面推行使用现代教育技术教学，改进教学手段和方法，提高教学效果；等等。

（3）推行学员自我管理是促进学校高效管理、实现"民主管理""民主办学"的有效方式

老干部大学的学员是个特殊群体，他们政治素质高、组织纪律性强、人生经验丰富。这是学校管理上的优势。于是，学校倚重"学员自我管理"，形成了"学委会—班委会和学员志愿队—学员"的管理链，既体现了学员的"主人翁"地位，又体现了"自我管理""民主管理""民主办学"的作风；既增强了管理力量，又增强了学校的吸引力和凝聚力，对把学校营造成和谐校园、欢快乐园、和睦家园起到了促进作用。

最后，广大老年群体的学习欲望，亦即老年教育的需求市场，不但客观存在，而且越来越大。据统计，现在长沙市60岁以上的人口已达114万，占总人口的16.8%，而在读学员年均仅2.6万余人次，比例极小。还有许多老年人在盼望入学。同时，整个社会正快速迈向学习型，终身学习、终身教育

体系正在日益形成的趋势等，也是催生长沙市老年教育生长、推动长沙市老年教育前进的根本动力。

3. 长沙市老干部大学发展的几个阶段

（1）兴起阶段（初创阶段）（1987 年至 1995 年）

1987 年下半年，时任长沙市委副书记俞又昌提议，创办了长沙市老干部大学，由市委老干部局负责，依附老干部活动中心。当时，市老干活动中心在蔡锷北路的局关祠，地方不大，于是就只办了 3 个班：书法、交谊舞、气功。直到 1991 年 9 月，由于市委搬家，让出了原市委的几间办公室作为老干部活动中心，老干部大学才由蔡锷北路的局关祠搬了过来。当时，由组织部长易希文任校长，老干部局副局长李扬波任副校长，市老干部活动中心主任刘建义任教务主任。历时 5 年，1995 年，因长沙市老干部活动中心要将原址拆掉全新重建，长沙市老干部大学便也因无场地而停办。

（2）停滞阶段（1995 年至 1999 年）

1995 年，长沙市老干部活动中心改扩建工程动工，长沙市老干部大学因无场地而停办。直到 1999 年 8 月，长沙市老干部活动中心新办公楼落成 1 年后，再经中共长沙市委批准，长沙市老干部大学恢复办学。

（3）恢复阶段（1999 年 9 月至 2001 年 7 月）

1999 年 8 月 28 日，长沙市老干部大学恢复办学。学校设在藩后街 52 号新建的长沙市老干部活动中心 5 楼。9 月 9 日，长沙市老干部大学复校开学典礼在市老干部活动中心 7 楼多功能会议厅举行。省、市委有关负责人出席典礼，时任中共长沙市委副书记、市人大常委会主任易希文讲话，热烈祝贺长沙市老干部大学恢复办学。时任市委常委、组织部长秦卓夫宣读了经市委批准的市老干部大学领导成员名单：校长刘湘皋（长沙市原来分管教育的副市长），副校长伍蔚滇（市委老干部局局长）、李扬波（市委老干部局副局长）、宁兆时（专职，老干部活动中心支部书记）；校务委员（按姓氏笔画为序）宁兆时、李扬波、刘湘皋、伍蔚滇、胡珊珞、谭国材。

1999 年 9 月复校后，设置专业 4 个，开班 12 个，共有学员 479 人，聘请教师 8 人，局促于市老干活动中心 5 楼的 4 间教室和 1 间不足 20 平方米的办公室。在上级有关部门的正确领导和支持下，至 2001 年上学期，学校已发展到 17 个专业，32 个班，学员达 1427 人次。

这一阶段的主要做法是：提出务实目标，增设专业和班级，开始建立一些规章制度。

这一阶段的成果标志是：学校的各种建制基本形成，具备了一定的规模，并且得到了全国老年教育机构——中国老年大学协会的认可，被接纳为中国老年大学协会会员。

（4）巩固阶段（2001 年 7 月至 2004 年 9 月）

2001 年 7 月 12 日，中国老年大学协会正式同意接纳"长沙市老干部大学"为中国老年大学协会会员。这标志着长沙市老干部大学复校成功。接着，学校开始了一系列的巩固工作。

①2001 年 8 月，教务处颁布了《长沙市老干部大学教师职责八条》；校务委员会决定：教务处设教务长 1 人、教研员 2 人、教务员 1 人、教导员 1 人、计算机管理员 1 人等共 6 个岗位，实行定岗定责，并且将这一责任书悬挂在了办公室的墙上；同时教务处又制订了《长沙市老干部大学学员守则八条》，公布在教学区的走廊上。11 月，学校领导班子调整：校长刘湘皋；副校长伍蔚滇、徐水清；常务副校长宁兆时；校务委员宁兆时、李新民、刘湘皋、伍蔚滇、孙欢喜、徐水清（按姓氏笔画为序）。

②增加开设课程。特别是新增了多媒体网络教室，安装了电脑 28 台，受到了许多想学电脑的老年朋友的欢迎。随即报名开班上课，一次就招收了 10 个班。

③自己开始编写教材并投入使用。这一阶段在学校建设和巩固中的一件大事是启动了教材建设。学校始终认为，教材是一所大学的最重要的"软件"之一，而且教材质量是它的生命，务必高度重视。因此，除了编前讨论、编中修改、编后请有关专家审订、使用中广泛征求学员意见，在编写前学校还统一了基本格式和要求；还由常务副校长牵头，带领绘画班学员设计封面……这样从内容到形式、从装帧到制作都保证了作为"大学"的神圣"软件"的教材的基本质量和品位。在内容上，强调适用性、可接受性、可操作性。正是这些特点，已经出版发行的这些教材，不但满足了本校学员的需求，还支持了本市分校和兄弟城市、企事业办的学校。2004 年上学期，学

校自编教材《老年实用英语》《老年实用保健》《老年实用中医按摩》《老年计算机教程》《中国古代文学作品选读》开始在学员中使用。

④学校开始评选明星教师。在 2002 年 11 月 27 日召开的长沙市老干部大学 2002 年度"三优"表彰会上，评选表彰了葛稀年、言浩生、戴月梅、王德安 4 位明星教师。

⑤为了反映学校的发展，对外介绍学校的变化，对内记载学校的历史，2002 年 3 月 4 日，长沙市老干部大学校刊《枫叶》创刊号出版。原中共长沙市委副书记、市长谭仲池题写刊名，校长刘湘皋写了发刊词。两个月一期。2004 年 4 月 12 日，由教务处主编的旨在交流教师教学经验及信息的《教学动态》内部刊物也创刊出版。一个月一期。

⑥2002 年 4 月 12 日召开了长沙市老干部大学"学员自我管理工作经验交流会"，学校邀请了"芙蓉""天心""宁乡"三个分校的部分师生参加会议。2003 年继续狠抓学员自我管理，4 月 23 日，再次召开了"学员自我管理工作经验交流会"，民舞、行书、中医诊断、艺术团歌队、电脑、摄影、英语 7 个班委会在大会上介绍经验。

⑦学校开始举办较大型活动。2002 年 5 月 18 日，学校举办了纪念毛泽东同志《在延安文艺座谈会上的讲话》发表 60 周年文艺汇演。11 月 15 日，为庆祝中国共产党第十六次全国代表大会召开，举办了全校摄影、书法、绘画作品展览，迎来了省市十一家新闻媒体现场采访并报道，省、市领导及老同志熊清泉、刘正、王蔚琛、何迎春、张伟玦、任一平莅临参观。2003 年 11 月 14 日，举办了"纪念毛泽东同志诞辰 110 周年《金秋红叶》摄影、书法、绘画作品展"，师生 125 幅优秀作品参展。

⑧"枫叶"志愿队成立。在 2003 年 4 月至 6 月的防患"非典"传播的日子里，志愿者服务队全体队员就开始了工作，他们每天上下午轮流在校门口值班，对进出校区人员用仪器检测体温。直到 12 月 22 日，在举行长沙市老干部大学 2003 年度工作总结、表彰先进大会上，志愿者服务队正式冠名为"枫叶"志愿队，由常务副校长代表学校向"枫叶"志愿队授旗。自此，长沙市老干部大学"枫叶"志愿队，活跃在学校的所有大小型会议、活动中，成为一道十分靓丽的风景。

⑨2002年3月19日，开始组建长沙市老干部大学"枫叶"艺术团。校务委员会决定，常务副校长宁兆时任"枫叶"艺术团团长，市老干部活动中心主任孙欢喜、市老干部大学教务处教导员殷慧娟任副团长。至7月，歌队、舞队、乐队全部成立。全团成员上百人。从此，长沙市老干部大学"枫叶"艺术团活跃在省会的各种文艺演出、竞赛活动中，成了学校的一张光彩的名片。像2004年1月4日，"枫叶"艺术团应邀在省委礼堂为长沙市第十二届二次人民代表大会的专场慰问演出，就有市级重要领导观看并上台祝贺演出成功，还与艺术团全体演职人员合影留念。

⑩全国兄弟学校间的交流渐渐多了起来。河北省唐山市、广东省汕头市、广东省韶关市等地的老年大学的同仁来学校参观指导。特别是2004月1日，中国老年大学协会副会长杜子才、副秘书长许福祥、武汉老年大学校长靳振中，在省老干部局助理巡视员崔剑陪同下，来学校视察指导，并慰问部分教职员工。校长刘湘皋、常务长宁兆时汇报了学校恢复办校5年来的发展情况，并向中国老年大学协会、武汉老年大学赠送学校自编教材各1套。5月17日，经市委老干部局、市老干部大学校务委员会推荐，常务副校长宁兆时为中国老年大学协会第三次会员代表大会代表。6月3日，中国老年大学协会、中国老年报社、上海老干部大学等来信祝贺学校复校5周年。至6月底共有兄弟老年大学50余所寄来贺信、贺电及书法、绘画作品上百幅。

⑪校外形象逐步树立。2001年10月29日，校长刘湘皋、常务副校长宁兆时参加了在娄底市召开的湖南省第十一次老年教育工作会议，在大会上作了"努力实现'两个转变'不断增强老干部大学的凝聚力和吸引力"的专题发言。2002年10月20日，常务副校长宁兆时出席湖南省第十二次老年教育工作会议，并作了题为"不断提高管理水平促进老年教育事业发展"的发言。

这些，都意味着学校的方方面面正在走向正规、完善。

标志着这一阶段学校的巩固成果：一是班级、学员增加了。2001年上学期，学校才有32班，学员1427人次。到2004年上学期，学校已有60个班，学员2512人次，学员人数、开设班级数都是复校时的5倍。二是专业增多了。2001年上学期，全校只有17个专业。2004年学校已有老年保健、古典文学、四大名著、英语、篆书、花鸟画、证券、电脑、中医中药基础、老年形体健美等 27 个专业；同一专业开班 4 个以上的有老年声乐、中医按摩、实用英语、电脑、民族舞等。三是形式灵活了。既有按自编教学大纲的学制安排的分时段、分层次的教学班级，如书法、绘画、英语；又有根据学校要求建立的一些分类别的专业团队，比如学校艺术团的歌队、舞队、乐队等。这些专业团队教学班更多的是从各个队的需要和任务出发，有针对性地选择学习训练内容，直接为演出服务"加油""充电"；此外，还有根据部分学员自身要求组建的特殊学习群体，比如，摄影研修班就是应一部分有特别爱好、又有较高水平的摄影学员的"提高"要求而开设的，学校为他们另请了教师，他们的学习形式多为实践、创作、研讨和发表作品。四是教学首位得到实现。这表现在：其一，初步实现了由单纯娱乐型、休闲型教育向益智型、发展型教育的转变。在课程设置上，学校增开了一些反映时代特点的新课程，如英语、电脑、证券、老年形体健美等。这些课程一经开设就受到了老同志的热烈欢迎和积极参与，充分体现了继续教育和终身教育的特色。其二，基本形成了自成一格的专业、学制、大纲、教材体系。此阶段，学校从长沙市的社会发展和老同志的需要出发，在巩固中求发展，以发展促巩固，同时朝着规范化的方向，一步一个脚印地确定学校的专业，创设不同专业的不同学制，编撰各专业的教学大纲，编写各学科的教材。到 2004 年上学期，26 个专业都确定了基本学制，所有专业都编撰出了教学大纲，按摩、保健、电脑、英语、中医基础理论、声乐、古典文学 7 个专业已编写并出版了 18 册教材。这些，已经为构建学校自成一格的教学体系奠定了坚实的基础。特别值得一提的是：学校自编、出版的教材，由于从实用出发，适应老年人学习的需要，便于课堂使用，深受广大学员欢迎，除在本校和所属各分校广泛使用外，省委老干部局和省老年教育联席会还向全省推荐，为一些兄弟学校选用。2004 年 4 月 20 日，常务副校长宁兆时参加在广西北海市召开的中国老年大学协会全国教材编辑发行工作经验交流会及教材展销会上，并作了题为"立校之基，教学之本——我们编写教材的一点体会"的书面发言，介绍学校已编写出版教材的体会，受到大会的充分肯定，部分兄弟学校还当即预订了学校的教材。其三，初步开展了以教学方法、教学手段、教学评估为主要内容的教学研究。在教学内容、体系、教材及教学常规基本建立并正常运行的前提下，学校逐步开展了关于老年教育的方法改革、手段更新、评估监控的研究工作。学校首先对教学方法的改革进行了理论上的研究，写出了文章《关于老年大学教学改革的思考》。同时，不断创造条件改善办学条件，优化教学方法，让彩电、VCD、录音机等现代教学手段进入了老干部大学教室。这对拓展课堂教学容量、提高课堂教学效率起了一定的作用。2001 年以来，在引聘教育行家加入学校教学管理以后，学校从听课、评课、研究、交流入手，2004 年4 月开始编印了《教学动态》，发至全体教师交流互学。

学校在巩固中，不仅是荣誉纷至沓来、奖杯金光闪闪，更为喜人的是老年学员们的素质得到了全面提高。一是心灵美了，心情好了，身体健了。不少老同志来学习以后，原来的孤寂、落寞、颓丧、失意的情绪渐渐没了，而换上了一种积极、愉快、向上、乐观的心态。有的老年学员说："老干部大学良好的教学环境、生机勃勃的气象吸引了我，我参加了这里的学习，受益匪浅。"有的学员赞扬老干部大学是一剂良药，老干部大学是老同志的精神乐园。有的说，来到老干部大学就像来到欢乐的海洋……声乐、舞蹈、保健、按摩等课程一直是学校开设的热门课程，深受老同志喜爱。这里出去的学员，都盛赞：在老干部大学学跳舞就如"在音乐中散步"，学按摩使身体各器官得到充分的滋补。实践证明，长沙市老干部大学开设的这些文化教育课程和保健知识课程，使老年学员忘记了白发，忘记了时间，晚年生活充满无限的乐趣。二是知识多了，技艺长了，作品美了。从 2001 年以来，共有 2100 人次学习绘画，990 人次学习英语，2400 人次学习诗词，400 多人次学习计算机，350 人次学习摄影，320 人次学习证券知识……参加按摩、保健、音乐、舞蹈的人更多。这些老同志，学习了知识，增长了技艺，不少人在全国各级报刊上发表了自己的作品。据不完全统计，2001 年以来，学校学员共发表书画作品 219 篇，诗文 35 篇，有 31 件作品在各类大赛中获奖。有 3 名学员办了个人书画、摄影作品展。4 人出了散文、诗歌、摄影专集。2002 年上学期组建的《枫叶》艺术团，两年来，为社会演出 36 场，并积极参加全国、省、市各种宣传、竞赛活动，获金奖 5 个，银奖 5 个，铜奖 7 个，纪念奖 11 个。2004 年 2 月，在省委礼堂为长沙市人代会演出，得到了市委市政府领导的高度评价。市老干部大学可谓人才济济，夕阳人生至善至美。

三年耕耘，三年磨砺，三年巩固，三年收获。学校已基本找到了一条切合长沙实际的办学之路，学校已经从复校的筚路蓝缕中走向了一条规范办学的大道，学校已经巩固、定型、像样了。

（5）发展阶段（2004 年 9 月至 2009 年 9 月）

2004 年 8 月 5 日，时任中共长沙市委副书记、市人大常委会主任杨顺初同志在人大小会议室听取了市老干部大学领导班子的工作情况汇报。同年 8 月 19 日，中共长沙市委常委、组织部长范小新同志来学校现场办公，并看望了学校教务处全体教师之后，对学校的发展提出了许多建议。由此，这一阶段的序幕得以拉开。

这一阶段获得发展最主要的原因有三：

一是市委市政府加大了领导和支持的力度。2004 年 8 月，杨顺初、范小新的现场办公，解决了学校发展中的诸多实际问题。2005 年 6 月，省人大原副主任赵悟义前来学校视察指导工作；9 月，市政协领导和委员约 20 人来学校督导检查，都给学校注入了发展的动力。9 月底，校务委员会决定孙欢喜同志任学校常务副校长，以填补原常务副校长宁兆时退休的空缺，学校工作紧锣密鼓，紧紧跟上。2007 年 8 月 21 日，"长沙市老年教育工作领导小组"正式成立并召开了首次会议。会议上出台了长沙市第一个完全关于老年教育工作的正式文件——《关于加强老年教育工作的意见》。会议决定，中共长沙市委常委、组织部部长范小新同志任长沙市老年教育工作领导小组组长，长沙市人民政府副市长曹亚任副组长，领导小组下设办公室，由中共长沙市委组织部副部长、市委老干部局局长文丽霞同志任办公室主任。这一决定标志着长沙市老年教育工作领导体制已经明确，长沙地区老年教育工作特别是长沙市老干部大学及各区、县老干部大学将在市委市政府领导下，依据长沙市老年教育工作领导小组通过的《关于加强老年教育工作的意见》开展工作。文件规定，市委宣传部、市教育局、市文化局、市财政局等部门要大力协同配合，抓好长沙市的老年教育工作，在学校编制、办学经费、办学场地、办学规模、学校管理、教师队伍、教学科研、社会服务等多方面对老年教育进行具体指导与支持。会议上，因年龄、身体关系，刘湘皋同志正式卸任。

长沙市老干部大学新任校长由长沙市原政协主席张贤遵同志担任。范小新部长当场给张校长颁发了校长聘书。时隔一年，长沙市老年教育工作领导小组于 2008 年 12 月 3 日，又在学校二楼会议室召开会议，有市委组织部、宣传部、市政府财政局、教育局、文化局等多家单位参加，各单位均就老年教育，特别是长沙市老干部大学学校发展的问题献计献策，表明态度。当场，教育局同意 2009 年拨给电脑 45 台；宣传部同意出资出版学校摄影集；文化局同意支援学校"枫叶"艺术团建设并进行艺术指导；财政局同意给学校复校 10 周年活动拨出专款。与此同时，领导小组组长范小新还多次来学校视察指导。作为直接领导老年教育的市委老干部局，更是倍加重视学校的各项工作。

在市委市政府的指导下，学校的学员管理工作也得到空前重视。除了两年一届（2005 年、2007 年）召开学员"自我参与、自我管理"的经验交流会，学校于 2007 年 4 月 29 日，在召开志愿队员、班干部"自我管理、自我服务"的经验交流会上，宣布成立了以杨哲、郑玲永、李平非、柯益成、朱群武、顾晴、周金安等 7 人组成的学委会，并且发出了"全体干部参与管理，服务学员，贯彻落实学校工作计划，进一步办好老年示范性大学"的号召。新任校长张贤遵同志热爱老年教育事业，履新后即花大力气来抓长沙市老干部大学的工作。每个学期的开学会议，都会强调要深入贯彻党的指示精神，做到"三个坚持"，搞好"四个鼓励"，站在新的起点上，主动作为，乘势而上。为了调动广大教师的工作积极性，学校决定从 2008 年 3 月起，提高教师的讲课工资，由原来的 80 元/两节课升至 100 元/两节课。

二是学校狠抓教学工作，认真开展教学研究，特别是首创了全国老年教育界的教学评估。学校安排了两位老教师负责教研工作：一位是长沙市一所全国有名的省示范性高中的老校长，省特级教师；另一位是长沙市教科院理论室的主任，省特级教师，湖南省政府督学。他们深知教学研究是教育事业发展的动力，是提高教学质量不可或缺的一翼（另一翼是教学常规），是办好一所学校的重要环节。他们开动脑筋，积极工作，借鉴基础教育的经验，认真开展教学研究和教学评估，有力地推动学校的整个发展，使学校上了一个大台阶，向前跨进了一大步。

首先是从 2004 年以来，就常年有序地坚持上公开研究课。前后有 20 多位教师上了公开研究课。每次上课都做到了认真备课，打印教案，同学科的教师必须听课，欢迎其他学科的教师参与听课；每次听完课以后，都必须邀请所有的听课教师集体评课。为了落实好这一有利于提高课堂教学质量的重要举措，学校还决定给每位参加听课的教师，每次听课补助交通费50元，评完课以后共同就餐。为了发挥长沙市老干部大学的辐射引领作用，学校还定期开设面向全市老干部大学的公开研究课。课后既有上课教师的说课、专职教研员和广大听课教师的评课，还有领导的讲话，效果颇佳。

其次是从2004年下学期开始，学校正式启动了老年教育课堂教学的评估工作。老年教育作为全面提高老年人素质，完善其人生、提升其生命价值，促进和谐社会的构建的重要手段，同其他教育一样，提高课堂教学质量是老年教育工作的命脉。而其关键是要组建一支高水平的教师队伍。为此学校决定将教师课堂教学的考核评估工作提上议事日程，建立和实施老年课堂教学的评估机制。而在当时，全国在这方面几乎尚属空白，一无借鉴，只能在实践中逐步摸索、总结与完善。学校在长达5年的实践与探索中，为了做好这一工作，召开了专门会议，研究制订了整体的考评工作计划，进行了全体教师的考评动员，特别是认真、反复制订和修改了"长沙市老干部大学课堂教学考评量表"。因为这是对于老年教育的课堂教学带有方向性和指导意义的重要文件。学校坚持突出重点——课堂教学；坚持做好思想发动和准备工作：制订考评方案，向学员发放教学问卷调查表，召开全体任课教师会议，明确"考评"的目的；坚持"摸着石头过河"，先以"老年实用英语"学科为试点，有计划地逐步扩大到其他学科。因此，所有安排的考评课，都得到了教师的积极配合与支持。5年时间内，有40多位教师上了考评课或研究课，占全校教师90%以上；坚持严格要求，上考评课的教师要做到有教学目标，有教案，有发给学员学习的资料或学校编的教材，有充分的课前准备；坚持考评课后一定有评议和小结，学校专门成立了考评小组，由学校领导、教学管理和研究人员、同学科的专家、教授组成。听课后，立即进行评课，同时收集所教班级学员的意见，并写出书面小结。虽然这一工作是在老年教育这一特定领域中进行的，既无模板，更无经验；但是凭着一股勇气，领导下定决心，教师积极支持，学员认真配合，教务处、教研室具体组织，教师考核评估工作仍然取得了预期效果。大家越来越重视老年教育的课堂教学了，大家开始认真研究老年教育的课堂教学了，老年教育的课堂教学质量正在逐步提高了，并有力地推动了学校其他各项工作的开展。同时，这一举措和成果，在全国老年教育界产生了巨大反响。《中国老年报》带编者按发表了学校的有关论文，《老年教育》杂志 2006 年第 4 期发表了教研室张铁军老师执笔写的文章《如何实行课堂教学考评》。

再次是重视整个教学研究工作及其成果的整理、发表，并利用其推进全面工作。学校在每期的开学工作会议上，除了布置工作、领导讲话，都邀请教师介绍提高老年课堂教学质量、如何做好班主任工作的经验，重视教育教学经验的交流。如 2007 年 3 月 3 日的开学工作会议，40 多位教师与会，会议由常务副校长孙欢喜主持，市老干部局副局长周春晖作重要讲话，教务长李新民作全期具体工作布置，还邀请了 6 位教师介绍了自己教学或班主任工作的经验。2008 年 8 月 30 日举行的新学期教师工作会，有 5 位老师介绍了他们从事老年教育教学工作的体会，同时有计划地召开分学科的研讨活动。如 2007 年 6 月 3 日，就召开了绘画学科的教学研讨会。此外，鼓励老师们将自己的教学及教研经验进行整理，写成文章，向学校的《教学动态》《枫叶》和全国老年教育报刊投稿。5 年来，有 30 多位教师和教学管理人员，写出教学方面的论文与经验总结近 40 篇，有 10 多篇发表在《中国老年报》和《老年教育》上。如 2004 年 10 月，中国《老年教育》杂志的《老年大学》专版创刊，在创刊号上，就刊载了学校声乐老师谭海若的论文《浅谈声乐教学中的"咬字"》，这是长沙市老干部大学教师第一次在国家级刊物上发表论文。学员的优秀作品发表得更多。仅 2006 年 1 至 10 月，学员优秀作品刊登在省、市报刊上的就有 30 余件。2008 年 8 月中旬，学校教务处教研室负责编辑的《老年教育教学科研论文、经验总结汇编——枫叶集》正式出版。全书分"理念篇""管理篇""教学篇"三大部分，收集文章近 70 篇，约 16 万字，是学校办学以来印行的第一本论文集。2008 年底，在张贤遵校长的积极主张和大力支持下，《长沙市老干部大学学报》创刊号出版。2009 年初，寄往全国各兄弟老年大学。

三是学校在重视内涵发展的同时，也关注外在形象的养护。

2004 年 10 月 12 至 15 日，由国际第三年龄大学协会、中国老年大学协会和上海市老龄委共同承办的"国际第三年龄大学协会第 22 届代表大会"在上海举行，国内外代表 220 余人参加会议。会议以"传统、创新、改革"为主题，围绕老年教育在新世纪的发展展开了热烈的讨论和论文交流。学校常务副校长宁兆时同志应邀与会，并在小组会上分享了以"弘扬湖湘文化，发展老年教育"为题的论文，全面介绍了长沙市老干部大学的办学情况，论文与办学成果都引起了与会同人的关注。2005 年 9 月，中南五省老年教育工作会议在广西桂林召开，宁兆时副校长在大会上作了题为"坚持科学发展观，提高老年大学办学质量"的发言，得到了大家的赞誉。11 月，宁校长去天津参加中国老年大学协会第五次会员代表大会，也在会上作了题为"坚持科学发展观，实现跨越式发展"的经验交流；同时学校的另一篇论文《老年课堂教学考评工作的探索与思考》作为书面交流，受到了与会人员的热捧。12 月，《中国老年报》在第 3 版刊登对学校宁兆时副校长访谈的文章，题为"教学评估，继续向前推进"，进一步在全国推介了长沙市老干部大学关于老年教育课堂教学考核评估的经验。2005 年 4 月，学校自编教材的目录登载在《老年教育》杂志（2005 年第 4 期）上，开始面向全国发行。这也标志着长沙市老干部大学在教材建设上的一大成绩。2009 年 8 月份，因《枫叶》校刊办出了水平，经专家评审，被评为全国优秀校刊，学校被授予全国老年大学校报（刊）编辑出版先进单位。（全国 4.4 万所老年大学，仅评选 36 所）再次在全国获得殊荣。

2005 年 11 月 24 至 25 日，徐水清副局长、宁兆时副校长代表学校去张家界市参加全省老干部大学"三先二优"表彰大会。长沙市老干部局被评为老年教育先进单位；市老干部大学被评为先进老干部大学；宁校长被评为老年教育先进工作者；言浩生老师被评为老年教育优秀教师；杨哲、郑玲永被评为优秀学员。宁校长在会上作为先进典型发了言。12 月 19 日，在长沙市老干部局召开的全市老干部教育"三先二优"表彰大会上，学校被授予全市先进老年大学；刘湘皋、宁兆时、李新民三位同志被授予全市老年教育先进工作者；言浩生、王德安、戴月梅、蔡干宏、孙良玉被评为市老年教育优秀教师；杨哲、郑玲永等 10 位同志被评为市老年大学优秀学员。

2007 年 4 月 18 日，全省老年大学示范校评估检查组对学校各项工作给予了充分肯定，认为学校在发展老年教育事业方面达到了"四高"，即"高起点、高力度、高标准、高效益"，为全省老年教育工作树立了榜样。11 月 26 日至 29 日，湖南省第十七次老年教育工作会议在长沙市金源大酒店召开。会议由长沙市老干部局承办。学校被宣布为第一批省老年教育示范校并发给奖金 2000 元。学校为大会作了四个方面的准备：出了一本《枫叶集》；送一本杂志（中国《老年教育》2007 年第 8 期地方版，重点介绍长沙市老干部大学的办学情况）；"枫叶"艺术团献演一台文艺节目；办了一个学员书画、摄影、手工劳作展览。

在发展阶段的 5 年中，学校接待了张家界市、浏阳市、永兴县、娄底市、杭州市、邢台市、秦皇岛市、望城县①、福建省、武汉市、岳阳市、沈阳市、怀化市、合肥市、邵阳市、益阳市、岳麓区、威海市、长沙县（按时间顺序）等地的同行来校参观指导。这实际上也是对学校工作的检查、督导和促进。

当然，发展和进步的实绩是十分鲜明的。

由于受到办学条件，特别是教学场地的限制，学员人数在这 5 年增加幅度不是太大。2004 年上学期，学校已有 60 个班，学员 2512 人次，到 2009 年上学期，班级只增加了 12 个，达 72 个班；学员增加了 1000 人次，共 3500 人次。但是，学员人数、班级数都已经是复校时的 8 倍，专业在稳步增长，本时期新开设的专业有老年心理保健、旅游地理、汉语拼音、各种手工工艺等，同一专业开班四个以上的越来越多；还不定期地举办一些公益讲座，如介绍当今科学技术进步、指导老年牙齿保健等，都受到了学员的欢迎；办学条件也有所改善，教学设备也有所更新，现在每一间教室都装好了投影仪、电子屏幕，有电视机、DVD 等。最主要的是办学成绩日益显著：学员身体心情好了，知识技艺长了。2008 年新开办的"老年心理保健"，吸引了不少学员学习，参加按摩、保健、音乐、舞蹈的人更多。这些老同志，学习了知识，

---

① 今望城区。

增长了技艺，调节了心情。学习绘画、书法、摄影的学员们，不少人在全国各级报刊上发表作品。据不完全统计，5年来，发表书画作品共650人次，获省级以上刊物奖励约300人次。有38名学员办了个人书画、摄影作品展。25人出了散文、诗歌、摄影专集。2005年11月，学校参加全国老年书画艺术大赛，就有38人的作品参赛，全部获奖。其中，言浩生老师获金奖；其他37人获银奖；学校获优秀组织奖。学校"枫叶"艺术团，不断加强艺术进修和管理改革，积极参加全国、省、市各种宣传、竞赛活动，获奖良多，取得了骄人的成绩。2005年3月16日，校艺术团被评为长沙市"十佳艺术团队"，由中共长沙市委、宣传部、长沙市文化局授予奖牌。2007年4月26日，长沙市群众艺术馆授予了"枫叶"艺术团"群众文化活动基地"的称号。

内涵发展的重要标志是：教学研究继续开展，引来全国瞩目。学校高度重视教育教学研究，坚持配备了两名教研员。他们开展了关于老年教育的多方面的研究，取得了一定的成果，在全国产生了较大的影响。他们的研究既有宏观领域的关于老年教育发展战略的思考；有中观范围的关于加强管理、创建和谐校园、教师队伍建设、老年教育教学现代化等问题的探讨；也有微观方面关于提高老年课堂教学质量、老年课堂教学考评工作的实践和尝试、学科专业教学的经验交流等。特别是关于老年教育发展战略的思考和老年教育课堂教学考评的尝试，引起了全国同行的重视。有关文章在《中国老年报》、《老年教育》、中国老年大学协会会刊《通讯》、中国老年大学协会学术委员会主办的《学术通讯》等刊物上报道或发表。其中教研员薛根生撰写的《立法保障　科研推动　网络放大——关于老年教育发展战略的思考》一文，根据时代发展的需要，根据党的十七大再次发出的创建学习型社会和建构终身教育体系的号召，论述了老年教育是学习型社会和终身教育体系中不可或缺的重要组成部分，着重从我国目前的国情出发，提出老年教育发展的宏观战略，较好地回答了今天如何进一步发展老年教育的重大问题。文章在2008年中国老年大学协会第八次学术理论研讨会上的230篇参评论文中，脱颖而出，获优秀论文一等奖（仅8篇）。另外学校从2004年开始，至2008年，进行了将近 5 年的关于老年教育课堂教学考评的实践与探索。5 年来，教师写出较高质量的教学论文与总结 50 余篇，有 22 篇发表在《中国老年报》及国家级期刊《老年教育》杂志《老年大学》版上。在此基础上，学校于 2007 年编辑出版了《枫叶集——教育教学科研论文、经验总结汇编》。2008 年底学校创办《长沙市老干部大学学报》，"创刊号"登载了 19 篇有一定质量的研究论文，这标志着学校的教育教学研究逐渐在迈上新的台阶。5 年来，学校办学的努力，受到了老年学员的欢迎。他们说：论"硬件"，长沙市老干部大学比不上许多兄弟老年大学；论"软件"，学校管理之规范，教师工作之认真负责，老年教育教学科研的开展则走在全省老年教育界的前列，在全国老年教育界也产生了一定的影响。中国老年大学协会权威刊物《学术通讯》《中国老年报》《老年教育》杂志先后有 6 篇文章对我校的课堂教学考评工作进行了报导与推介，有关方面的负责同志及兄弟学校领导还专门来校进行调研与交流。同时，教材编写稳步开展。尽管教材编写的难度越来越大，但学校仍坚定不移，持之以恒，扎实稳步地在认真组织。2004—2009 年，学校新编写的教材有《老年实用养生学》《老年歌声》《旅游地理》《老年实用山水画》《老年心理保健》《老年实用写作入门》等，教材总数达到了 13 种共 25 册。前后有省外 53 所老年大学省内 35 所兄弟学校使用学校的教材，5 年来共外销教材近 3 万册。

简言之，这一阶段的主要做法是：凭借红头文件，获得了领导的高度重视和有关部门的大力支持；特别是明确了全市老年教育的办学管理体制、财政投入渠道、工作队伍建设、责任考核评估等运行机制问题，使各级党政组织从对老年教育事业支持和扶持的随意性、感情化逐步上升到依法依规、尽职尽责的法规责任高度；同时，学校自身认真落实两个转变的办学思想，积极开展教学研究和教学评估，狠抓内涵发展，注重必要的对外宣传，积极解决发展中的各种问题。

这一阶段的成果标志是：两个转变的办学方向基本得到落实，教学日趋规范，教研已经跟上，自编教材以其"老年实用"的特点远播全国；办学规模继续扩大，教学成果形成一定效应，学校声誉日渐向上；全市老年教育事业获得了持续、健康、较快的发展。2005 年学校获得"市、省先进老年大学"称号和 2007 年获评"省示范老年大学"为其印证。

（6）提升阶段（2009 年 9 月至今）

这一阶段遇上了一个良好的发展环境：省里，2009 年 2 月，湖南省老年教育联席会和中共湖南省委老干部局联合下发了《湖南省创建老年大学（学校）示范校活动实施办法（修改稿）》；2010 年 6 月，中共湖南省委办公厅和湖南省人民政府办公厅联合下发了《湖南省老年教育工作暂行规定》；2011 年 6 月 29 日又公布了《湖南省"十二五"期间老年教育事业发展规划》；2011 年 11 月，湖南省召开了老年教育工作会议，宣布了省老年教育工作领导小组正式成立，由省委副书记梅克保担任领导小组组长，会议出台了《湖南省老年教育工作条例》。市里，2010 年 11 月、2012 年 11 月相继召开了长沙市老年教育工作领导小组会议，颁发了会议纪要；2012 年 12 月，中共长沙市委办公厅和长沙市人民政府办公厅联合下发了《关于进一步加强和改进新形势下全市老年教育工作的意见》。这些省、市党委政府的有力举措，真是一股特别强劲的东风，富有实效地助推了全省老年教育的发展，对长沙市老干部大学的发展更是起到了重要的激励、指导和解决实际问题的作用。特别是长沙市老年教育工作领导小组，学校已经感受到了它的真实存在、开展工作、体现权威、产生效力和赢得效果。比如，2010 年 11 月 3 日在枫林宾馆召开的长沙市老年教育工作领导小组会议，就取得了解决市老年教育工作面临的一些难点问题的较好结果：首先是肯定了要进一步加大领导力度，切实加强指导，认真研究解决老年教育事业发展过程中遇到的实际困难和问题；其次是要求各级人民政府要把老年教育工作纳入本行政区域社会和教育发展的整体规划，统筹发展。具体地说，在机构设置问题上，同意市老干部大学的机构为副处级事业单位，编制商市编办确定，全额纳入财政预算，由市编制委员会办公室按程序申报。在教育统筹问题上，同意各级人民政府要把老年教育工作纳入本行政区域社会和教育发展整体规划，统筹发展、各级老干部门举办独立的老年大学（学校）所需经费列入财政预算，逐步增加投入、各级人民政府应根据本行政区域老年教育发展的要求，逐步加大对老年教育的投入；将老年教育工作纳入全市教育行政管理、纳入教育统计序列、纳入财政预算；同意将长沙市老干部大学的老年教育经费纳入财政预算，并根据发展需要逐年增加投入。在师资力量问题上，明确由教育局商老干局，有关专业职能部门积极支持，根据"总体要增强"的要求，协助配备优秀的专职或兼职教师；各区县（市）教育部门要发挥职能优势，稳定老年教育师资队伍，优化教师队伍结构，保证老年教育质量。并且明确做出决定：市教育局2011年安排15万元资金或教学设备，用于市老干部大学加强教学设施配备；市文化广播新闻出版局2011年安排8万元资金或图书，用于市老干部大学建立图书资料室；市委宣传部在精神文明建设专项经费中给予8万元支持市老干部大学出版两本书画、论文集粹。又比如2012年11月1日，在长沙市老干部大学召开的长沙市老年教育工作领导小组会议上，对长沙市老干部大学提出的具体问题，如加快机构单设、改造学校场地、增加办学经费（第一次明确提出办学经费常年预算增加至70万元）、更换工作用车等，进行了研究，几乎答应将全部予以解决。可以说，这一阶段的政策环境，既有认识、理念上的提高，又有实际、具体问题的解决到位，十分给力地创造了一个老年教育发展提升的良好环境。

良好的发展环境使学校全体工作人员受到鼓舞，各项工作高标准要求，高姿态投入，高效果完成，取得了喜人的成效。2011年3月8日，"三八"妇女节期间，湖南女性频道追踪采访了学校部分学员，在3月9日晚上的电视节目中，做了"一群快乐老太的追梦晚年"的专题报道。其中重点介绍了两位老人，一位是82岁高龄的离休干部韩淑英女士，另一位是66岁的白发奶奶陈学锋。4月18日，常务副校长唐安石代表长沙市"发展社区老年教育与建设学习型城市的研究"子课题组，赴天津老年大学参加全国总课题的中期会议。唐校长在会上提出的意见和建议，得到了充分肯定和赞许。会议通过了讨论稿，并决定11月份在长沙市老干部大学召开总课题结题会。6月至8月，新学期报名人数之多创办学以来之最，由上期的3千多人次增加到4千多人次，课程38门，共93个班，其中音乐、舞蹈、中医、电脑类的59个班，班班都超额。8月28日，湖南省人民政府督学、湖南省特级教师、中学高级教师，学校教研员薛根生老师，向本校全体教师和芙蓉区老干部大学全体教师作了"浅谈老年教育课堂教学"的专题讲座。10月24日至10月29日，学委会和各班班委会认真组织了"学习胡锦涛总书记'七一'重要讲话与创建和谐文明校园"的知识测验，参加人数达3200人次。11月16至18日，中国老年大学协会老年教育学术委员会"发展社区老年教育与建设学习型城市研究"课题结题会议在长沙召开，会议由长沙市老干部局承办。来自南京、上海、北京、天津、长春、重庆、无锡、青岛、景德镇、长沙等课题组的代表及中国老年教育杂志社编辑、中国老年报记者共计30余人参加了会议。在会议总结中，中国老年大学协会副会长陆剑杰特别提出了全国6个城市的6种经验要进行推广，其中谈到的一种就是长沙市的"规范推进"。他说，长沙市社区的老年教育，分为起步探索、扩大发展和逐步完善几个阶段，每一步都在市委、市政府的指导下规范推进、有序进行，取得了好的效果，可供学习和借鉴。11月，在全省老年教育工作会议上，学校校长张贤遵获得了"湖南省老年教育突出贡献者"的殊荣；学校教务处主任李新民被授予"湖南省老年教育工作先进工作者"的光荣称号。学校再次被评为"湖南省先进老年大学"。2012年2月15日，全国核心刊物、中国老年大学协会主办的《老年教育》2012年第2期在"地方专页"一栏中，刊发了时任中共长沙市委组织部副部长、老干部局局长、长沙市老干部大学第一副校长李伟群的以"'四个到位'、铸造一流学府"为题的文章。文章重点介绍了发展中的长沙市老干部大学，全面宣传学校的办学管理经验。本期还登载了学校5篇教育、教研论文和学员习作；封1至封4刊登了学校大量图片，分别展示了学校重大活动及志愿队、艺术团的风采和学员的书法、美术、摄影作品。2月至3月，学校大规模地开展了"学雷锋献爱心济困助残"活动，取得了前所未有的良好效果。全校参与募捐的人数达2247人，共捐款46739元。给长沙市第二社会福利院捐赠了钢琴1架、洗衣机8台；给定王台辖区内的朱志刚、周静、陈陆舟等20位贫困学生（8名小学生、7名中学生、5名大学生）各捐赠了1200元助学金、1个书包。4月6日，长沙市按摩医院、湖南国医职业技术学校与长沙市老干部大学进行了友好协商，确定长沙市老干部大学以长沙市按摩医院作为实习基地和长沙市按摩医院以长沙市老干部大学作为教学实训基地，还商讨了老年健康知识讲座、教学骨干支持等问题，助推了相互支持和共同发展。接着，长沙市按摩医院杨庚石教授、小儿推拿科主任王德军相继来学校开设专题讲座。同时，谭兴贵等三位中医学专家、本校的老年心理健康教师李新民、学校教务处的马秉权老师（原长沙市口腔医院院长）等都向全校学员奉献了公益讲座。教师培训受到重视，如8月26日，学校17位教师下午集中在电脑教室，由电脑教师李青松对大家进行第二期"教学多媒体运用操作"的专题培训。培训结束，老师们基本上都能做出较好的PPT课件。教学形式丰富多样，如10月11日，张书志老师邀请长沙晚报社的著名编辑范亚湘来学校为写作班学员作讲座；10月22日，张书志老师组织全体学员到毛泽东文学院聆听湖南省作协主席、著名作家唐浩明先生的讲座。与此同时，学校创办了长沙市老干部大学党校。

学校的工作不断得到上级部门和同行的认可。学校地位和声誉在不断提升。2012年8月4日在吉林省长春市召开的中国老年大学协会第四次会员代表大会上，学校常务副校长唐安石当选为中国老年大学协会第四届理事会理事；10月21—23日在南京召开的中国老年大学协会新一届学术委员会第一次全体会议上，学校教研员薛根生当选为新一届的学术委员会委员；11月1日在武汉召开的全国老年大学校园文化建设经验交流会上，学校被中国老年大学协会授予"全国老年大学校园文化建设先进单位"的荣誉称号；11月9日至11日在广州举行的中国老年大学协会中南片区理事会议上，学校教研员陈志丹"努力做好"四个到位，争创一流老年大学"的发言反响强烈；12月4日至6日在福州召开的全国第十次老年教育理论研讨会上，学校唐安石、薛根生、陈志丹老师的论文《关于发展社区老年教育与建设学习型城市的理论探讨》获一等奖，李新民、杨文盛等老师的18篇科研成果获入围奖，学校被评为老年教育理论研讨科研成果组织奖单位；12月28日又传来好消息：学校喻志萍、王德安、花开山、周碧瑜等4位老师被湖南省老年教育领导小组、中共湖南省老干部局授予"全省老年教育优秀教师"光荣称号。

简言之，这一阶段的主要做法是：党政给力大大加强，管理工作井然有序，师资队伍建设有所重视，教学研究不断强化。

这一阶段的主要标志是：校长荣任全国老年大学协会理事，我校有了全国学术委员会委员；学校荣获全国先进老年大学、全国校园文化建设先进单位等荣誉；教学内容和形式越来越丰富多样（请进来、走出去，有序、有效进行；公益讲座、党课活动逐步增加；院校联手，学校成为实习基地）；学校在全国的影响力正在攀升。

在这些发展中起主导作用的单位和部门仍然是长沙市委老干部局。在长沙市老年教育工作别无其他部门管理的情况下，只有市委老干部局独家在支撑这一工作；在长沙市老年教育工作别无其他形式来承担的情况下，只有老干部大学这一形式体现了它的存在。而这，都是在市委老干部局的领导下开创、维持、发展的。

4. 这些发展对老年教育产生的影响

长沙市老干部大学的发展和提升，对整个老年教育无疑产生了一定的影响。它具体表现在：其一，老年教育的名声越来越大，越来越引起党政、社会、有识之士和人民群众的重视；其二，老年教育的地位有所提高；其三，老年教育的投入有所增加；其四，老年教育自身得到长足发展。

（二）长沙市老年教育的现状

1. 长沙市目前的老年教育的形式

长沙市目前的老年教育的主要形式是老干部（老年）大学和社区学院（学校）。截至目前，现在市一级建有一所建筑面积 4800 平方米，办学规范，功能齐全，设施完善，可容纳 5000 多人的全国先进老年大学、全省示范性老年大学；9 个区县（市）各建了 1 所老干部大学，其中有 1 所全国先进老年大学、9 所省示范性老年大学；有 84 个街道（乡镇）建有老年学校，158 个社区成立了老年学校；2012 年参加各类教育学习的老年人数近 10 万人，占全市老年人口的 10.6%。老年大学中有政府办的，也有民主党派办的（长沙老人大学），由部门办的更多。据不完全统计，长沙市的部门办老年大学约 4 所（湖南师范大学、湖南大学、中南大学、湘雅医学院）。

2. 长沙市老年教育的层级及其规模

长沙市现有老年教育可分为 5 个层级：省老年教育；市老年教育；部门

办老年教育；区县老年教育；街道社区老年教育。省级老年教育就只有省老干部大学，全年共开班150个，编班学员6400余人，常年办学经费200万，同时针对日益增长的老年教育需求，省委省政府在对教学场地进行过三次改造和扩建的基础上，最近又投资1.28亿元兴建面积26500平方米的教学综合大楼，现已进入装修和设备安装阶段，预计2014年上半年投入使用，届时将有更多的老年人享受到优质的老年教育资源。市级老年教育有：长沙市老干部大学。部门办老年教育：部门办老年大学约4所，共招收学员2300多人。区县办老年教育：区县都是办的老干部大学，共9所，共招收学员8988人（2012年下学期）。街道社区老年教育：乡镇（街道）3所、村（社区）148所，校舍面积达到1.72万平方米，在读学员年均2.6万余人次。

（三）长沙市目前老年教育的特点

当前在长沙市老年教育中起着主导作用的，还是老干部大学。原因是：（1）这种形式办学规范，老年人学习时间固定，内容明确，目标具体，教师正规，教学规范，教材实用，能够基本做到学有所获，物有所值。也就是说，这种形式使老年人觉得像学校，是在读书。（2）号称"大学"，能够圆很多老年人年轻未能实现的"大学梦"。（3）这种形式由市委市政府直接领导和管辖，办学有优势，学校条件比较好，收费较低；而且政府有文件规定，由财政拨款的行政事业单位，离退休人员参加老干部（老年）大学学习，每学期可报销1~2门学科学费。

长沙市老干部大学目前的优势是：（1）办学规范，管理严谨，是一个中规中矩的老年人学习的场所，得到了社会、老年人、领导、同行的认可，已经获得了"市先进老年大学""省先进老年大学""全国先进（示范性）老年大学"的称号。（2）规模较大，属全省第一。（3）有自己的校本教材。这些教材，由于其具备对老年人在老干部大学学习特别实用的特点，受到学员欢迎，博得同行称赞，被不少同行使用。（4）教学研究经常开展且卓有成效。这表现在教学研究帮助提高课题教学质量；教学研究直接产生物化成果，写出质量较高的论文，经常发表于老年教育媒体上；教学研究提升学校品位，在全省、全国形成了一定的影响和较好的声誉。（5）教学效果实在，让老年人身体健康了，心情愉悦了、爱好提升了，晚年的成果看得见、摸得着，有一定的成就感了。2013 年 10 月 19 日，由湖南省读书会、长沙市作家协会、长沙市老干部大学、长沙市图书馆联合举办了《静观楼记》和《野菊花》两本书的签名赠书和"老年生活与文学创作"主题研讨活动。这两本书的作者就是来自长沙市老干部大学写作班的学员彭罗生先生和唐美珍女士。这一切的优势和成绩都源于老年教育工作领导小组越来越给力了。

长沙市老年教育当前存在的主要问题是：（1）重视还不够。（2）办学无序。（3）经费匮乏。（4）老年教育自身孱弱。

老年教育发展存在问题的原因：（1）认识不足。（2）法制缺失。（3）体制不顺。

发展老年教育的对策思考：（1）提高认识，加强领导。（2）抓紧立法，理顺体制。（3）增加投入，改善条件。（4）加强管理，整合资源。（5）完善自己，提高质量：①教育形式要多样化；②教学内容要多元化；③教育手段要多样化；④加强教师队伍建设；⑤加强老年教育的教学研究；⑥加强远程教育，扩大教育覆盖面。

二、老年教育各级领导部门及其关系的调查和研究（略）

三、老年教育工作主管部门及其管理方式的调查（略）

四、老年教育工作的财政投入机制的现状调查（略）

五、长沙市老年教育的相关法规政策（略）

学校发展凝想

长沙市老干部大学校园文化建设基本思路

　　校园文化是学校教育的重要组成部分。加强校园文化建设，既是教育发展到一定阶段的现实需要，也是学校规范化、示范性建设的必然选择。

　　校园文化是指学校全体师生员工在长期的办学过程中培育形成并共同遵循的最高目标、价值标准、基本信念和行为规范，是物质文化建设、精神文明建设、制度文化建设和活动文化建设的优化融合。它能够孕育出一种好的校风、教风和学风。校园文化是学校的精神支柱和灵魂，是学校凝聚力、发展力的源泉，是中华传统美德与时代精神在学校文化的结合与发展，是社会主义精神文明建设和文化建设在学校具体的体现。

　　老年大学校园文化是以老年大学校园为空间，以社会文化为背景，以学校全体人员为主体，以社会主义核心价值体系为核心的一种文化；是以社会主义先进文化为主导，以民族文化为底蕴，以外来优秀文化为补充，以人文内涵为主要内容，以和谐文明为思想内核和价值取向的，具有时代特征的一种群体文化；是由老年大学全体人员共同继承、创造和发展的一切物质成果和精神成果的总称。校园文化作为老年大学的软实力，很大程度表现为全体人员的精神状态、意志品质和内在凝聚力，是老年大学核心竞争力的关键因素，是老年大学建设水平和发展水平的重要标志。老年大学校园文化是多样性和多层次的文化生态，是历史传统、民族文化和时代精神的契合体，也是本土文化和外来文化的有机结合。它具有历史性、民族性、时代性、多样性和包容性等特征，具有导向、教育、陶冶、凝聚、规范等功能。

　　校园文化建设是一个系统工程，也是一个长期任务。加强老年大学校园文化建设的出发点和落脚点是从老年教育和老年学员的特点和实际出发，把校园文化建设融入老年大学的教学和一切活动中去，努力促进老年大学和学员的全面、和谐、继续发展，实现老有所教、老有所学、老有所乐、老有所为、服务社会的办学宗旨。进行老年大学校园文化的建设，必须以中国特色社会主义理论体系为指导，坚持中国先进文化的前进方向，立足现实，着眼未来，在突出精神文明建设的同时，着力推进物质文化、制度文化和活动文化建设，实现精神文化、物质文化、制度文化和活动文化的协调发展，形成一个开放、民主、和谐和富有创造活力的校园文化生态，以提升学校品位，打造学校品牌，增强老年大学的凝聚力、吸引力和辐射力。

实施老年大学校园文化建设要遵循文化发展的历史规律，将老年大学校园文化建设纳入学校建设的整体发展战略部署；要坚持崇高的文化追求，用社会主义核心价值体系引领老年大学校园文化建设；还要充分发挥全体师生员工在校园文化建设中的主体作用，他们既是校园文化建设成果的享受者，更是校园文化建设的创建者。校园文化建设应有整体设计、科学规划和具体措施。

长沙市老干部大学校园文化建设的初步设计如下：

一、精神文化（典雅、厚重、富赡）

（一）办学理念

校训：康乐、厚德、求知、有为。

校风：尚德、崇行、善教、勤学。

教风：敬业、爱生、博学、善导。

学风：好学、乐学、多思、善思。

办学宗旨：让老年人快乐地选择适合自己的教育；让老年人学有所得，学有所成，成有所用，用有所为。

办学原则：以人为本，以章治校。

奋斗目标：办学员满意的学校，做学员喜欢的老师，育健康快乐的老人。

（二）形象载体

校徽；校歌；校旗；校片（学校的"名片"，关于学校基本情况的内容精当、文字精练、图文并茂、结构精巧的彩色折卡）。

（三）展示平台

其一，校史陈列室和荣誉室。其二，图书资料室。其三，宣传橱窗。其四，校刊、学报、教学动态。其五，学校网站。其六，自编教材（已编12门课程 30 余本教材）。其七，自编读物。如"长沙市老干部大学·夕阳红"丛书——①"老人系列"（知识库，如顺口溜、谚语、俗语、对联、名言警句等）：《老人幽默》（笑话集锦）、《老人养生》（包括衣食居行、理财消费、旅游交友、寿星之最）、《老人验方》（老人常见病各种验方）、《老人智慧》、《老人法规》、《老人游戏》。②"校训系列"（故事会）：《做一个健康的老人》、《做一个快乐的老人》、《做一个厚德的老人》、《做一个求知的老人》、《做一个有为的老人》。③"艺术系列"（学员优秀作品选，每 5 年进行 1 次评选，建立师生成果登记制度，适当予以表彰或奖励）：古诗词、对联；小说、散文；绘画；摄影；书法；剪纸、编织。（成立"长沙市老干部大学·夕阳红"丛书编辑委员会，特邀部分老师和学员合作。）

（四）班级面貌

班级形象设计：部分班级可以设计自己的班旗、班级口号、班歌、班刊（不求全，只求有特色）等。

班级文化栏设计：班级可以创办自己班级的宣传栏、学习园地等，还可以取富有特色的名字，并且应该追求内容形式的丰富多彩。

各班学员习作窗：有条件可以固定到班；没有条件就轮流使用。内容贴近学员与生活实际，创新形式，争取能发挥育人功能。

课程表，作息时间表，全期周程安排表等应统一设置和张贴。

（五）课堂神韵

落实课堂常规：德智体结合，精讲多练，学生主体，教师主导。

学生学习习惯：思想专注，大胆发言，会做笔记，勤于思考，敢于质疑，善于创新。

教师教学智慧：充满精气神，师生和谐互动，科学高效。

（六）办公格调

规范统一的门牌、指示牌；公用品文化设计：有本校自己的一次性使用纸杯、教师备课本、教师工作手册、学员学习用品等。

教师办公室：教师办公室布置以"高雅，美观，整洁，实用"为标准，体现"温馨，和谐，学习"的原则，重在营造有利工作、方便服务、富有书香气息的文化氛围。

教师风采栏：有照片、简历、职责；每个成员自选一条育人或砺志格言，制作成标语布置于适当位置。办公桌可以设置座签。

阅报栏（非阅览室）：建议张贴《中国老年报》和《老年文摘》两种报纸。

办公室绿化：根据每个办公室的特点，利用室内墙壁，办公桌面等空间开展艺术布置，如教师可以通过在办公桌上放置一些花草盆景和工艺品来对办公室进行绿化美化，体现教师的个性创造，营造清新活泼的气氛。

（七）教研氛围

论文撰写与发表；课题开发与研究；课堂教学的研究、公开研讨和优质课评选。

（八）管理模式

其一，强化观念：管理就是服务；其二，整合资源：教师＋班级主任＋学委、班委干部、志愿队三结合；其三，建构模式：自我管理。

精神文化是老年大学校园文化的核心和灵魂。校园精神文化主要由学校的优良传统、全体人员所认同的价值理念、道德准则、群体心理、人际环境和人文素质等要素构成，是校园文化的最高表现。因此，在建设校园文化的时候，要突显校园精神文明建设。因为，仅有物质文化、制度文化和活动文化的校园文化是低层次的，只有在加强校园物质文化、制度文化和活动文化建设的同时，突显校园精神文明建设，才是完整的、高层次、高品位的。积极培育先进、厚重的校园精神文化，树立科学的办学理念，培养优良的校训校风、教风学风，是发挥校园文化的导向、陶冶、教育和塑造等功能、促进人的全面发展和老年大学发展的迫切需要和首要任务。

老年教育是一种组织学员们自主、自愿、自由地以全面提高老年人的素质、完善知识结构，以丰富多彩晚年、充实精神生活，以调整心态、完善身心健康，以实现人生追求、完善人生价值的特殊的教育。其办学宗旨、教学目标、教学内容、教学方法以及学员的学习动机等，与普通高校是完全不同的。他们来学习不为学分、不为学历、不为文凭、不为职称、不为就业。因此，老年大学不是要培养一群按照国家计划需要的某某专业的建设人才，而是要让老年人健康快乐地度过晚年，同时实现自己的一些夙愿。因此老年大学应该是一所让老年人随意又满意的学校。在这里，特别要尊重老年人多元化的选择，为每一位学员提供适合的课程，努力满足老年人的多样需求和个人爱好。老年大学所有课程的最终指向都应该是让老年人健康、快乐而有所得。校园精神文明建设必须牢牢把握这一点。

二、物质文化（优美、高雅、舒适、实用、节俭，使人们置身于知识的时空和美的意境之中）

（一）一定规模和品位的校舍设施

这就是人们说的"校园"。这儿主要是一些人文景观建设。如巨石、画廊、彩栏、雕塑、水池、幕墙、绿色景观等。其内容可以有标志性话语（学校名称、校训校风之类）、校园提示语、格言警句等。它们应该是传统文化、现代文化、景观文化、经典文化、楼栋文化的融合。传统文化应该主要由爱国和尊老敬贤两条主线组成，其中既要有中华民族的传统文化，也要有湖湘文化的印痕，以教育和历史为重；现代文化由现代科技、文化、体育、艺术组成，以生活、科技创新和文化体艺为重。总之，要体现出老年人学府的相关文化和湖南省长沙市的地域文化的有机整合以及历史积淀和时代要求的双重意蕴，符合人的终生发展与社会发展的需要。

（二）一定数量的活动场所和活动设施

主要是教室、办公室和各种活动场所及其景观。（我校除了教室和舞蹈训练室之外，几乎没有什么活动场地和设施。）

（三）一套科技含量较高的教育教学设备

教学、办公、活动的所有设备。如各教室、办公室，特别是七楼的多功能室的桌椅、音响、采光、调温系统等；校园的广播系统、校园闭路电视系统和校园局域网系统等。

（四）一个具有较高生态文明水平的环境

主要指保洁、禁烟等。初步规划如下：

大门口：主题雕塑石，刻上校训"康乐 厚德 求知 有为"，最好是名山大川的石头。

教学大楼：楼名"伏枥楼"，用铜字制作。

宣传栏：以永久性的内容为主，如学校简介、领导重视、领导班子、基本建构、重大荣誉等。

大楼大门：对联（待拟）。

一级门厅：①巨幅国画，"岳麓雄峙图"；②电子屏；③课程表。

二级门厅：全体工作人员信息栏。

三级门厅：①正墙：校风、教风、学风；②正墙下：花坛；③舞厅：舞厅命名、门边对联；④电梯左边公告栏；⑤楼道口：提示语。

二楼：①小会议室；②乒乓球室；③提示语等。

三楼：①图书室门口外墙：名人书写：图书室名（用木刻的）；名人名言；②图书室内：一幅书法，一幅画（2.2m×0.8m）；③藏书室内：读书名言（可以请书法班的老师和学员书写，并予落款）；④舞蹈教室等。（待改建）

四楼：设一个"英语角"。

五楼：设置一个书报亭（书香文化）；教师休息室既要舒适温馨，又要有艺术气息。软硬件同时补充更新，并有专人（值日人员或是班级主任）管理。

六楼：楼厅设置一个器乐常识介绍专栏。

七楼：楼厅设置艺术团和历届"大家同乐"演出照片汇展专栏。

四、五、六楼的中间廊道两旁设学员习作窗。

楼梯走道可以适当（绝不堆砌；精选佳作）地悬挂师生的绘画、书法、摄影或手工工艺作品，并请专人写一篇"长沙市老干部大学赋"，刻出来，布置在一楼三级门厅"三风"的下面。另，学校的广播喇叭通达全校每一个角落。

校园物质文化即环境设施文化，主要是指在学校地域内构成学校基本物质面貌和外显的物质状态的总和。学校环境设施主要包括校园内的建筑、活动场所及所有的教育教学设备和生活设施等。这些既是校园文化的物质载体，也是校园文化的表现形式之一。环境设施是校园文化建设的物质前提和基础，是校园文化发展水平的外在标志。校园物质文化的每一实体以及各个实体之间的结构关系，都反映了一定的理念和某些价值，因而对人们的思想理念、价值取向、行为方式和活动方式均能产生重大影响，起到一定的启迪作用和教育作用。美观、高雅、洁净的环境是一个正教育要素，而"脏乱差"的环境则是一个反教育要素。联合国教科文组织说得好："除了正规的课程，学生置身于其中的校园环境也是一种教育要素或反教育要素。不佳的环境培育不出环保意识和美学意识。"

老年大学的物质环境设施建设要从自身的特点出发，立足现实，着眼未来，科学规划，分步实施，逐步形成具有自己特有个性和风格的和谐校园物质文化生态。关键是要强化和提升校园物质设施和环境设施的文化内涵和品位。坚持古为今用、洋为中用的原则，吸纳中外文化的精华，增强学校各种物质实体的历史内涵、民族内涵和时代内涵，实现各种物质实体的使用功能、美化功能和教育功能的和谐统一，是校园物质文化建设的最佳境界。

三、制度文化

（一）制定并编印学校《制度汇编》
（二）制度上墙、入心
（三）建立评优制度

每年评选班级文化建设先进集体、先进教师、优秀班干部、优秀学员、优秀志愿队员、优秀通讯员等，不定期评选明星教师、魅力教师等。

（四）建立宣传报道、评比展示、表彰奖励制度

学校通过会议、文件、校刊、张榜等方式宣传各类比赛、评比活动，对学习成果及获奖情况进行照片展示、录像播放。每次活动中，校方都要指派专人对整个过程进行拍照、录像；并在宣传板报上张贴照片或制成光盘播放，展示给全校师生；同时，通过有关媒体宣传校园文化活动。学校每次招生报名、开学典礼及大型活动，都邀请新闻媒体记者前来采访报道。这些激励措施既能鼓励教师学员，又能促进学校校园文化建设的健康发展。

制度文化是指在日常管理中逐步形成的管理机构和规章制度，体现学校个性的管理理念和人文精神。制度文化作为校园文化的内在机制，是科学管理、严明纪律、规范行为和实现和谐的重要保障。加强老年大学的校园制度文化建设最重要的就是要坚持社会主义先进文化的前进方向，把以人为本的理念与科学管理手段紧密结合，建立以发展人的主体性、提升人的生命价值、富有人文关怀与团队协作精神、能为每一个人的个性发展提供广阔空间的校园制度文化生态系统。在建设中，要坚持制度的传承和创新；要坚持"以人为本"的理念，丰富制度的文化内涵，突出"人性化"和"和谐性"，充满人文关怀，在有效规范人们行为的同时，也要使人们得到先进文化的熏陶，发挥修身养性的作用；还要进一步扩大民主，强化制度的群众基础。从制度

的内容来看，要体现制度的民主性和群众性；从制度的制定和改革过程来看，要坚持从群众中来，到群众中去的群众路线，集中群众智慧，调动各方面的积极性，使制度的制定和改革过程成为充分发挥群众主体性的过程；从制度的执行来看，通过各种手段和途径，使制度的贯彻落实成为群众的自觉行动，以彰显出群众的高尚精神境界。

四、活动文化

（一）校园常态活动

校内活动：①举办各种讲座：计算机网络及其新的发展、老年服装色彩与搭配、老年营养保健、隔代教育、时事政治等专题讲座；②成立各种社团：摄影、绘画、书法、写作、声乐、器乐、舞蹈等班级在任课教师、班委的带领下，成立有关兴趣小组或社团；③开展各种活动：趣味运动会、歌咏比赛、学员作品展、大家同乐、教学成果展、迎新年联欢会、周末舞会、演奏演唱会等。

社会活动：①"枫叶"艺术团参加社会演出；②书法、绘画班级的赠送作品活动；③按摩班级的免费服务等。

校定节日：体育节、艺术节、科技节、读书节、英语节等。

常态化的学雷锋活动。

（二）校园主题活动

节日系列："三八""清明""五一""十一""中秋""重阳"等。

主题系列：我的"中国梦"、扶贫济困、"政治坚定、思想常青、理想永存"等。

丰富多彩的文化活动是校园文化的载体，也是发挥校园文化主体作用的有效平台。具有开放性、多样性和丰富性的校园文化活动，能够激发老年人的学习兴趣和求知欲望，实现理论与实践的有效结合，能够有效地发挥校园文化功能，推进校园文化发展。老年大学的校园活动文化建设要遵循校园文化发展规律，充分发挥老年人特长，营造全员参与氛围，构建具有老年大学特色的、大范围、多层次、多形式的文化活动体系，使校园活动文化达成科学化、系列化、常态化和实效化。

（写于 2013 年 4 月 7 日）

长沙市老干部大学教研室对系主任工作的建议

敬请各位系主任在抓好常规教学的同时，重视并抓好教研教改。

一、积极宣传教学改革、教育科研是提高教育质量的重要措施之一，带领全系教师认真开展教学改革，进行教育科研

关于改革课堂教学。其一，要求每人每期（或年）要上一节公开课，向全校开放，并进行直播，同时录像，作为学校的远程教育课程资源。其二，每系每期要推荐一节公开研究课。全校在各系推荐中统筹安排，每期共二节公开研究课，本系的公开研究课全系老师必须参加听课评课，同样进行直播和录像，当然列入学校的远程教育课程资源。其三，系内提倡互相听课评课。

关于撰写教研论文。其一，督促每人每期必须上交教学计划和教学总结。欢迎大家关心学校的教育教学改革，多提设想、建议和意见，以就写在计划或总结中，也可以写成专文。其二，鼓励教师撰写论文。每个教师两年至少提供以总结介绍自己的教学经验为主的教学论文一篇。欢迎认真研究，勤写多写。其三，发表园地有《教学动态》《枫叶》《学报》《论文集》，还可以向国家刊物推荐、投稿。系主任应了解、掌握本系教师的教学研究成果，随时向学校教研室报告登记存档。

开展系内教研活动。每期系内至少开展一次以改革课堂教学为主的教研活动，可以学习有关材料，可以交流教学经验，可以外出学习取经，等等。

二、提倡积极地、量力而行地开发教材，鼓励撰写、设计、录制各种教学辅助资料

第一，强调教学要有计划性，教学要备课。

第二，尽可能地把自己的教学内容整理成教学讲义，最后形成教材。学校会给予鼓励、帮助印行或出版，可以组织系内同科教师联合编写教材。

第三，鼓励教师围绕教学编写、借鉴、引用、录制各种教学辅助材料，系主任要了解、收集并报告教研室登记、收藏。学校将视其价值和使用情况给予一定报酬或奖励。

三、支撑、后援相关

第一，系主任要加强自身思想品德和专业知能建设，活到老学到老，带头关注老年教育的新动态，接受老年教育的新观念，带头重视教研，参与教研，做我校教研教改的带头人。

第二，建议学校设置一间比较舒适、雅致、高档的小型会议室或休息室，供各系开展活动使用。

第三，建议学校给每个系拨发一定的活动经费。

（本文为在系主任会议上的宣讲材料，写于 2014 年 3 月 7 日）

长沙市老干部大学创建全国地市级
老年教育理论研究基地实施方案

我国的老年教育事业已经有了 30 多年的历史。在国务院发布了《老年教育发展规划 2016—2020》之际，我国的老年教育事业登上了一个新的台阶，进入到一个全面提升的发展阶段。因此，伴随着老年教育的快速发展，作为对老年教育的实践进行梳理、归纳和总结，并回过头来又指导发展中的老年教育的理论及其研究，是不可或缺的护航工程和供给侧需求。纵观人类几百年来的教育发展史，"理论兴教、科研强校"已经成为颠扑不破的真理。近年来，中国老年大学协会学术委员会清醒地认识到了这一规律，运用多种形式，采取各种办法大力促进老年教育的理论研究工作。开辟各级老年教育理论研究基地就是其中的重要举措之一。截至目前，全国已经建立了省级（含副省级）老年教育理论研究基地 8 校，地市级老年教育理论研究基地 2 校。同时，一所示范性老年大学，不但应该有较高的教育教学质量，还应该有较高的教育研究能力。它是老年大学整体办学水平的体现，也是学校持续发展的支撑。因此长沙市老干部大学创建地市级"老年教育理论研究基地"势在必行，它将对进一步完善学校建构、聚集培养人才、提升科研水平和提高教学质量起到重大的推动作用。长沙市老干部大学发展至今，也正处于一个追求持续强劲和向前迈进的节点，创建地市级老年教育理论研究基地有可能是它再次跨越式跳跃性发展的关键之举。

地市级老年教育理论研究基地的创建以本校过去多年来老年教育的研究态度、研究力量和研究成果为基础，辅以为创建基地的各方面的再度努力。为此，特制订实施方案，以便有目标、有计划地积极行动，加快速度，创造条件，力争在不太长的时间内达到标准，获得审批。

一、补充研究人员

除贺佳妮、黄祖训、陈志丹、黄庆达、薛根生，聘请李新民、花开山、张书志、唐异常等为兼职研究员，并在全市范围和几所高校的老年大学中聘请多位兼职研究员，还去高校聘请3位左右有正高职称的兼职研究员。这些研究员的主要任务是研究老年教育教学，然后以写文章作为主要研究成果。欢迎他们经常来学校指导、听课、研究。请黄祖训主任作为业务负责人。

二、扩大研究园地

我们现在已有3个研究园地。建议把《教学动态》（以陈志丹为主）升格，铅印，一个学期两期，32个版面，新增栏目，提高文字质量。把《学报》（目前以薛根生为主）缩短刊期，11年1本；建立稿酬制度，向国内省内专家约稿，提高质量，增强学术性。《枫叶》校刊（以黄庆达为主）增加期数，每学期4期，即每年8期；加强研究性，保证每期都有有分量的教育教学研讨文章。同时继续编辑老年教育论文集。学校的师资培训工作着力于提高全员和全体教师的教育教学能力和研究能力，把提高所有发表文章的质量当成创建研究基地的要务。

三、提升物质条件

改造现在的教研室：把进门的小房子拆掉，增大室内面积；设备稍微升级：搬走书法练习桌，增加书柜，添置图书，或把图书室里关于教育类的书籍改放在这里；把现在李新民主任用的桌子作为所有兼职研究员的公共座位，欢迎兼职研究员来校参加活动时使用。

四、整理研究成果

全面地、分类地收集、整理复校以来的研究成果，包括论文、课题、教案、课堂教学实录；教学动态、《枫叶》校刊、学报、论文集；学术性获奖证书、荣誉称号（如论文评选组织奖等）等。

五、做好舆论准备

薛根生已经向学术委员会陆剑杰主任和办公室张宝林主任口头汇报了长沙市老干部大学申请地市级老年教育理论研究基地之事。现再次向各级各类领导表示我们申请地市级老年教育理论研究基地的意愿。一旦开始接纳申请，我们就可以开始准备申报材料。

（写于 2017 年 2 月 20 日）

2018 年务虚会发言提纲

一、完善机构（体制建设）

（一）组建学校党总支，下设机关支部和学员临时支部（已经建立了 20 个），每个支部每个学期至少开展 1 次活动。在探讨老年大学的转型和创新中，有一种提法为"把握三个坚持，突出三个导向"：第一就是坚持政治建校，突出服务导向；第二就是坚持质量兴校，突出效益导向；第三就是坚持平安立校，突出安全导向。另外，鼓励年轻人追求进步，壮大党组织。

（二）可考虑由我们学校发起成立"长沙市老年教育协会"。没有了"长沙市老干部大学××分校"的名称之后，联系很少了。还有长沙市的许多高等院校、企事业办的老年大学的交流、联系也需要有一个组织来管一管。这个协会只要在长沙市民政局申请备案就行。

二、硬件建设

（一）设施。有独立校舍；绿化率 30% 以上；配有联网的电子书刊阅览的图书资料室；报刊 50 种以上；建有全覆盖教学场所和管理部门的 1000M 光纤网，网络接入教室；Wi-Fi 覆盖校园公共交流和休息服务区。参照《中国老年大学教育现代化指标体系》的 6 个维度，我校还有差距。参考《上海市老年学校建设标准指导意见（试行)》，扩大单位食堂，面向学员，开办学校书店和小卖部。

（二）经费。每年每人次日常经费 400 元。

（三）细节。设立 1 个建议箱。

三、软件建设（内涵发展）

（一）队伍建设。其一，领导班子队伍。其二，管理人员队伍。其三，教师队伍（崇德精业、敬老爱老、乐教善导、为人师表）：（1）师资人才库；公开发布"建立长沙市老干部大学教师人才库"的信息广告，欢迎有志于老年教育的专业人才提供有关信息，储备后备人才；（2）建立筛选、录用、能进能出的用人机制；（3）考核、评选、奖惩机制，开展教师的教学计划和教学总结评比，张榜公布结果并传观；（4）业务培训、工作交流机制。每年教师培训1次；教师工作经验交流1次。其四，学员骨干队伍。学员骨干队伍、志愿队或所有班长每学期活动1次，交流经验2小时，自由娱乐3小时。

（二）课程开发。不断开发新的课程，开拓课程开发的新思路。其一，适当增开常设课程（根据年龄结构情况合理设置动、静态课程），如长沙历史、湖湘文化、花鼓戏班、智能手机使用班等，找专业老师开设专业课程（如婴幼儿育儿常识、育儿诗词等）。其二，丰富提升网络课程。开发网络课堂新课程，与开放的适合老年人的网站建立链接，与本校教师的网页建立链接。其三，尝试设立选学课程（讲坛、讲堂、讲座、时事政治、健康养生、休闲娱乐、文化知识）。可以安排在周五下午。

（三）各种讲座。有计划地开展道德讲堂的讲学活动：每个学期不少于2次，内容有：厚德载物、上善若水；时政要闻、天下大事；传统文化、美丽华人；或者再成立百家讲坛（历史讲座），专门介绍中外历史上的重大事件或人物；邀请名人名家来校举办讲座（每年1次即可，关于养老、社会热点等老年人感兴趣的主题均可）。可设立公益讲座办公室，对外招标，提供条件，发给奖证和纪念品。

四、课堂延伸（搞好第一课堂，丰富第二课堂，拓展第三课堂）

（一）有计划、按步骤、小步慢进、稳妥有效地发展"第二课堂"（老年大学的社团活动和课外活动）。其一，开办各种社团（"保健""合唱""舞蹈""走秀""古筝组合""书画""摄影"等），可以先弄一个简章，以自理为主，学校管理知晓即可。其二，建立学员个人成果展览和展演制度，规定学校资助标准等。其三，建立师生成果登记制度，适当予以表彰或奖励。

（二）"第三课堂"（融入社会、服务社会的与教学有关的活动，学以致用，体现老年人人生价值，并要制定制度、注意安全、重视效果）。其一，开展班级（而不是校级）去第二福利院或长沙市的养老院慰问演出活动（或自愿报名，或学校计划安排；要改变捐钱捐物的唯一方式）。其二，建立一些必要的登记制度，如义工服务登记制度、师生成果登记制度、专家讲座登记制度等。

五、完善管理

（一）招生制度：一看就懂，简单易行。

（二）毕业制度：比较完善。毕业以后，记录在案。在一座难求时，可以拒绝已毕业学员报名，避免复读，为更多的老年人提供学习机会。

（三）教学质量评估。随堂听课；抽查备课本；同学科教师教学研讨；学员评教；教师自评。

（四）效果反馈。专门召开学员教学意见和建议征集会，每期 1 次。

（五）登记制度。建立师生成果登记制度，适当予以表彰或奖励；义工服务登记制度；公益讲座登记制度。

六、教研工作

教研室本职工作：

（一）统筹：教学大纲的修订和补充（中医方剂学、汉语拼音、花鸟画等）；继续发动和组织编写教材（世界旅游地理、汉语拼音、动物画等）。

（二）教研：课堂教学的指导、研究和评估。坚持上公开研究课；发动、指导教师撰写论文，负责传送，编辑论文集；校本教研，进行教育科研，参与全国课题研究。

（三）服务：教师培训。开展怎样听课评课的主题讲座；认真细致做好 3 个报刊的编辑、审稿、校对工作，减少差错。

教研室工作物化成果的三大模块：

（一）校刊、学报、教学动态。

（二）自编教材和老年教育三论（课堂教学论、教研论、教材论）。

（三）"夕阳红"丛书。（重视学校的物化成果的创造、积累和丰富）操作：成立以范小新校长为首的"长沙市老干部大学·夕阳红丛书"编辑委员会；依靠教师力量，与部分学员，特别是写作班的学员合作。

七、扩大影响

其一，积极创造条件，与长沙晚报、长沙市电视台等单位合办老年教育栏目。其二，利用、支持《枫叶见证》，把它办成全国首份老年文学刊物，而不只是面向写作班。需要一定的经费支持。其三，创办湖南省首家"老年心理健康咨询室（所）"，鼓励学员去考心理咨询师，壮大队伍。其四，每次公开研究课邀请区县同行参加。其五，走出去，向兄弟学校学习。

八、自身建设

加强学习，建议每月至少学习一次。学习内容有：重要会议文件，如全省、市老年教育工作会议资料；老年大学现代化指标体系；全国示范性老年大学评估细则等。

九、加大新发展工程的实施力度

其一，对大家所提建议进行筛选，确定下一年度的新建项目，立项时要做到审慎、务实、可行。其二，写进全年或全期工作计划。其三，单立一份全年新建项目计划，并初步设计实施方案，特别是要确定好主要施工人员。其四，计划分上下学期，每学期中检查一次，督促实施。其五，每一项工作，最好采用专人负责制，由负责人写出实施方案，主持实施，以利落实。

十、分校建设

其一，成立《长沙市老年教育发展（2018—2028）规划》起草小组；其二，制订市直分校建设五年打算；其三，制订老干活动中心分校三年扩班计划等。

（写于 2017 年 12 月 21 日）

中国老年大学协会长沙市
老年教育理论研究基地工作规程

目的

一、长沙市老干部大学自 2017 年 2 月正式向中国老年大学协会学术委员会提出申报创建全国老年教育理论研究基地以来，领导高度重视，相关科室积极努力，全校师生员工大力支持，终于于 2019 年年底，获批成为全国老年教育理论研究基地。为认真、扎实、有效办好长沙市中国老年教育理论研究基地，为创建民族化的、富有中国特色的、领先世界理论的老年教育的科学体系，为促进中国老年教育的持续发展贡献一份力量，为不负中国老年大学协会、学术委员会、党政领导、社会舆论、学校师生和广大人民群众的厚望，特制定此工作规程。

二、为了乘"全国示范老年大学""全国先进老年大学""全国老年远程教育示范区""全国老年大学校园文明建设先进单位""全国老年大学协会学术委员会会员单位""全国老年大学优秀教学大纲建设校（一等奖）""全国老年大学优秀校刊""五个十工程"单位等良好的发展态势，以"创一流"标准为引领，加强整体规划，科学配置资源，创新组织形式和管理方式，健全完善有关机制，依托本校老年教育研究方面的课堂教学研究、教育科研研究、教材教师研究的学科优势和工作基础，以基地为平台努力培育打造老年教育理论研究的高端成果，推动长沙市老干部大学再上一层楼，有必要制定此工作规程。

三、更好地发挥理论研究在老年教育科学决策中的重要作用，解决制约老年教育事业发展的重点难点课题，更好地回应人民群众特别是老年群体的新需求、新期待，让理论研究服务于老年教育理论创新、政策制度创新，促进教学科研发展和人才培养，多出成果、出好成果，是设立研究基地的根本宗旨。为此，也必须制定此工作规程。

职责

一、继续开展关于老年教育的中观和微观研究，如基本公共服务（教育平等）、学校规模发展、社区教育延伸、教育教学规范化等领域和提高教学质量的关键环节（如课堂教学）的研究。

二、优先参与全市老年教育工作重大决策和重大实践问题研究，优先承接党政和老龄委、老干局、教育局发布的重点课题和委托课题项目的研究。

三、坚持常态化的课题研究。

（一）积极参加上一级的课题研究。

（二）本校自主选择和开展课题研究。

（三）接受长沙地区范围内、长沙市和辐射圈范围内及以下有关单位的课题申报、立项、管理、成果评估和应用推广等方面的任务。

（四）建构基地关于课题研究的相关工作机制和制定有关制度。

四、组织定期或不定期的老年教育研讨会（含论文征集和评选）。

五、组织老年教育学校教育的课堂教学比武和观摩活动，结合进行课堂教学的方法研讨和艺术展演。

六、整理本地区的老年教育研究成果和编写有关老年教育的专著。

七、适时、应需举办、承办老年教育领域管理干部人才培训、轮训和学科教师的通识培训项目；重点发挥本校优势，举办老年教育学校教育课堂教学的各种培训班；重点培养本校和区域内、辐射圈范围内的老年教育研究新秀。

八、把握定位，认真做好理论研究的示范表率；同时发现、培植、创建下一级老年教育理论研究学校或站点。本着"积极鼓励、大力扶持、条件成熟、总量控制"的原则，有计划地进行合理布局和循序渐进地开展工作。

研究重点

一、关于加强老年大学的党的建设和发挥老年学员党员的模范带头作用的有益探索和成功做法的研究。

二、习近平新时代中国特色社会主义思想关于"社会主要矛盾的理论"和我国老年人群体日益增长的美好需求与我国老年教育严重不平衡、不充分之间的矛盾的分析、研究。

三、如何实现老年教育中关于"实施区域协调发展战略"的研究。

四、关于实施《国家积极应对人口老龄化中长期规划》，使老年教育有所作为的研究。

五、关于丰富老年教育的内容和形式，推进老年教育课程创新、教学创新的研究。

六、结合本校经验和特色，开展关于老年教育课堂教学和建立健全老年教育的学校教育的教育教学质量的监督和科学考核机制的研究。

七、积极进行撰写《老年教育教研科研论》《老年教育教材教师论》以及"长沙市老干部大学校训系列丛书"的准备工作。

人员

一、专业研究人员：贺佳妮、谭睿、陈志丹、黄庆达、刘莲、张汉芳、薛根生等。

二、本校教师中的兼职研究员：龙志斌、施亮、李玉兰、袁昕波、杨新、周金安、周翠英、花开山、钟海明、张书志、周碧瑜、王德安、杨文盛、李新民、陈焱、刘峰、郭长蒸、付开华、唐若珠、冉苗、邓力樵、梁湘涛、李青松等。

三、外聘兼职研究员：张定浙、江焱等。

四、基地组织机构主任：范小新（唐安石、龙志斌）；副主任：唐安石（龙志斌、贺佳妮）；办公室主任：谭睿。

设备

一、办公场地。建议安排两个房间，各挂"中国老年大学协会老年教育理论研究基地"和"教研室"的牌子；两块牌子，一套人马。

二、配齐现代化办公用品。

三、增添图书和学习资料。

经费（略）

管理制度

一、研究基地隶属中共长沙市委老干部局，直接由长沙市老干部大学领导，接受中国老年大学协会及其二级机构学术委员会的业务指导，实行主任负责制。

二、加强主动与中国老年大学协会及其学术委员会、教学委员会、远程教育委员会等二级机构的联系，争取其指导和支持。

三、依重高校和研究机关的老年教育工作者，采取委托研究、共同研究等多种方式加强合作，充分利用他们的专家库资源，为我基地的研究项目提供智力支持；并通过上下联动、精诚合作，实现资源共享、优势互补。

四、研究基地的学术人员，要实行吐故纳新，不断吸收用心、用情、用力于老年教育研究的新秀加盟基地。

五、提高站位，开阔视野，加强学习，主动探索，建立和完善必要的基地学习制度。

六、每年有独立的工作计划、活动安排和工作总结。

（写于 2020 年 2 月 2 日）

关于长沙市老干部大学提质升级的初步想法（一）

一、普通老年教育的提质升级——一个英明睿智而切实可行的命题

（一）普通老年教育的提质升级，由我们长沙市老干部大学提出，非常及时和完全必要。这将成为我们学校的又一个创新节点和前进方向；也是学校领导胸怀大志，高瞻远瞩，要让负有一定盛名的长沙市老干部大学不断前进、永居前列的不二选择和必由之路。实属英明之见和智慧之举。（前瞻性）

（二）在体制、立法、扩建等"高难动作"面前，长沙市老干部大学限于资质，囿于条件，身不由己，力不从心，难以有所作为；但是我们从实际出发，根据需要与可能，举办老年教育的工作人员的骨干培训班、试办老年教育中的"高级研修班"和创建、经营好已经获批的老年教育理论研究基地，使之办出特色、形成品牌，亦不失为明智之选和可达之标，亦属跃起摘桃和跨越攀登。只要我们上下同心，殚精竭虑，是完全能够美梦成真的。（可能性）

（三）老年教育的专业管理人员需要培训。随着老年教育的快速发展、规模扩大和编制渐增，老年大学的工作人员与日俱增，涉老年教育的有关人员也不断增加；而我们从来没有过关于老年教育的师范学校或高等院校的专业，甚至连职前培训都从来没有开展过（全国仅学术委员会举办过几届老年大学校长培训班），这些人员有的连教育部门都没有待过，因此这些人迫切需要关于老年教育的通识培训和相关的专业培训。在随着老年教育的发展呼声越来越高、步伐越来越快、要求越来越严、从业人员越来越多的背景下，他们对系统、专业、规范的培训的需求也愈发强烈，这是时代的需要、事业

的追求和领导的责任。在一定意义上，亦算一种颇具远见、高屋建瓴的老年教育的顶层设计。

二、普通老年教育提质升级的几种初级预设模式

（一）短期速成班。

学习时间：集中一周或更长时间（两周为好）。

学习内容：①社会发展概论（重点是老龄化进程和学习型社会）；②老年人有关法律法规（含国家、省、市老年教育发展规划、国家积极应对人口老龄化中长期规划等）；③国民教育概论（含终身教育理论、职业教育理论等）；④老年教育学（含老年心理学、老年社会学）；⑤老年学校管理（含党建工作）；⑥智慧校园创建（含学校设备设施、校园文化、现代教育技术、远程教育等）等老年教育有关的通识内容；⑦各岗位、各部门工作专业知识；⑧老年教育的教育教学常识介绍（含第一课堂、第二课堂、第三课堂等）。

学习方式：听课（理论引领）、自学（个人钻研）、参观（丰富感知）、研讨（生生互动）、作业（实践运用，或提炼学习体会、或开展活动设计、或分享改革建议等）。

学员：老年大学的所有在编、临聘管理人员，在编专业教师，党政部门和老龄协会的老教科干部等。长沙市老干部大学所办班级面向全省的市州、区县、社区的老年大学的工作人员和省内各行政机关、事业单位、高等院校、厂矿企业、民办学校的老年教育工作的专业管理人员招生或分配名额（以"中国老年大学协会长沙老年教育理论研究基地"和"长沙市老干部大学"的联合名义，呈省有关领导和部门请示汇报后，下发通知）。一个班30人以内为宜；根据全省的需要，可以考虑两周一期，从第三周开始办起，到十四周结束，一个学期可以办六期；可以培训180人，湖南省每个市州和区县，至少可以有一个名额参加培训。

培训计划：根据以上学习时间、内容、方式、学情等进行编制。此培训计划实际上是一份较为详尽地含教学目标、学习内容、详细安排、达成要求的学员手册。开设课程的讲义的一级纲目都可以考虑编入其教学内容之中，

以显示培训内容的全面、系统和科学性。此计划可以由教研室牵头会同教务处、办公室联合编制，呈领导审批。

课程、教材、教师：根据培训计划确定。课程表可做特殊安排，上下午应学习 2.5～3 小时；不少课程需开课两次。教材即讲义，由任课教师编写，也可提供参考教材或学习资料；教师是变动的，一般是一门课程一位老师，也可能一门课程两位老师。。教师中建议长沙市老干部大学的校长、处室负责人、老专家、工作人员兼任一部分课程，如社会发展概论、老年人有关法律法规、老年学校管理、智慧校园创建、各岗位、各部门工作专业知识、老年教育的教育教学常识介绍等都可以。

（二）学期常规班。

学习时间：一学期，或两学期；每周一次课或两次课；均与学校的所有常年班相同。

学习内容：同短期速成班，课程门类和内容详略可以有所调整。

学习方式：基本同短期培训班，参观可能仅限于长沙地区。

学员：面向长沙市及所属区县（市）、社区和省城各行政机关、事业单位、高等院校、厂矿企业、民办学校的老年教育工作的专业管理人员。全部走读。一个班 40 人以内为宜。

教学计划：仍然按每期 16 次（每周 1 次）或 32 次（每周 2 次）课安排，参照短期速成班执行。

课程、教材、教师：课程表特殊，每周不一样；教材、教师参照短期速成班准备。

（三）优秀党支部书记、优秀班长培训班。

应该有两种形式。一种是所有班长培训班。这个班是非建制型、时间短、大班额、讲座式、有交流的开学一两周内举办的培训班；或者在原来的每学期开学前的班长会议的基础上，加长时间、丰富内容、分享经验、交流打算的培训班。另一种是优秀党支部书记、优秀班长培训班，这个班怎么办需要进一步研究。

（四）高级研修班。

这种班暂时也还没有理想的模型，办班目的、学员对象、课程设置、学制年限、教师来源等问题，还需慢慢细想。在老年教育仍然处于严重的供不应求、学位奇缺（一座难求）状况下，"高级研修班"与普惠普通班怎么协调？研修什么？高到什么级别？真正的"高"和"研"现在我国的老年教育能够实现吗？何来教师？何来设备？查询《上海老年大学教学大纲》，有部分"高级研修"课程（如"追寻古代名医的足迹""专家、名医讲堂""手足全息反射疗法""网络提高""乐谱处理之西贝柳斯""新概念哲学""古代艺术品鉴赏""陶瓷收藏与鉴赏""珠宝鉴赏""英语报纸杂志阅读与欣赏""英语怀旧金曲""国际游学"等），尽管长沙与上海在老年教育的条件、设备、师资方面都有相当差距，仍可向他们学习。

三、关于长沙市老年教育理论研究基地的建设发展

虽然属刚刚起步，但还是应该抓住"地市级""华中地区""红色旅游圈""学校传统优势（课堂教学研究）"等因素努力办出特色，力争形成品牌。初步考虑可以从以下几个方面着手：

（一）明确目标。联合同行，共同开展理论研究活动；发挥省会城市的辐射引领作用，湖南省内可以引领兄弟城市相互研讨切磋；利用红色地域的游学价值，发掘相关游学资源，开辟多条老年教育游学线路；放大利用传统经验，举办老年教育课堂教学的观摩和征文、评奖、研讨等；发挥培训基地的相关功能，开展老年教育工作者的相关培训。

（二）制定规程。详见已经草拟的《工作规程》。

（三）充实人员。理论研究人员 6 ~ 8 人为宜。（上海老年大学有一个"老年教育研究院"）

四、实施步骤

（一）调查研究。分两组：第一组以办学规格较高、历史悠久、经验丰富、水平上乘的老年大学为调查对象，重点了解学习关于老年教育专业管理人员的招聘、调入、考察、培训和使用监管的做法、制度、经验；第二组以副省级和市州级老年教育理论研究基地学校为调查对象，重点了解学习关于创建、管理、发展和提升基地作用，发挥基地功能，放大基地效益的经验。

两组调研均以 3~5 所学校为宜。

（二）撰写报告。调查研究回来，撰写学习心得体会兼我们的打算（申请办班和提升基地）的请示报告，力争获得上级领导的认可和支持。

（三）拟订实施方案。教研室责无旁贷应该承担主要工作：教学计划、课程设置、教材（讲义）编写、教师安排等教学内容和要求等方面的计划和资料，教研室应全力以赴。

（四）时间节点。2020 上学期至 2020 下学期初步完成准备工作，2021 上学期培训班开始招生开课，基地工作迅即开始。

（2020 年 2 月 14 日写于波士顿）

关于长沙市老干部大学提质升级的初步想法（二）

根据中国老年大学协会 2020 年工作要点的文件，我们学校的提质升级工作可以从中获得一些启发。初步想法如下：

一、《中国老年大学协会 2020 年工作要点》全文分三个部分。一、三两部分是说协会自身的建设；第二部分才是真正的工作要点，有 10 点，占全文的一半。这是我们思考的主要依据。

二、遵循《中国老年大学协会 2020 年工作要点》，结合我们学校的实际情况，以下几个方面是我们可以有所作为之处：

（一）办学方向。根据"认真落实新时代老年大学'有作为，有进步，有快乐'的办学目标"的提法，我们学校的教学工作的重点和教研工作的方向，应该紧紧围绕培养"有作为、有进步、有快乐"的老年人这一中心。

（二）课程建设。可以考虑进行一次课程设置的必要改革。

课程内容：（1）新增部分课程：如"人口老龄化国情教育和积极老龄观教育""思想政治课""老年人法律法规""老年人理财""老有所为"等。（2）调整（取消）部分班级：凡人数不满应招学员三分之二的班级，可以改设另外课程。

开课形式：（1）常规班。（2）短训班（老年大学管理人员培训，时间为两周）。（3）讲座班（一段时间，内容固定，听众轮换；或学校排班，或自由预约）。

（三）研究成常态。

其一，通过"我是志愿者""难忘的志愿者生活""一次有意义的志愿者活动""老有所为的我"征文，收集学校志愿队的优秀事迹，筹划志愿队的总结材料，发现和培养"老有所为"的典型代表人物，为参加全国首届老年大学老有所为和志愿服务交流大会作准备。

其二，探索在远程教育示范校的基础上，如何结合5G智慧校园建设和老年大学"幸福+"信息化行动，放大现代化教学实施的效益。

其三，充分发挥教研员和兼职教研员的作用，有的放矢地分专题分任务开展研究，撰写文章，争取在全国的社会力量办学研讨会、县级或社区老年教育推进会和办好新时代老年大学研讨会等全国性老年教育研讨会上发声。

其四，心中有数并默默准备，积极参与老年大学通识类教材的编写。

（2020年2月18日写于波士顿）

教学研究留痕

讲座：内容实用　方法适应　手段有效

——浅谈老年教育的课堂教学

一、课堂教学的重要性

科学发展观有两个主要内涵：一是持续发展；二是提高质量。

老年大学的发展有诸多因素，如课程设置、规范管理、精选教材、开展活动等。不断提高课堂教学质量是老年大学发展的根本保证和关键要素。

第一，提高教育质量是任何学校教育的永恒命题。

第二，课堂教学是所有学校教育的主阵地、主渠道、主战场，老年大学也不例外。有效、高效的课堂教学是教育质量的根本保证。老年大学的发展必须走规范化、示范性的道路。

第三，课堂教学是办学规范化、具有示范性的中心环节和主要标志。

对于一所学校——不论何种学校，课堂教学是办学诸因素中的重中之重。

二、老年教育的课堂教学的特点

教育的性质决定课堂教学的特点。

（一）老年教育的特点

1. 学习目的的多元性（学员价值取向的广泛性、个性化、多变性）

老年大学学员队伍较为广泛复杂：生源已经从单一的离退休干部发展为包括干部、职工、居民在内的社会各阶层的老年人；年龄跨度大，既有 80 岁的老人，又有 50 岁不到的内退人员；文化差别深，既有大学教师、高级职称等文化层次高者，也有小学、初、高中文化的普通劳动者；职业分布广，社会职业无所不有。这就决定了老年学员多样化的需求。这些需求是有差异的，并且呈多样化、层次化的特点。有几种分析归类：

第一种，又分为三类。第一类，追求康乐，丰富生活，以健康快乐为主题的继续教育，占35%，以唱歌、跳舞、健身等为主。第二类，提高素质，完善自己，以兴趣爱好为主要动力的自觉教育，占40%，以书画、摄影、文学等为主。第三类，学习进取，老有所为，以与时俱进为目的的知识技能教育占25%，以电脑、英语、写作等为主。

第二种：分为学习型、保健型、娱乐型、审美型、增能型、交谊型等。其学习目的与心理需求，可概括为"六求"：求健——给生命以时间；求乐——给生命以愉悦；求美——给生命以光彩；求友——给生命以友谊；求知——给生命以智慧；求为——给生命以价值。

根据上海、天津、重庆、广州、武汉、哈尔滨、金陵七所老年大学《关于学员学习诉求和目的》的调查问卷获知：老年学员的学习诉求是老年教育生存发展的根基，是老年教育科学发展方程中的自变量，是老年教育可持续发展机制中的强大动力。它对老年教育具有导向功能，指导着老年大学、老年学校的教学规划和课程设置，推动着教育教学质量的提高。这个特点主要决定了老年大学必须确立多元化的培养目标，开设多种课程、开办多种班级（长沙市老干部大学有38门课程；86个班）；同时也对课堂教学的内容和方式方法提出了不同于基础教育、高等教育、职业教育的要求。

2. 教学内容的实用性（应需性、磁性、求知性）

虽然以上需求多元变化、各不相同，但是老年人一旦来到老年大学学习，就都有要在自己选定的课程上学点东西的想法。这就决定了老年大学教学内容的实用性。而且这种实用性因人员而变化，随时代而进步。如在长沙市老干部大学，古典文学班系统地开设了中国古代文学作品选读，以适应近年来的国学热，也符合学员阅读古代文字水平提高的愿望，并开设了论语、孟子、左传、战国策、四大名著等专项课程。英语班从原来的学院式的四本教材慢慢学到只用一至两本，随即选用《出国英语会话》《三月通》等专用教材，以适应出国探亲需要。老年音乐分为两种，即老年声乐和唱歌。有的人就想唱唱歌，就只教他唱歌；有的人为了提高自己的唱歌水平，有一定的表现欲望，能较好地卡拉OK几曲，就除了教他们唱歌之外，还讲些声乐技巧，如发声部位、用气方法、演唱技巧之类的知识。摄影也分了三个层次：学会照相；处理照片，美化成品；有了摄像机，摄制录像产品，记录下动的生活场景。

3. 教学活动的自由性（主体性，自主性、自觉性、无压力性）

老年人的身体状况、家庭状况、心理状况常有变化，加之老年人的学习没有考试、检查、毕业、升学、就业、晋职、涨薪等要求，因此他们的学习，客观上存在着一种自由性。自由性的另一个表现：学员对教师教学评价的自由、随意、冲口而出、无所顾忌，都比基础教育、高等教育、职业教育来得猛烈。因为他们不受中小学生、大学生那样的严格管理和约束。

（二）老年人认知的特点

老年学员既有阅历丰富、理解力强、经验丰富、感知能力强等学习的优势，也存在记忆力差、对现代新知识接受能力弱等问题。

（三）老年教育的课堂教学的特点

其一，时时刻刻以老年人为中心，一切教学活动为了老年人；即确立老年学员在教学活动中的主体地位，尊重学员在学习中的自主权，还要发挥学员在教学管理中的主观能动性。如曹冬老师在教汉语拼音时，只讲汉字的拼音构成，在讲"声韵调"时又只重点讲声韵，方便学员们的手机发短信、电脑文字输入。凡遇到零声母的字，则一定特别注音说明，如"方案"的"案"（àn），举例必要而恰当。教学时，她常常穿行于学员当中，便于近距离听取学员的发音，有利于矫正不正确的发音。又如董桂兰老师教中药学，特别重视针对老年人讲用药注意事项，提醒老年人要摸索适应自己的吃药方法、方式甚至时间。

其二，分分秒秒不忘老年人的需求，即增强教学内容的针对性。这种对内容的选择，表现在编教材、选教材和自选教学内容上。如戴月梅编的《老年实用保健》，只选老年人的常见病。英语老师们选用教材选的是《出国英语会话》和《三月通》。周碧瑜在教《中医诊断学》时，选用的"望舌质、舌苔及综合分析"的内容，就很受学员们的欢迎。因为它具有相当的适切度。表现有三：（1）教学内容从本课程和听课学员出发，选择最适合的、最实用的内容；（2）所教内容的深浅、高低、宽窄、难易是听课学员最切实可用的，只选舌象特征、临床意义，去掉病理病因分析；（3）强调特殊性和综合分析，目的是帮助学员运用，关于舌质，舌苔的综合分析，主要讲"看什么"；又不忘补充"怎样看"。又如喻志萍老师在舞蹈教学的热身训练时，讲了一些健身、美容的常识，教了一些可以在家里自己练习的动作，这都是符合老年人来老年大学学习的目的的。

其三，时时处处照顾到老年人的认知特点。即遵循认识论规律，重视教学方法的改进与创新。老年学员既有阅历丰富、理解力强、经验丰富、感知能力强等学习的优势，也存在记忆力差，对现代新知识接受能力弱等问题。因此，我们在教学中，必须遵循认识论规律，重视教学方法的改进与创新。从实际情况来看，尤其要重视以下三个方法：

一是针对记忆力差、学了易忘的问题，采取"循环往复"的方法。即通过反复讲解、复习旧课，反复练习、实际操作，在认识与实践之间架起贯通的桥梁，不断巩固所学的知识。一般的技能型课程，都有复习旧课、教授新课、当堂巩固、检查补火等四个大的环节。根据老年人易忘的特点，每次课的复习旧课时间比基础教育要多，是必要的。如黄锦培老师教按摩中的"振动、叩击类手法"是这样的：简明介绍原理；清晰交代要领；反复进行示范和训练。特别是反复进行示范和训练时，注意在教室的不同方位去做，让前后左右的学员都能看到。又如学员们常常夸李碧华、黄正宇等英语教师，运用"循环往复"的方法，最到位，最熟练，最有效。

二是针对接受能力弱的问题，注重强化感性认识。即通过多做示范、多讲题例、多看演示，辅以电化教学视听手段，以增强直观感性认知，促进理性思考，从而达到由感性认识到理性认识，再由理性认识到实际运用的两个飞跃。如黄锦培老师上课时，有的学员对黄老师的示范动作和学员们的训练进行了全程录像，以便带回家去随时观看。这实际上就是一种强化感性认识的做法。再如丁巨声老师教摄图入门时，示范较多，题例丰富，演示多遍，教材和电化教学视听手段都运用得很到位，大大地增强了学员的直观感性认识。

三是针对单向授课的传统方式，创新教学模式，实现师生双向互动。即变教师讲、学生听为灵活运用启发式、讨论式、辨析式等授课方式，调动学员的学习热情和全部智慧，使学员完全融入课堂中来，通过师生密切的交流与沟通，充分发挥教与学的两个积极性，挖掘学员潜力，真正达到较好的教学效果。有人把这概括为"教师启动—师生互动—学生自动"的教学模式。这是国际老年教育改革的发展趋势。具体实施：教师作为教学的设计、组织、引导者，启发、推动、指导学员，以自己能理解的方式来解释信息、掌握技能，从而使学员完善自身的智慧与品质；在课堂教学的过程中，教师与学员之间进行知识互动、情感互动、心灵互动，从而使外在的知识、技能，形成学员的智慧、能力与品质。通过教师启动、师生互动，最终达到学员自主地、能动地、创造性地学习，真正成为学习的主人。如谭海若老师教老年声乐中的"歌唱与发声练习"时，善于引发学员与自己互动：与学员一起复习歌唱的重要知识；与学员一起学习教材；与学员一起讨论"五声四呼十三辙"……又如滕士林老师教古诗词时，也多运用此法，意识强烈，自觉性高；实施规范，过程清晰；情感互动，切磋知识；教学相长，成效显著。

三、老年教育的课堂教学原则、方法、艺术

（一）原则

因材施教的原则。一定要吃透教材和了解学生。如唐异常老师教写作入门，有位学员在一篇《八岁学犁田》的习作中谈到生命的意义。唐老师马上在黑板上抄录了一段警句："生命本没有意义，你要能给他什么意义，他就有什么意义。与其终日冥想人生有何意义，不如试用此生一搏。"这一引用，既帮助学员提升文章的思想高度，又对全体学员渗透了人生的道德情操的熏陶。这就是善于因材施教、善于运用教学时的生成资源即兴发挥，这也叫"教学智慧"。

理论联系实际的原则。如简丁山老师教中医内科学讲胸痹时，不论是讲阴寒内结，还是讲痰浊痹阻，抑或讲气滞血瘀，他都能够联系学员们的实际问题，如胸闷、胸痛、背痛、心绞痛、喘息等具体症状，介绍各种老年人自制的药物，如酒水各半泡山楂、天麻，自家玫瑰花晒干等，富有实效。

循序渐进的原则。如教电脑：认识机器—学会操作—文字输入—网络常识—使用邮箱—看戏听歌—制作网页—开通博客；学中医：中医基础理论—诊断—药剂。

"少而精"的原则。老年学员有强烈的学习愿望和拼搏精神，想用较短时间学多的知识；但其理解能力强，记忆力差，且在校时间短。所以必须坚持"少而精""学而会"的原则，做到学得懂，用得上。所谓"少"，是讲重点、难点，把关键的地方讲深、讲透，使学员掌握要领；而不是面面俱到。

"精"，就是要有一定的深度，有分量。只有"精"才能"少"，"精"是"少"的核心。"少"和"精"是一致的，是相辅相成的。"少而精"的核心是实用性，不能从书本到书本，要让学员学了能用得上。课堂教学做到"少而精"，首先要认真备课。每堂课要认真分析教材、吃透教材，把重点、难点研究清楚，把讲授的素材准备充分，观点材料结合恰当。这就是所谓"台上一分钟，台下十年功"。备课要写出教案，一种是简要的提纲，一种是详细的讲稿。如李鄂斌老师教楷书的"文房四宝之三——纸"时，我听课中顺便看了一下学员的听课笔记，证明李老师每次课均有计划、有板书、有知识介绍、有训练、有评点学员习作等。这证明他的备课是很认真的。这是他的课能够受到广大学员欢迎的根本原因。又如王德安老师讲老年声乐第二课——歌唱姿势，教学内容的组成十分恰当：基本依据教材，但不拘囿于教材；适当补充；灵活改编（顺口溜），帮助记忆巩固。

（二）方法

决定教学方法有五大因素：课程性质、学科特点；教学内容；学员实际；教师本身的素养和个性特征；教学时间和现有的教学条件。

1. 一般方法

①讲授法；②启发法；③讲述法；④讨论法；⑤纲要信号图示法；⑥发现法；⑦活动参与教学法；⑧质疑教学法；⑨案例教学法；⑩活动教学法。

2. 不同课程、学科的不同方法

知识型课程的教学方法：知识型课程一般以讲授为主，讲授的基本要求是：循序渐进；少而精；知识要有系统性、科学性；内容应中心明确，重点突出；语言应准确简明，条理清晰，深入浅出，富有魅力。要善于把教材、教师和学员三者的思路，糅合在一条授课主线上；要给学生留有一定的思考余地。其基本认知路线是"传递—接受式"。基本教学程序是：复习旧课—激发学习动机—讲授新课—巩固练习—检查评价。知识型课程的教学一般可分三步进行。第一步：复习上次课的主要内容，为讲新课做好铺垫，使听者有所准备，自然地进入新课。第二步：讲授新课，这是重点，需多占课时。讲新课应条理清晰，逻辑性强，观点明确，材料详实，深入浅出，使听者得其要领，印象深刻。第三步：复习、提炼、概括、归纳、梳理、总结、巩固讲授内容、布置作业等。

技能型课程的教学方法：技能型课程一般选用理论实践一体化教学法、教学与实践服务一体化教学法、模拟（仿真）教学法、行为导向教学法、现场教学法、情景教学法等教学方法。主要是精讲多练，理论精讲，技能多练，争取当堂练会，及时抽查；并强调学员的核心地位，是要学员会，才算有效、高效。因此教师要"授之以渔"。"精讲"就是要讲得精当。教师根据教学目的、教学要求和学生的实际，深挖教材，把握重点，突破难点。"多练"指的是在课堂教学中，强化教学实践环节。教师要留出足够的时间，多给学员练习的机会，让学员自己去实践、去操作、去消化、去理解。技能型课程的"练"十分重要，是达成教学目标的关键环节。要特别注意三点：一是精讲精练，就是讲难点、讲联系、讲规律、讲迁移；练思维、练方法、练基本功、练能力。二是寓讲于练，就是能以练代讲的，就只练不讲。三是讲中寓练，即必须讲的也尽量在讲中贯串、渗透着练。练的目的是使知识转化为能力，只有练了，才能获得技能。此外，练的内容要序列化，练的方式要多样化，练的方法要科学化。

关于舞蹈课程教学的一般方法（综合总结喻志萍、孙良玉、张星星几位舞蹈老师的教学方法和经验得出）有两种。其一，一次课（2个课时，90分钟）的整体结构：热身舞蹈；复习旧课；新授；巩固完善矫正；整理休闲放松舞蹈。新授教学过程：教师全程示范；教师讲解新授分为几个部分；一个部分一个部分地教；把各个部分连起来练习。"一个部分一个部分地教"时，每一个部分教学的基本程序：①这个部分由几个动作组成（尽量使用舞蹈的专门术语）；②单练一个一个的动作；③这几个动作如何承接；④把这几个部分连起来，成为一个小整体。在进行②③④步教学时，除了学员的练习，都随时伴随着教师的示范、矫正。其二，每次课教师要做到的是：把握好全部舞蹈动作的分解与组合（共多少拍，每个部分多少拍）（配歌的舞蹈可以按照歌词的内容进行分解与组合）；动作部位和动作方法的准确解说与训练要领；重点（关键）、难点的突破；示范与巡视指导、矫正相结合。

关于绘画课程的教学方法。如徐建朴老师教人物头像的"线描透视"是这样设计的：简介方法（交代要领；强调规律；突出难点）——教师示范（顺序清晰；动作规范）——学员学步（人人动手；个个钻研）——巡视指导（个别指导；发现典型）——矫正提高（展示典型；交流得失）。

其他一些课程也积累了不少经验，如王德安老师教"唱歌的咬字吐字"，重视实践，强调要领。为此多种教学手段并用：用大字报，写了"咬字　吐字　成形　出声　延长　归韵　字头　字腹　字尾　咬紧　保持　收准　找准部位　咬紧字头　打开口腔　构建口形　气息支持　共鸣配合"。咬字是针对一个字的字头部分声母的发声，歌唱时要做到准确、短促、有力；吐字是针对一个字的整个韵母的发音，歌唱时要做到饱满、明亮、圆润。王老师还带领学员大声地读大字报——强化要领。王老师还自己编短句帮助练习咬字吐字的"练声"，如"1351（春天来啦）""1531（大地绿啦）"等。如曹冬老师教汉语拼音，一进教室就说普通话。如孙良玉老师教蒙古舞时，有分组训练；有重点难点（提腕、压腕、柔臂等）的突破；关心学员的身体，安排适当的休息等。如花开山老师教影视制作时，讲解和训练利用"蓝屏键"和"复制"视频特效这一内容，要点如下。其一，整体设计：理论讲解—操作示范—学员练习—点评、指导、矫正。其二，突出操作这一重点。用了整整一节课。巡视辅导到位，一方面个别辅导，一方面发现带普遍性的问题进行全班特别提示，比如告知全体学员"动态云暂不做，因工具太复杂"、转格式的问题如何处理等。其三，实效观念很强：一切为学员着想；强调技术的实用价值；常问"有何疑问?"。

　　这一教学过程，电脑、摄影、书画、工艺等课程均可运用。

　　再如左宗灿老师教山水画，习作的展示、观摩、互评的气氛较好。王时焰老师教松树的几种画法，从老年人习画的要求出发选定教学内容，从老年人习画的得失着眼重点突出讲画法。王时焰老师教"中国山水画经典作品鉴赏"一课时，鉴赏中渗透学习指导，赏评结合，评学员的画到人，让学员评，教师点评水平较高，为学员示范。

　　教学中也偶尔出现反面例子，如一位老师上"手足按摩法的实际运用"一课。教师本人有比较全面、系统的专业病理知识，关于手足按摩法的作用就介绍了 12 种。特别是多媒体运用很多，看得学员眼花缭乱。但是，就是没有示范操作；没有带领学员或自我按摩，或互相按摩；更没有做到边讲边练，少讲多练，讲练结合。课后，一位学员评课说："学问高，理论多，媒体运用好；缺操作，不能学会按摩。"另一位学员说："能按教材教，但，没有操作，没有用。"

　　总之，技能型课程的教学方法要注意"三重"：①理论与实践相结合，更重实践；②教师示范与学员训练相结合，更重学员训练；③训与练相结合，更重练。

3. "教学有方，教无定法，贵于变法。"

我们要探索教学方法的不断改进与创新。"变法"中不能忘记的几条基本原理是：教师为主导；学生为主体；实践为主线；能力为目标。凡是符合这些原则和规定的都可以自己去大胆变革，积极创造，效果好就行。

在教学方法的改进与创新中要注意的是：其一，重视现代教育技术的恰当运用，努力做到必要、适宜、有效。如杨文盛老师教旅游地理中"生物景观旅游资源"一课时，多媒体运用恰当，有效，甚获学员好评，为长沙市老干大之首次，开长沙市老干大之先河。另外周碧瑜老师在教中医诊断学的"望舌质、舌苔及综合分析"一课时，现代教育技术也运用得很好。这节课如果没有多媒体，效果几乎为零。其二，特别强调"授人以渔"。如蒋兴国老师教"隶书结体方法之四——有揖有让，主次分明"一课时，做到了"讲规律，清晰明白；摆例字，典型鲜明；说联系，拓展延伸；明源流，渗透书法史"。其中，讲规律起到了"授人以渔"的作用。他讲：隶书中，"艹"与"竹"都写成"艹"，方便了学员的掌握。讲解后师生互动，使课堂教学焕发出生机与活力，让每个人的潜能、特质都得到了很好的发挥。其三，开展分层、分组教学。如李鄂斌老师教行书《兰亭序》时，采用了分组讲评作业。喻志萍老师教民族舞班，既有严格要求，又有人文关怀。身体欠佳的可以一旁休息观看；对不同年龄的学员，有不同的要求和不同的训练动作；对基础稍差的学员，动作一定用12345678、22345678、32345678 等进行分解训练。其四，重视锤炼教学语言。①教学语言清晰、准确、有条理、无废话。如李鄂斌老师教楷书班讲"文房四宝之三——纸"，内容有条理，语言无废话。杨文盛老师教旅游地理讲"生物景观旅游资源"，教学语言清晰、简练，声音洪亮，字字入耳；说起来畅述于口，侃侃而谈，深受学员欢迎。②通俗易懂。如花开山用通俗的语言，解释专门术语。阈值——门槛；蒙太奇——合成。③经常穿插一点有关的趣话、轶闻等。这一点，杨文盛老师是能手。她讲"其他人文旅游资源"一课时，说到深圳的锦绣中华、世界之窗、中华民俗村：一步跨进历史，一天游完中国；你给我一天时间，我给你整个世界。讲"生物景观旅游资源"时，引用了相当丰富的为该班学员喜闻乐见的文史诗词、故事、典故、常识（图腾）资源。一节课，全体学员自始至终认真听课，兴趣盎然。其五，发挥"学员老师"作用，促使课堂气氛活跃。如喻志萍、孙良玉等老师在教民族舞时，常常让一个或几个学员领舞，教师则巡视、观察、指导、矫正。其六，讲究板书。如蔡干宏老师教中国古代文学作品选读，总结元曲中的杂剧的知识时，特点鲜明，系统、准确、全面归纳出有关知识：①以窦娥冤为例解读、介绍元杂剧；②评说了窦娥冤的成就地位；③交代了文学作品通过安排剧情—塑造物—反映社会现实的方法，教学内容娴熟，语言清晰、规范，语速恰当，板书内容精当、文字精练、结构精巧。又如张书志老师教中国现代文学，讲文学革命发生的原因时，有序地讲"外因、内因、条件等"，讲解和板书都十分清楚。

任何一种教学方法都不是万能的，每一种教学方法都有其适用范围和局限性，在具体教学中也有利有弊，可以为达到某一目标很好地服务，但同时又可能妨碍另一个目标的实现。我们在选择的时候要扬长避短，要考虑到该方法的优势和短处，选择最能发挥其作用、能够达到最好教学效果的方法。所以，教师必须了解各种教学方法的优缺点，用其所长，避其所短。教师只有在了解各种教学方法优缺点的基础上，才能根据具体的教学情境做出最佳的选择。另外，教学中综合使用多种教学方法较使用单一方法是更好的选择。

（三）艺术

1. 让学员快乐

营造乐学的课堂气氛。健康、快乐是老年教育的核心理念。这一点喻志萍老师做得不错。"亲其师而信其道。"注重教学过程中情感的调动是完全正确的。尽管老年人来学习，报的班是从自己的兴趣出发的，但是仍然有进一步激发兴趣、调动学习积极性的问题。因为兴趣永远是最好的老师（爱因斯坦），"好之者不如乐之者"（孔子），"投其所好"尤其是老年教育的教学法宝。

2. 让学员快乐又有收获

"寓教（收获）于乐。"喻志萍的舞蹈教学在"突出技能训练，兼顾情感熏陶"方面做得比较成功。

3. 让学员轻松地快乐又有收获

"跳一跳摘桃子。"唐异常老师教写作入门时，当年 4 月 13 号的《长沙晚报》登了该班学员王大顺的诗作。于是唐老师上课时，便在班上朗读、点评、表扬，大大地激励了全班学员的学习积极性。

老年教育的课堂教学的最高境界是：轻松、快乐、有收获。老年大学的教师们正在朝此努力。成功的教师是：先学一家，吸取百家，自成一家。

课堂教学就是三件事：内容的选取；方法的设计；手段的运用。这都取决于教师个人智能素质的积淀和发挥。我们期待：老师们不断提高个人的智能素质，老年教育的课堂教学要心中时刻不忘老年人，教学内容实用于老年人，教学方法适应老年人，教学手段迎合老年人。

我们的共同目标是：不断提高自身的教学能力。这包括高度的思想觉悟、扎实的专业水平和多彩的教学艺术，打造一支进取型、研究型、专家型的教师队伍，从根本上保证长沙市老干部大学的教育质量和持续发展，促成长沙市老干部大学更上一层楼。

谢谢大家！

（这是 2011 年 8 月 28 日的一个讲座稿，其中引用了我校教师 50 多节课作为例子。当时参加听讲座的除本校教师以外，还有来自全市部分区县老干部大学的老师。）

讲座：这样写论文

——学习长沙市老干部大学教师论文心得体会分享

2011 年 8 月 28 日，我在聆听了全校教师的 50 多节课以后，思考、整理了自己的学习心得体会，向大家进行了一次汇报，与大家分享了我们长沙市老干部大学的老师们从实践中积累和创造的许多宝贵的课堂教学经验。最近，我又拜读、学习了我校部分教师撰写的管理和教学论文，有一些心得体会。今天，我想再向大家做个汇报分享。总的来说，这些论文向我们介绍了长沙市老干部大学的成功的管理经验和丰富的教学方法；同时，也启发了我们怎样写论文——这样写论文。根据学校的安排，我重点汇报关于这样写论文的内容。

2004 年 5 月至 2015 年 11 月，长沙市老干部大学教师发表于省刊以上的论文为约 66 篇，这些论文从写作上给我们一些什么启示呢？

一、写论文并不难——破除神秘感

何以见得？因为：

（一）写论文就是谈感想体会

杨文盛在《地理班的愉快教学法》中表示："自长沙市老干部大学开设旅游地理班后，经过教学实践，我采取愉快教学法较好地提高了教学效率。"

蔡干宏在《"戒之在得"新解》中谈体会，在《讲"鸡年说鸡"的一点感想》中谈感想。

谭海若在《浅谈声乐教学中的"咬字"》中谈了体会。

王德安的《声乐课中的情感教学》也是谈体会。

黄国莉、孙良玉、彭复旦、钟海明在《教海撷英——长沙市老干部大学教师谈体会》中分享了体会。

（二）写论文就是写经验总结

刘树泉在《分解教学法　练好拉丁舞》中谈拉丁舞的教学经验。开门见山，直奔主题，没有任何交代说明，一动笔就写自己的经验，即分解教学法：一个大分解，一个小分解。干净利落，一目了然。

王时焰在《办好橱窗画刊　促教学成果提质》表示："我在近年的山水画教学中，进行了教学形式和电教手段的改革，指导并参与了两个山水画班的橱窗作品展示的构思设计工作。"畅谈自己进行教学改革的经验。

花开山的《教学板书好处多》介绍了上课时写板书的经验。

（三）写论文就是说工作汇报

黄锦培在《如何开展按摩班的教学》中汇报了自己按摩班教学的几点做法："我在长沙市老干部大学教授按摩班的课程，怎样开展老年学员的按摩教学呢？"具体汇报了三点。整篇文章就是汇报工作。

唐校长在《"四个到位"铸造一流学府》中汇报了自己办学的四个方面的做法。

李新民的《四心到位　两勤落实》汇报了自己讲授《老年心理健康》课程的具体做法。

感想、体会、经验、心得、汇报、总结——其实就是一个东西：自己的管理或教学实践（做了什么？怎样做的？）和效果（有什么好处？）。是的！就是这么一回事。它的特点是：

自己的——不是别人的；

教学是实践得来的——不是照抄照搬的；

比较创新的、独特的、有点与别人不一样的——不是老朽的、千篇一律的、众口一词的。

结论是：人人都可以写论文，因为人人都在认真地做管理或教育教学工作，都有或教学管理，或课堂教学的实践。

虽然写论文并不神秘，但是，还是要用一点心思的。

二、写论文需要用点心

（一）口子小一点——选题单一，内容集中

蔡干宏的《"戒之在得"新解》，就讲一个"得"字的理解。

花开山的《教学板书好处多》，就讲写板书有什么好处。

孙良玉的《浅淡老年舞蹈的韵律美》，就讲老年舞蹈的韵律美表现在哪里。

钟海明的《温故知新　乐在其中》，就讲怎样运用"温故知新"这个成语指导教学。

（二）有几句议论——提炼几个小观点

唐安石《"四个到位"铸造一流学府》：哪四个到位？每一个到位与铸造一流学府有什么关系？这"四个到位"就是小观点，就是议论。

陈志丹《创建和谐高雅的老年大学校园文化》：和谐高雅的校园文化是怎样的？有哪几个方面的表现？这几个方面，说出来，就是小观点，也就是议论。

杨文盛《老年休闲旅游地理课程开设之浅见》：什么浅见？有几点？这几点"浅见"就是小观点，就是议论。《关于进一步完善老年旅游地理课程的几点思考》：哪几点？这几点就是小观点，就是议论。

王时焰《办好橱窗画刊　促教学成果提质》："我以为，利用橱窗展示学员学习成果这个平台很好，可以促进教学实践，提高教学质量，倡导学习正能量。"这就是议论。下面还有三点具体说明，这几点具体说明就是小观点。

也就是说，所有论文都得有几句议论，有几句表达看法的话。这些话，是"论文"不可缺少的。

下面我们来稍微具体一点地看一篇短文章：

冉苗《形象生动讲授　因人而异点评》：

这篇文章提炼了两个小观点——也就是她进行电钢琴教学的很重要的两个基本教学方法：形象生动讲授，因人而异（训练）点评。

开头语揭示本文两个基本观点，两个内容。照应了题目，统领了全文。抓住了技能型课程的特点：讲和练，有讲有练，讲练结合。讲做到形象生动，练做到因人而异，从而达成最佳教学效果。

两个小观点，就提高技能型课程的教学效果来说，十分准确，带有普遍意义。两个小观点提炼得好！

（三）讲几个故事——举几个例子

论文要有几句议论，提炼几个小观点。小观点就是你的主张、你的态度、你这篇论文的"论点"。怎么让别人、让读者相信你的论点，同意你的主张呢？俗话说，事实胜于雄辩；一例胜千言。因此我们还必须提供一些事实，举出几个例子。也就是讲几个故事。

王时焰《办好橱窗画刊　促教学成果提质》：举了三个例子，有的例子近乎一个完整的故事。

王德安《声乐课中的情感教学》：每个小观点都有例子。

杨文盛《老年休闲旅游地理课程开设之浅见》："如""比如"等词，比比皆是。"如""比如"等词，都是举例时常常用到的词，写论文时要常用。

钟海明《温故知新　乐在其中》：三个小观点，三个例子。

总之，文章中每一个小观点都有一个小故事或一个例子。

结论是：注意选题时口子小一点，有几个小观点，举几个例子，就可以写出一篇论文来。

当然，要写出很好的论文，还是有一些讲究的。

三、写论文还可以讲究

（一）讲究拟题——精心拟题

一篇文章的题目就是一个人的脸、一间房的窗户、一本书的封面。怎样讲究拟题呢？

1. 讲究醒目

唐安石《"四个到位"铸造一流学府》：利用数字引起读者的高度关注："四个到位"——所做的四件事；"一流学府"的"一"，在这儿是序数，"第一"的意思；怎么？做了四件事就能够创造"第一"吗？那是哪四件事？怎么做的？引发高度关注——这就是醒目，也就是吸引眼球。

李新民的《"四心"到位　"两勤"落实》：与上同理。

花开山的《教学板书好处多》：板书，不就是上课时写黑板吗？不就是老师上课最基本最常做的一件普通的事吗？怎么就有那么多的好处，值得你来说呢？特别是今天，现代教育技术已经非常发达了，许多人都不大用板书了，你今天还来说板书好处多，是不是有点落伍了呢？——引发人们的怀疑、思考，这也是醒目。

蔡干宏《"戒之在得"新解》："新解"？怎么个"新"哪？与以前，与别人，与大家有什么不同啊？一个"新"字，引发别人的好奇、追问——醒目。

2. 讲究用词

如谭海若《浅谈声乐教学中的"咬字"》、孙良玉《浅淡老年舞蹈的韵律美》、杨文盛《老年休闲旅游地理课程开设之浅见》、蔡干宏《我说温故而知新》、蔡干宏《讲"鸡年说鸡"的一点感想》、杨文盛《关于进一步完善老年旅游地理课程的几点思考》、唐异常《对晚报的几点建议》……

以上的"浅谈""浅见""说""讲""思考""建议"等都是论文题目的标志性词语；此外，显示专题论文不同性质的词还有：论、议、评、驳、话、述、探、析、沽、解、辨、释、证、考、见、测、窥等这些可用作论文的标题，当然它们的意义各不相同，要按文章的内容而定，不可随意。为使标题的用词增添些情味、色彩、格调，还可以用些另外的词来修饰和明示。如上面的"浅""新"等。另外，表频度可用初、再、重、又、也、别、新等；表范围可用通、杂、纵、总、综、余、略等；表谦和可用试、浅、刍、平、臆、陋、微、隐、小、琐、随、管、蠡等；表篇幅可用短、另、零、枝、片、漫、散、汇、泛、补等。

3. 讲究新颖

黄国莉《我不是美女，我是织女》：用流行语——美女；用传统词、职业语——织女；还用"我不是……我是"这样的对比句式，比较新颖。

花开山《规避"死角"促平衡》：用比喻修辞格拟题目。

贺佳妮《上善若水，厚德载物》：引用名言做题目。

蒋兴国《渔鱼兼授　学乐有为》：用典故（授人以鱼不如授人以渔）和俗语（老有所学、老有所乐、老有所为）拟题目。

（二）讲究结构——恰当构段

结构须精当。

1. 诠释题目

一般是先总后分。

唐校长《"四个到位"铸造一流学府》：总述以后，分四点分说。

李新民《四心到位　两勤落实》：总述以后，分"四心""两勤"共六点细说。

2. 两段式：是什么—怎么做（大量的文章如此）

钟海民《温故知新　乐在其中》中，第一部分：我的教学方法是温故知新；第二部分：我是这样做到温故知新的。

3. 三段式：是什么—为什么—怎么办

蔡干宏《"戒之在得"新解》中，第一段：关于"戒之在得"的"得"，我的"新解"是什么；第二段：为什么这样理解；第三段：好好用这个新解，发展老年教育。

（三）讲究语言——推敲文字

文章是由语言文字构成的。当然是，语言文字美，文章才美。

花开山：《教学板书好处多》

这是一篇五好论文：选题好；拟题好；立意好；构段好；文字好。

一是拟题显豁，一目了然——"板书好处多"。

二是口子较小，选题精准。就谈课堂教学中的板书这一件小事，但是在现代教育技术高度发达的今天，有些人不大使用了。而这个又确有用途，所以我要来说一说。

三是思维辩证，立意坚牢。观点全面，绝无偏颇。在以中间四段文字具体地有力地摆出了板书的好处的基础上，通过前言后语，即开头段、结尾段，一再论证了尽管现在现代教育技术很发达了，多媒体的运用很方便了，但是传统教学手段板书仍然有它不可或缺、无法替代的作用，因此，希望大家还是要用。开头段、结尾段写得好，把别人的口封死了：我的观点是正确的。

四是思路清晰，结构简明。全文六段文字，开头段：用几句议论，得出看法，亦本文的中心论点——"板书依然是目前任何现代教学技术都无法替代的，不可或缺的教学手段"，即"板书好处多"。接着，用四段文字：动态调整教学内容、控制课堂教学节奏、营造良好课堂氛围和便于学员思考记忆，从四个方面具体论述了板书的"好处"。然后，结尾段：经过一番有理有据的辩论后，重申论点，坚守本文的中心论点——板书好处多，统收全文。这样观点鲜明，事实雄辩，纲目清楚，条分缕析，让人不容置喙、无可辩驳，令人信服地说清楚了"教学板书好处多"的道理，比较完美地达到了写作本文的目的。

五是文字讲究。

文字构成文章，讲究文字才能产生好的文章。

1. 词语

（1）多用四字词（包括成语）：风生水起　方兴未艾　异彩纷呈　有悖

常理　有负于人　无法替代　不可或缺　浑然天成　铁板一块　一成不变　无以名状　重返孩提　纯净清新　朴实无华　依稀在目　刚劲有力　自然飘逸　词斟句酌　确切精当　影响久远　肃然起敬　瞬间即逝　相得益彰

（2）夹用一些文言词语：诚然　旨在　久违

（3）采用少量新生词汇：诉求　平添　时间差　同步　突兀感　理性回归

（4）适当用一点专业词语（词组）：非固定的动态过程　即时性　教学补救手段　知识转成记忆　机械记忆转变成理解记忆

2. 句子

（1）多用短句（读起来轻松愉快）：全文如此。

（2）多用对偶句：备课时常常疏于周密，操作时往往失之严谨。关键概念的诠释，相关内容的概括。

（3）常用排比句式：凝聚着教师心血，体现了教学态度，关乎着教学成效。拉近教师与学员的距离，提高学员对教师的信任感，增加对所授知识的认可度。

（4）偶用对比句式：少了一丝清冷，多了一些暖意；少了几分诡异，多了一些平和；少了一些浮躁，多了一些宁静。

3. 小标题

小标题字数相同（8个字），结构相似（动宾词组），富于形式美、对称美，还使人印象深刻，便于记忆。

人无完人，金无足赤。如果要说一点美中不足、白璧微瑕，那就是如果四个小观点都举一个例子，就非常完美了。当然，那样文章会长一点。

结论是：讲究选题、拟题、立意、构思、文字，一定能够写出好文章来！

最后，祝大家勇于尝试，用心讲究，多写多改，都写出好论文来！

（这是2016年5月24日的一个讲座稿。其中引用了我校教师撰写、发表的20多篇文章作为例子；当时参加听讲座的，除本校教师以外，还有来自部分区县老干部大学的老师。成文过程中得到贺佳妮、黄祖训、陈志丹、陈少群等老师的帮助，在此致谢！）

《老年教育学》之《课堂教学研究》编写建议

根据"老年教育学学科建构"课题组办公室的总体安排，特别是 2016 年 8 月 29 日发出的《关于发出七个子课题（潮州老年大学、苏州老年大学、景德镇老年大学、长沙老干部大学、宁波老年大学、四川老年大学、贵州老年大学）的新三级提纲的通报（课题组办公室通报第 1 号）》的精神，以及我们子课题研究的进程，关于我校子课题的研究，提出以下建议：

一、子课题研究可以进入研究与编写阶段

经过学习和研讨，我们对总课题有了比较完整的理解，对子课题也有了基本准确的把握，我们的三级提纲送审已经获得圆满通过。遵循《通报》"提供这七份提纲的学校，可按此新提纲深入研究，条件成熟，即可撰写该子课题的研究报告"的精神，我们已经具备了进入研究和撰写研究报告的条件，可以着手动笔了。

二、边研究，边撰写，边修改

一边研究问题，一边撰写报告，一边修改各级提纲；当然也同时修改已经初撰的文字。

三、博收约取，厚积薄发

要根据各自的任务，广泛浏览有关资料，注意收集有用资料，精准运用有效资料。途径有三个，一是走访有关人员：专家、教师、学员、管理工作者等；二是上网；三是跑图书馆。特别推荐长沙市新图书馆，关于此类书籍比较丰富。为了资源共享和方便寻找资料，我们拟建一个课题研究资料柜（台），把我们已有的资料，放在这里，供大家方便查找。

四、依据提纲，紧扣提纲

整个研究和撰写工作必须紧紧围绕提纲来做。因为本提纲既是我们自己的研究成果，又已经通过总课题组专家的审订，这就是我们的最终任务。当然，在具体的撰写过程中，对于有的二、三级提纲的微调和小改也是完全可以和应该的。

五、牢牢抓住老年教育这一根本

简而言之，我们是在编写一本《老年教育学》，因此必须体现老年教育的性质、特点。我们在借鉴普通教育学的原理时，要时刻不忘老年教育的对象特点，重点讨论老年教育学的特殊原理，关于"一般教育学学理的叙述，应予精简，说清基本概念和它对于老年教育学研究的方法论价值即可"，应该尽量挖掘、吸纳和创新老年教育学的新观点、新理念、新方法。

六、用例

在例子的典型性、代表性、说服力和趣味性都好的前提下，首选长沙市老干部大学以及全省各市州老干部大学的教学成果，另外要充分利用两个"五个十"的已经出版的资料，既有权威性，又还比较省事，好找。具体可查阅《老年教育》及各种、各省市的老年教育刊物上的材料。

（写于 2016 年 8 月 31 日）

优化"供给侧" 增强"生产力" 实现科研强校

——《教学动态》扩版告白

再过几天，4月12日，我们的《教学动态》就满13岁了。当各位老师、学员和同行们拿到这份油墨喷香的第104期《教学动态》的时候，一定会有一种异样的感觉油然而生。是的，我们的《教学动态》改版了——不，准确地说，是扩版了：由打印变成了铅印；由简装升级为胶装；最重要的是由10000字左右的篇幅扩大到25000字。内容更丰富了，形式更活泼了，文字更清晰了，装帧更美观了。是的，完完全全上升了一个台阶，真真正正提高了一个档次。

我们为什么要这样做呢？

邓小平说：科学技术是第一生产力。那么，教育科学研究就是教育发展的生产力。"科研强校"也正是这个意思。因此，在发展老年教育的过程中，我们应该把科学研究这个生产力调动起来，把"科研强校"这个真理孕育的巨大能量爆发出来，把我们的学校办得更好，更上一层楼。我们要从低层次的教改，到中层次的教研，再到高层次的科研（课题研究），无一例外地通通开动起来，使之成为老年教育发展的有力助推器，成为我们长沙市老干部大学前进的强劲推动力。为此，我们不但要加强充实学校教研室，引进老年教育的专业人才，同时，要努力办好我们的《教学动态》《学报》《枫叶》等报刊。《教学动态》创刊以来，一直担负着交流教师教学经验及信息的重任，虽然只是我们自己学校的一份非正式的内部出版物，但是，它存在的十几年且受到学校老师和同行们的欢迎，就说明了它的存在意义和实际作用。因此，当我们今天要尽快追随时代的脚步，加速发展老年教育，也呐喊和助威长沙市老干部大学的再度跨越时，我们必须加强老年教育的教研科研，把《教学动态》办得更好。《教学动态》扩版，就是举措之一。这从借鉴我国经济发展的战略——关于供给侧和需求侧要做到高度契合、相对平衡；供给侧改革要以需求侧升级来拉动；供给侧必须进行结构性改革来看，从遵照习近平总书记强调的"供给侧结构性改革的根本目的是提高社会生产力水平，落实好以人民为中心的发展思想"的指示来看，我们的《教学动态》的扩版正是优化供给侧结构性改革的实践和努力，是一件完全正确和非常及时的事。扩版了的《教学动态》，可以让更多的老师们参与教改教研科研，可以讨论研究更多关于教育教学教研的问题，可以给投身老年教育的一批年轻工作者一片更为广阔的成长园地。当然，它也应该是长沙市老干部大学的一个更为明亮的窗口，一道更为靓丽的风景。

这次《教学动态》得以扩版，要感谢老年教育事业发展的大好形势，感谢各级领导的高度重视，感谢老师们、学员们的大力支持。我们决心撸起袖子加油干，为创建更加美好的长沙市老干部大学——全国示范性老年大学，促进老年教育事业的发展贡献我们的力量。

《教学动态》，我们期盼着你的英姿！

《教学动态》编辑部

2017 年 3 月 23 日

《长沙市老干部大学 2017 年教研征文选》前面的话

办教育是有规律可循的，比如，"依法治教""科研兴教"；这是教育人的"八字宪法"。抓教学也是有规律可依的，比如，一手抓"教学常规"，一手抓"教研教改"；"教学常规"保底，"教研教改"提质。上好课也是有规律可遵的，比如，"学而不思则罔，思而不学则殆"；实践＋学习＋反思＝成长；上课就是要边教边学，边学边思，边思边改，并用手中的笔勤勉真实地记录下自己的学习心得、运用体会和教学反思。这里，既闪烁着个人斑斓鲜活的教育智慧、教学艺术和成功经验的耀眼火花；又丰富了集体不可或缺的切磋琢磨、互相学习和取长补短的宝贵资源。正是出于这个目的，我们在学校领导的高度重视和大力支持下，于 2017 年上、下两个学期都举办了教研征文活动。这个活动得到了广大教师的积极参与，登在这个集子里的文章就是这两次征文活动中的部分获奖作品。这里既有我们学校创造和坚持的治校理念和管理经验，又有从理论和实践的结合上阐述老年教育各科教学艺术的研究论文；既有真实地记录了教师们原生态的课堂教学过程以及探讨深思之后的教学案例和教学反思，又有学校在中国特色社会主义新时代富有个性的踊跃探索。这些文章授人教学技艺，给人心灵启迪，让人受益匪浅。我们赞赏作者们以学习不辍、探究不舍、笔耕不断的精神，这些成果既是他们一年来认真教学和潜心研究的一个总结片段，也是他们人生中志存高远和勤恳敬业的一种生动表白。

老年教育的春天正在到来。老年教育及其课堂教学是我们老年教育工作者永恒的研究课题，长沙市老干部大学是我们广大老年教育教师辛苦耕耘的成长园地。期盼我们所有的教师、教研工作者和管理者一起趁着春天的气息，围绕这一重要课题，活跃在这块园地上；遵循客观规律，在学习中思考，在思考中创造，在创造中走向成熟；不忘初心，努力奋斗，继续共同谱写长沙市老干部大学的精彩乐章！

（写于 2018 年 2 月 26 日）

我们还在路上

——《老年教育课堂教学论》代后记

2016 年 6 月 21 日至 22 日，中国老年大学协会老年教育学术委员会在南京市江宁区谷里街道老年大学召开了"老年教育学学科体系研究"工作会议。这个会议是根据中国老年大学协会常务理事会四届二次会议讨论通过的新一届老年教育学术委员会的任期工作目标中提出的"在《中国老年教育学若干问题研究》一书基础上写出老年教育学著作"的要求而召开的。会议主要讨论编制我国第一部老年教育学学科教育体系的问题，着重研究了全书的结构和提纲。长沙市老干部大学作为学术委员会的成员之一，派贺佳妮副校长和我参加了会议。在讨论全书的结构和提纲时，我代表长沙市老干部大学作了发言，提出了根据课堂教学在老年大学这一学校教育中和老年教育学学科体系中的特殊地位和重要作用，这本书有必要增加"老年教育课堂教学论"一章。我们在发言中适当展开论述、一再强调，希望补充这一内容，并毛遂自荐、主动请缨承担这一部分的编写任务。

我们的建议，得到了莅临会议的老年大学协会领导的赞许，得到了与会同仁的认可，并且经学术委员会研究，同意另辟专章论述老年教育学校教育中的课堂教学，还满足了我们的请缨，把这一任务下达给了长沙市老干部大学。随即在中国老年大学协会老年教育学术委员会 2016 年 6 月 29 日发布的《关于开展"老年教育学学科体系研究"工作的函》的附件 2：《"老年教育学学科体系研究"课题组成员单位分工》中，明确了"'课堂教学'由长沙市老干部大学另作专题研究"。"老年教育的课堂教学研究"，之前没有人专门研究过，是一块"生荒"；全国学术委员会的领导和同仁，人才济济，都是老年教育研究的内行里手。面对难题，邂逅高手，我们竟然斗胆大言不惭、夸下海口，是有一点过于冒失、有失稳重之嫌的；但是，我们细想，这也是一次勇于挑战自己、做一个迎难而上的初生牛犊的尝试，未为奢望吹牛也。长沙市老干部大学自 1999 年复校以来，特别是 2001 年学习天津经验，为努力实现教学上由休闲康乐型向益智增能型、管理上由松散型向规范型的两个转变中，在重视课堂教学方面，做了大量工作。我们除了较早地制订了 24 个学科的教学大纲，较早地自编了 12 门课程的 40 多本教材，较早地执行了 8 条课堂教学的师生规范等；我们还较早地开展了教研室听课评课和每个学期举行两次公开研究课的制度，较早地研究了课堂教学评估（2005 年在全国老年教育中引起了一定反响，《中国老年报》和《中国老年大学协会通讯》都加编者按登载、推荐了长沙市老干部大学开展课堂教学评估的文章），较早地在全体教师中进行了关于老年教育的课堂教学的讲座培训，较早地把老年教育的课堂教学分为知识型和技能型两大类，探索了这两大类课程的基本教学模式……这些，在某种程度上源于领导懂行和专家治校，但是更主要的是它反映了老年大学的学员们对提高课堂教学质量的殷切期盼和老年教育学校教育事业发展的必然要求，是一种事物发展规律所箝制、人们顺势而为的正确方向、美好意愿和得力举措，应属正能量。而这，也使长沙市老干部大学在老年教育的课堂教学方面经历和积累了一些体会和经验。俗话说：经历就是财富。于是，我们捧着这一点"财富"就毅然上路了。

主动请缨编写"老年教育的课堂教学研究"章节的事向学校领导汇报以后，当时的第一校长、长沙市政协原主席张贤遵同志完全认可和高度重视，亲自来到教研室与专家座谈、询问情况，勉励大家迎难而上，在学校已有的研究经验的基础上，提炼、总结、提升，做好相关工作。校长龙志斌同志积极响应并亲自上阵。立即带领大家制订了工作方案，组建了以学校教研人员和任课教师为主的编写小组。指定我执笔初拟了关于"老年教育课堂教学"的三级提纲，按照全国编委会的要求，如期于 7 月 10 日寄往总课题组。我们的提纲经总课题组通过以后，立即分工开展了编写工作。

"课堂教学"的问题是"老年教育学"的研究中，最具实践意义、最富操作价值、最接教学地气的研究，案例呈现是它的最重要的基础和最有力的支撑。而老年教育的学校教育虽然业已走过了 30 多年的路程，但是关于课堂教学的案例积累，几乎处于一片荒漠状态。为此，我们在编写的过程中，也就不得不开展了关于课堂教学案例、实录的苦苦搜寻和重新征稿工作。正是在这一过程中，我们感受到了老年教育的老师们在课堂教学理论和实践上的陌生和无知，对课堂教学基本知识和方法的缺失和匮乏，对课堂教学艺术和评价的淡漠和忽视。这除了老年大学教师来源的特殊性，也还存在着对老年教育课堂教学的重视不够，老年大学教师培训的严重缺位。要重视老年教育课堂教学，要培训老年大学的高质量的授课教师，关于老年教育课堂教学论之类的书籍资料应该是雪中送炭。于是我们油然生发了要在我们完成全国的《老年教育学》一个章节的基础上，把我们的"课堂教学研究"扩充成《老年教育课堂教学论》——一本专著的想法，以此填补老年教育关于课堂教学的学习资料和教师培训教材的空白。这一想法与同行们一交流，大家异口同声："很好！很有必要。"领导也倍加赞赏，大力支持。

几乎就在完成全国《老年教育学》中的"老年教育课堂教学研究"这一专题研究的同时，我们已经全面地制订出了《老年教育课堂教学论》专著的编写方案。刚刚把四万多字的专题书稿《老年教育课堂教学研究》发走，我们就开始了二十多万字的专著《老年教育课堂教学论》的编写。

编书过程，特别是集中大家的智慧来编一本前无古人、依傍稀缺的专著的过程真是一次既艰难又惬意的跋涉。这里有兴奋和快乐，有困惑和焦急，经历了曲折和探索，也收获了友谊和进步。

我们忘不了第一校长、长沙市政协原主席范小新同志听取汇报后的当场指示：编写与出版《老年教育课堂教学论》，是学校教育科研提质增效的重要途径；研究老年教育课堂教学，是教师课堂教学水平提高的重要手段。学校的管理者和编写人员，尤其要注重在书中体现学员的诉求与需要，体现对一线老师教学的帮助，要加大书中呈现的信息量，使本书成为老年教育教师案头必备的好书。相关领导对该书的编写和出版也特别关注，给予了热情的鼓励和大力的帮助，并将此项内容作为全局绩效考核工作的重点之一向市委呈报。

忘不了龙校长听到编书建议以后与大家一起欣喜和激动，他对所有参与编写工作的同志说："太好了！我们一定要突出'精'字，把编书当作为创建老年教育理论研究基地的工作来抓。"铿锵有力的话语，激发了大家的编写热忱和成功信心。他不但主持制订了包括"组织管理、研究设计、时间节点、编写分工和伺服支持"在内的编写工作方案，特别强调了要把编写工作"列入常规工作、给予高度关注和提供适当经费"三点指示；在随即的编写工作中，还经常了解情况，询问进度，解决困难，多次参加有关会议。像2017年3月17日的征集案例会议，他就一直坐镇，直到案例征集中的数量、学科、人员、经费、时间等所有具体事宜全部落实了以后，他才离开。

忘不了贺佳妮副校长在第一次编写工作会上表达的掷地有声的决心："这是长沙市老干部大学'里程碑性质'的大事，我们一定要竭尽全力，保证质量。我们必须乘势前行。"她除了因为分管教学教研这一块工作而下大力气抓编写工作，特别难能可贵的是，身先士卒，亲自承担了执笔撰写第二章"课堂教学的原则"的任务。她认真钻研全书纲目，细心阅读有关资料，反复推敲章节观点，多次修改材料文字……写出了高水平的书稿。此外，在把控全书编写进度、关注书稿文字质量、解决各种繁杂问题和联系中国老年大学协会、学术委员会，后期的出书、送审等事务中，贺副校长都高度重视，不遗余力，亲力亲为，处理不误。

还忘不了施亮副校长，表示一定要当好编书的"勤杂工"，做细做好服务工作。不是吗？为了我们开出的几十本编书参考书目，他就亲自跑新华书店，亲自上网搜索购书……正是在领导们的高度重视和热情带动下，学校的资料管理、文书打印、后勤服务同志，无不对编写工作给予了高度关注和尽力帮助。

另外还值得特别提及的是，在编写过程中，我们所有编写人员重点学习、主要参考的三本书《老年教育学》《老年心理学》《老年教育教学论》（第一批《全国老年教育师资培训教材》）不够用时，《全国老年教育师资培训教材》编委会阮兴树主任从数千里之外的上海给我们免费寄送了教材过来，还积极热情地鼓励我们要把书编好，争取列入《全国老年教育师资培训教材》之中。《老年教育课堂教学论》是一本史无前例的书，编书是一次处女地的开垦，所有参加编写的人员无不十分辛勤刻苦，尽心尽力。我觉得对他们，怎样"堆砌"词语似乎都不为过：殚精竭虑、绞尽脑汁、焚膏继晷、彻夜难眠……记得 2017 年春节前两天，编写组年龄最大的唐异常老师，给我来信，信中说：

薛老师：

　　春节临近，首先祝您春节愉快，新年取得新的成绩。为了编写这本书，您出了大力，辛苦了。您的批阅我反复看了，觉得非常准确。对参与编写本书来说，一开始我就有畏难情绪，因为我自知没有这方面的经验积累，虽在老干部大学教过几年写作，那只不过是把自己在报社混了几十年的点滴体会表述出来而已，并没有提升到学问的高度。所以要编写一部有深度的教材，实在是无能为力。但又觉得这是一个非常有意义的工作，也许我一生只有这么一次，理当勉力而为。首先按您提出的意见，再对照提纲认真学习一些东西，认真思考，再调整内容，春节后重新写作。

　　另，关于终生与终身，因为出版的一些著作和一些领导讲话都是说终身，比如近两年全国各地都开展了"终身学习"征文，为了前后一致，我觉得还是用终身为好。

　　我想，在您的指导下，经过多次反复，会可以达到及格吧！

　　祝新年愉快。

唐异常

2017 年 1 月 26 日

读了年过八旬的唐老师的来信，我激动不已，热泪盈眶。唐老师是我们所有编写成员中做过多年记者编辑、最富写作经验、文字成果最为丰硕的老同志，对于编写此书，如此执着较真，谦虚谨慎；为了编书，除了认真参考了公用的图书，他还自费购买了不少资料。这种精神实属难能可贵，真切感人。

　　于是，我也当即给他写了回信：

唐老师：

　　您好！

　　临近除夕，还收到了您的回信，并且精神昂扬，态度谦虚，真是难能可贵，堪称我辈榜样！编这个东西，我们都是第一次，都是摸着石头过河。您老这么大年纪了，身体状况也不太如意，还能接受任务，坚持修改，实在让我钦佩之至。它将激励和敦促我们整个编写组在艰难跋涉中攻坚前行。有了这种精神，我相信，我们一定能够圆满完成任务，实现目标，不负各级领导，特别是龙校长的殷切期望。谢谢您了！

年，还是要过的。今天下午我就会赶回怀化，与亲人们团聚，享受中国人民一年一度的最热烈最隆重的节日盛宴和快乐。希望您也一样。暂时放一下工作，投入到春节的欢快氛围中去！

您的意见是对的，还是用"终身"好，约定俗成。另外前不久，读了您的一篇《想起了王蒙在我家做客》的文章。该文以文人之心碰撞文人之心，其心有灵犀的感悟自然会演变成委婉清丽的文字，一气呵成。并非鸿篇巨制，却写出了王蒙的命运和情感，又写出了王蒙的艺术和心灵，读来给人以文人的潇洒飘逸的享受。尤为宝贵的是，文中您一再以王蒙为榜样，检讨自己，表现了为人谦虚谨慎、躬身自省的绅士精神。像"做人一定要真诚，不论你干什么职业，一定要静心、专心、用心、潜心，决不可以漂浮在生活的表层，一定要潜入到生活的海底。人生一世太不容易了，活着就该像个人活着的样子，决不可以做个糊里糊涂活着的'混混'"这些话，似时时自我反省，却处处启示他人。您不愧为学问上是我们的老师，品德上更是我们的楷模。您有了这样的底蕴，还怕编书的文章写不好？

搁笔。敬祝

新春快乐，阖家幸福！

薛根生上
2017 年 1 月 27 日除夕

回信给唐老师之后，我觉得这种编写人员之间的情况交流、精神沟通，对所有编写人员都会有所触动和启发。于是我又加了如下的几句话把这两封信转发给了所有编写组的成员：

各位编写组老师：

你们好！首先祝大家新春快乐，阖家幸福！下面把唐老师和我的一次通信，转发给大家，算是向大家交流、汇报情况吧！暂时丢掉一切，品尝好今天的团年大餐和欣赏好今晚的联欢晚会吧！谢谢！

薛根生于除夕之日中午

看来，它还是产生了作用的，我们的编写组成员也是好样的。在整个编写中，大家互相帮助、同甘共苦。已逾古稀的花开山、有90高龄长期住院的母亲的黄庆达两位同志，争抢了额外的编写任务；身体常有不适的陈志丹老师，主动挑起了联系、敦促、收集补写案例的工作；年轻、刚投入老年教育工作才几个月的小谭睿，几乎是一位善于见缝插针又"针针见血"的优秀候补队员，完善了不少查漏补缺、锦上添花的细节。尤其难忘的是为了加强本书的实操性内容，我们在编写途中，发起和设计的一次老年教育课堂教学案例的撰写、征集活动。如前所叙，像《老年教育课堂教学论》这种在理论与实践相结合、偏重实践即突出实操性价值的教材中，案例具有非同一般的特殊的意义。正所谓"一例胜千言"。可是，走过了30多年的老年教育的课堂教学，缺乏这方面的积累。怎么办？我们必须解决这一难题，我们必须迎难前进。于是我们召开会议，制订方案，发动老师搜寻、整理、新写案例。首先，我们动员全校教师提供自己优秀的教学案例。其次，我们请执笔人员，梳理各人负责撰写的章节中，为论证、说明自己的理论和观点所需要的案例，然后请大家在我省各市州老年大学的教学成果中搜寻，向两个"五个十工程"已经出版的资料"求救"，还查阅《老年教育》及各种、各省市的正式非正式的老年教育报刊。最后，我们重点约请了我市16位老年大学的老师，向他们寄发了征求案例的通知，提出了案例撰写的要求，供给了优秀案例的范本，让他们去对应地、按图索骥地去回忆教学，参考范例，补写一些急需、不可或缺的案例。真是一次难忘的追求和搜寻！当然，功夫不负有心人，风雨过后见彩虹。我们不但收获了一本专著，还播种了深厚友谊；我们不但组织了一次全体教师关于课堂教学的大研讨，还进行了一次教师团队建设的大展示。总之，这本书，是一朵花——一朵众手浇开的幸福花；这本书，是一幅画——一幅集体描绘的丰收图。它，的确来之不易，委实弥足珍贵。

在全书即将付梓之际，我们必须记下他们的名字：唐异常（第一章执笔），贺佳妮（第二章执笔），陈志丹（第三章执笔），花开山（第四章执笔），张书志（第五章执笔），黄庆达（第六章执笔），谭睿（补写了第三章第四节和其他），薛根生（编拟提纲和审改统稿），黄祖训、张定浙、江焱（审读初稿），李军、邓倩妮（终审定稿），江天（封面设计）。

现在，《老年教育课堂教学论》即将摆在我们的面前了。仿佛一个初生的婴儿，多么稚嫩、柔弱啊！白纸黑字，字字醒目：问题在所难免，瑕疵无法遁逃。所以，我们衷心地、真诚地希望各位同行，敬祈有识之士，不嫌丑陋，不吝指正。我们一定会认真听取大家的意见，加强学习、研究，让它不断完善臻美的。

因为，我们一直记得龙校长和贺佳妮副校长的话：我们追求创造"精"品，我们必须乘势前行。关于老年教育课堂教学的研究，我们还在路上。

（写于 2018 年 10 月 24 日）

关于参加全国老年大学教学大纲
调研暨优秀教学大纲评选的建议

近日，《关于开展全国老年大学教学大纲调研暨优秀教学大纲评选工作的通知》下发，我校除了参加调研，还是应该参加评优。

一是我们编写教学大纲起步很早。2000 年，我校就提出了"办精品，争一流，创省会示范大学；抓管理，上质量，向每位学员负责"的口号。不久，又提出了"教学从休闲型、娱乐型、颐养型向实用型、益智型、进取型转变，管理从松散型向规范型转变"的具体目标。在 2001 年 7 月上旬的会议上，再次明确地提出了"为了实现以上的奋斗口号和阶段目标，我们首先要考虑学校的学制、教学计划、大纲和教材等问题"。于是 2018 年 7 月下旬，即由我就大纲和教材的编写问题拟订了初步方案，并于 9 月初，在开学前的全体教师大会上，布置了编写各科教学大纲的任务，印发了大纲编写的基本要求和格式。大纲的编写经历了教师—学校领导—有关专家—部分学员几上几下的研讨、修改。2002 年上学期，学校已开设的 22 个专业的教学大纲基本定稿，付印成书（现在还有少量存书），迄今已经 16 年。这在当时，据我们所知，只有天津、武汉编写了同类资料。

二是我们的教学大纲尽管因为编得较早，成熟度、完美度不够，但是编写体例比较全面科学。当时参与编写的老师，不乏大学教授（如蒋兴国、葛稀年、阳立、张会恩、戴月梅等）和专业名人（如王友智、孔仁和、徐建朴、王时焰、言浩生、王德安、王建伟、黄锦培等），因此基本质量是不错的，哪怕就是一字不改拿出去也不会贻笑大方。

三是距这一次的评选交稿截止时间还有一个半月，如果我们要补充新的或修改老的，都还有时间完成。这样不失为一次完善教学大纲、提升我们学校教学规范化水平的契机，是有百利而无一害的。

四是我们 2002 年已经编写了 22 个学科的教学大纲，近两年又新编了古筝和中医方剂学两科共 24 个学科，规模算是中等，如果能够再补充一些则更好。

若参与评优，我校还应做以下准备工作：一是修改、补充、调优。因为通知要求是"本校近 5 年来通过教学实践而编印成册的教学大纲"，那我们的不少大纲需要修改补充，而像计算机的教学大纲，肯定要补充近年来的一些新技术。调优，那就没有止境了。二是新写。摄影方面的图片处理和视频制作和许多新开的学科可以新写。三是方式。有的放矢地召开有关学科的老师会议，推选执笔人，马上动手。四是体例不变。修改、新写都沿袭原来的体例，保持全部大纲规范统一（变动会带来诸多麻烦）。五是规定完成时间。

（2018 年 12 月 13 日写于波士顿）

关于教学大纲修改定稿的建议

教学大纲的修改完善工作，组织合理，执行有力，成绩巨大，质量较高。如《智能手机应用教学大纲》的"前言"就写得非常简明得体："随着社会的发展，智能手机在生活中越来越普及，成了人们须臾不可离开的必需品。使用智能手机成了现代人的一种生活方式和习惯。很多老年人也希望学习使用此类手机，体验便捷而丰富的互联网生活。开设本课程对于让老年人运用这门新型的交流工具来适应社会的发展很有帮助。学习手机应用也是一种思维与动手的训练，它对促进老年人大脑的活动非常有益。""得体"是什么？"得体"就是写得很符合"前言"的内容要求：本课程的地位作用和对于老年人的意义。这个大纲的全部文字都写得简明扼要。又如《生活与科学教学大纲》的"教学中应注意的问题"也写得很好："避免脱离学员认知水平，空讲'理论'；避免生活与科学两不相干，只迁就一头；对老年学员不留家庭作业；尽量营造宽松、开心的学习环境。"好在哪里？简明实用。

一、关于教学大纲

教学大纲与教学计划是两个不同的概念。教学大纲、教材、教学计划都是教学实施中的重要组成部分。教学大纲是指导教学全部活动的总的纲领性文件，是最上位的关于全部教学活动的指南。纲，提网的总绳，纲要、总纲，即根本、统帅，所有教这门课的人，必须遵从，无一例外。教学计划是某一执教教师遵照教学大纲、按照所用教材和针对教学对象制订的某一阶段的教学执行方案。很显然，二者是有高低、大小、详略的明显区别的。其中教学大纲是编写教材、实施教学、进行评价的依据和指南；教学计划只是因人而异、因教师而异、因教材而异、因教学对象而异的某一教师制订、执行的教学活动安排。教学大纲就一个；教学计划有很多，一位教师必有一份。正因此，教学大纲中关于教学内容、要求的叙述与某一位教师的教学计划关于教学内容的叙述是不一样的，这里有高低、多少、总分、概括和具体之分，因此以某个教师的教学计划来取代教学大纲里的教学内容和要求是不恰当的。但是，鉴于时间紧迫，这次部分大纲的"各学期的要求"暂时采用了某一位教师的教学计划是一种临时性的补救措施。教学计划——白皮书，都按我们学校的教学时数安排，16次，大纲也成了16次，哪有这种大纲呢？其中还有一些教学计划非常粗糙简单，毫无学科内容方面的具体阐述和要求，仅仅开列了几个内容的名称而已，完全没有本学科课程的具体内容，这怎么指导教材编写和教学、怎么符合教学大纲的要求呢？如民族舞、迪斯科、隶书、陶笛、拉丁舞、瑜伽等学科的教学大纲就几近这样。这次舞蹈类教学大纲中，有几个大纲，"古典舞""现代舞""形体舞""健身舞"（这些是专业舞种的名字吗？）名词满天飞，教学安排就是极为抽象、笼统的两三个名称概括了16次课的内容；这能够概括内容、指导教学、掌握进度吗？真希望舞蹈系进一位优秀的科班生来把把关。刚好我们这次的教学大纲也来不及请有关专家审读，不会产生不良效应。但是，我们自己应该心中有数。有时间了，我们再来认真细致地修改、完善。

二、关于栏目

我调整了栏目：删去了"二、教学层次与学制"（已经完全体现在"各学期的要求"中了）；把"三、教材和参考教材"挪至"教学内容和要求"之后，并且把名称改成了"教材和参考资料"。因此整个教学大纲就是六个栏目：前言、教学目的、教学内容和要求、教材和参考资料、教学应注意的问题、教学评价。栏目名称也有小的改动：一级栏目的"教学目标"改成了"教学目的"，原因有二，一是"目的"比"目标"大，"目的"比较宏观、概括；"目标"比较具体、细致。一般是"教学大纲""课程标准"等写"教学目的"；"教学计划""教案"等写"教学目标"。二是这一次许多大纲的"各学期的要求"都又加了一个"教学目标"，一时不好删去，而同一个大纲里，不能有两个"教学目标"，这样分不清层次条理，因此更应该把一级栏目的"教学目标"改为"教学目的"。"教材和参考教材"改成了"教材和参考资料",一般来说,"教材"就是"教材",比较神圣、严谨,不大说"参考教材",而教材之外,就都应该属于"参考资料"了。"参考资料"比较自由、灵活,与"教材"有高下、等级、规范和随意、必用和任选的区分。同时文字上避免重复,"教材和参考教材",两个"教材"也不妥。

三、关于规范

全书格式必须统一规范。所有 33 份教学大纲的名称、栏目、序号、字体、字号、落款等,全都应该规范统一。

其一,名称。除"老年保健教学大纲""老年计算机教学大纲"和所有舞蹈类课程,均冠以"老年",其他的一律不冠以"老年"二字。其二,栏目。一级栏目六个:前言、教学目的、教学内容和要求、教材和参考资料、教学应注意的问题、教学评估。"前言",两个字之间空两个字符;"教学目的"前用汉字数字标序号,不加标点,空两个字符之后接栏目名称,居中;另外四个栏目与之相同。其三,序号。所有序号一律按"一(一)1.(1)"的层次使用。特别注意第二个层次是(一)(二)(三)等;还有"123"等阿拉伯数字后面的标点,是实心小圆点".",而不是"、"。(现在的不少大纲还存在这些问题,待认真仔细修改。)其四,字体字号。从美观、大方、醒目出发,统一就行。各级栏目最好有字体字号的区别,还可以加粗等。当然也可以从简。其五,教材和参考资料。"教材和参考资料"中,凡涉及专名正规出版物的,一律按书名、作者、出版社开列;不标序号;每一本书占一行。其六,篇末执笔栏。如"(周碧瑜阳立执笔)",执笔有多人,每个名字之间空一个字符;凡单名,名和姓之间空一个字符,用括号,置于文末右下方。

四、关于内容

一定要再有专人(建议谭睿,请学校领导定)把全部大纲,从标题、栏目、格式到文字、标点审读一遍,重点在文字的疏通、理顺,标点符号的增删、纠错和格式的规范、统一上。尽量消除语句通顺和文字标点方面的明显错误，力避贻笑大方。不能评奖事小，贻笑大方事大。另外，《拉丁舞教学大纲》缺一年二期的教学内容；《图片处理教学大纲》的"教学评估"完全不对：是要写这门课程怎样进行教学评估，而不是写教学评估的作用。

五、其他建议

其一，凡有原来大纲的，新大纲一律加署原来大纲执笔人的名字；排名顺序灵活掌握，大纲内容修改的多少算是一个标准吧。另外，像《行书教学大纲》《基础摄影教学大纲》《诗词教学大纲》除四个学期的教学计划是新增的之外，余全文同前，可是执笔人却只写了新执笔者；须知，原执笔人王友智、言浩生、张会恩等都是湖南省书法界、摄影界、诗词界的泰斗级人物之一，当时请来执教很不容易，原大纲也写得很好，本可以不动。教学大纲不能按某种固定的年限（两年）去编，要根据该课程的地位作用内容意义去编。大纲是指导全程的。中小学的语数外政音体美不都是六年吗？而其他学科就没有六年了。老年大学的办班可以灵活掌握，只办其中的一部分，像中国古典文学源远流长、浩如烟海，怎么能够两年就学完？另外，蒋兴国老师虽然已经逝世，但是他写过的原大纲也还是应该补上他的名字，处理一下，加个黑框，也是纪念。

其二，草书尽管我们现在没有单独开班，但还是应该把原《草书教学大纲》加进去（共33个）。

（2019年1月20日写于波士顿）

《老年教育课堂教学论》自读自审和修改提质要则

一、目标

其一，论述求全，案例求准。条条论述有事实，个个方法有举例。其二，精益求精，授人以渔；学以致用，便于操作。虽金无足赤，人无完人，亦殚精竭虑，不遗余力，斟酌推敲，绞尽脑汁，做出我们最好的自己，编成目前"最"好的专著。其三，文字通顺流畅，标点规范正确。以心智和汗水，创造出论述准确、新颖，用例典型、实用，文质兼美，适宜自学，具有时代性、前瞻性的老年教育师资培训教材。

二、要求

其一，意识。古人云：盖文章，经国之大业，不朽之盛事。从维护长沙市老干部大学的集体荣誉出发（该书署名"长沙市老干部大学编著"），为保护全体编写人员的良好形象（编写分工均写在后记里），一定要加强责任意识和质量观念，高度重视《老年教育课堂教学论》的修改提质工作。

其二，态度。不忘初心，心存宏愿；再接再厉，共同努力；把挑战当机遇，让目标变力量，以实干换硕果。攒心劲、花时间、下力气，以迎难而上、攻坚克难、不达目的誓不罢休的精神，做好这一次的修订工作。

其三，方法。（1）开阔视野，鸟瞰全国；不断学习，锐意进取；融入研究即常态、反思成习惯、读书是生活的书香人生。（2）不时交流字斟句酌的心得和修改推敲的感受，形成一种"以编促学、以改促研、编学相长、提升质量"的良性循环机制。（3）坚信"好文章是改出来的"的理念，多读多思多修改。一定把自己写的文字读过三四遍。以"子规夜半犹啼血，不信东风唤不回"的精神，达成我们的理想目标。

三、初步建议

（一）整体结构。其一，增加一章"绪论"。内容如下：国民教育和学校教育；学习型社会和终身教育；老龄化进程加速和老年教育；世界（全球）老年教育概述；学校教育和课堂教学（简论）。其二，六章大标题的调整。全用四个字，对称整齐。老年教育课堂教学的地位作用；老年教育课堂教学的基本原则；老年教育课堂教学的主要方法；老年教育课堂教学的艺术技巧；老年教育课堂教学的评价体系；创建老年学校教育的高效课堂。其三，目录由二级目录改为三级目录，即目录中列出每一节的一级纲目，便于浏览全书和查找详细内容。其四，加一个"附录"。

（二）章节调整。第三章：（1）补充一节：创新的教学方法（"创新"与"常用"对举。）①翻转课堂教学法；②慕课；③网络教育的课堂教学。（2）顺序调整。第三章"老年教育课堂教学的主要方法"的顺序调整为：第一节"教学方法的概念"；第二节"常用的教学方法"；第三节"创新的教学方法"；第四节"现代教育技术的运用（细节待研究）"；第五节"教学方法的选用举隅"。另，第五章第三节："老年教育课堂教学评价的内容和指标体系"改为"老年教育课堂教学评价体系的构建"。

（三）文字润色。减少长句，杜绝病句。消灭错字，避免别字。要着重解决有的章各节内容篇幅不相对均衡、相差较大的问题。

（四）分工建议。"绪论"由谭睿执笔；"创新的教学方法"中的"翻转教学法"和"慕课"由陈志丹执笔；"网络教育的课堂教学"由贺校长与老年大学协会的远程教育委员会联系；"征求典型案例"交由黄庆达执笔。

（五）操作方式。其一，审读和小修改及建议，就在原书上标记。其二，较大的修改补充，特别建议，均写进文字审读报告。

（写于 2019 年 6 月 2 日）

文学艺术赏评

长沙市老干部大学
纪念毛泽东同志 110 周年诞辰摄影、绘画、书法展览
前　言

　　湘江水碧，麓山枫红。毛泽东同志 110 周年诞辰即将到来。为了表达长沙市老干部大学全体师生员工对毛主席和老一辈无产阶级革命家的无限崇敬和深切怀念，我们特举办这一次摄影、绘画、书法作品展览。

　　这些作品，有的描绘祖国大地的壮丽山河，有的勾勒人民群众的小康生活；有的点染五彩缤纷的花草虫鱼，有的书写日新月异的长岛人歌……无论是泼墨丹青，还是挥毫作书，抑或快门留影，它们都表达出这些沐浴党恩的离退休老同志缅怀革命先烈创造的丰功伟绩和欢呼今日祖国繁荣昌盛的殷殷深情。

　　职非专业，艺匪精深。他们所追求的是老有所为，老有所学，老有所乐。而这，正是最宝贵的。

　　为了表彰创作者的创造性劳动，进一步激发大家的创作积极性，这次的展览还将评选优秀作品，分设一、二、三等奖。欢迎广大学员当评委，投上您神圣的一票。

　　祝老同志学习愉快，健康长寿。

长沙市老干部大学

2003 年 11 月

长沙市老干部大学
庆贺改革开放 30 年学员摄影、绘画、书法优秀作品展
前 言

　　30 年沧桑巨变，30 年风雨兼程；30 年改革开放，30 年光辉历程。铸就了一个民族近百年的梦想，让中华民族踏上了民族复兴的伟大征程！中华大地再次焕发青春活力，中华民族正以崭新姿态重新屹立于世界民族之林！

　　改革开放的 30 年，是中国经济迅速发展的 30 年！改革开放的 30 年，是中国社会和谐稳定的 30 年！改革开放的 30 年，是教育事业稳步前进的 30 年！改革开放的 30 年，是中国航天事业不断创新的 30 年！改革开放的 30 年，也是我国体育事业蒸蒸日上的 30 年！

　　30 年，长沙市老干部大学从无到有，从小到大，走向繁荣昌盛；学员们从少到多，从多到优，健康快乐，提高成长。

　　师生砥砺，同窗切磋；春华秋实，朝花夕拾——成就了我们这个"学员摄影、绘画、书法优秀作品展"。

　　它镌刻着学校师生的艰难步履，

　　它浸渍着学校师生的沥沥汗水，

　　它是学校师生献给党和祖国的一份薄礼，

　　它也会给同龄人留下激励和启迪。

　　谢谢参观！

　　欢迎指导！

长沙市老干部大学

2008 年 11 月 24 日

长沙市老干部大学
复校 10 周年教育教学成果展
前　言

　　伴随着祖国社会主义四化和和谐社会建设的快速步伐，长沙市老干部大学复校之后又走过了 10 年光辉历程。今天，长沙市老干部大学已经是一所活力迸发、青春唤回、快乐涌动、智能生辉的学校。

　　10 年岁月如梭，10 年奋斗如诗，10 年风景如画。10 年来，近百名教职员工，来到这所学校。他们坚持"增长知识、丰富生活、陶冶情操、促进健康、服务社会"的宗旨，克服困难，努力创新，使学校实现了从小到大、自低到高的跨越式发展。学校一步一个脚印地获得了"全市先进老干部大学""全省先进老年大学""湖南省老年大学示范校""全国先进老年大学"的殊荣。10 年来，上万老年学子，步入了这所多学科、多层次、多形式的学习殿堂。在这里，他们或挥毫泼墨，或吟诗作赋，或欢歌起舞，或养生保健……他们体味到了新的人生，焕发出了新的活力，收获得了新的成绩。值此校庆之际，我们特从学员们数以千计的绘画、书法、摄影、工艺作品中采撷几束鲜花、几许香果，展示于后，以志庆贺；将学校办学的部分成绩、荣誉捧献于此，以之自励。这一幅幅丹青，一方方龙蛇，既绘出了祖国家乡的美景，又吟出了时代改革的强音；既散发出鹤发童颜的青春活力，演绎着生命的精彩，又记录了我们艰辛的探索，见证了我们光辉的成就。这里的每一张奖状，每一尊金杯，既凝聚了全体师生的艰辛和汗水，也代表着祖国和人民对我们工作的赞扬和肯定。这些，昭示着我们：我们工作了，我们收获了，我们还要继续努力！

　　祝愿我们的祖国繁荣富强，蒸蒸日上！祝愿我们的学校乘风破浪，扬帆前进！

长沙市老干部大学

2009 年 10 月 28 日

长沙市老干部大学
庆祝中国共产党成立 90 周年绘画、书法、摄影作品展
前　言

当今时代，文化，特别是优秀的民族文化，越来越成为民族凝聚力和创造力的重要源泉，越来越成为展现国家综合实力的重要因素。丰富精神文化生活，提高人文素养水平，是广大老年人的热切愿望。作为中华文化的瑰宝和奇葩的绘画、书法，更是我国文化老人们的爱好和特长。长沙市老干部大学的学员们，他们躬逢盛世良辰，欲以自己的水墨丹青促中华千年积淀的跃进升涨；他们比肩花甲古稀，要用手中的如椽彩笔激中国传统艺术的接力腾飞。他们在很短的时间里，以饱满的政治热情，创作了百多幅思想深刻、题材丰富、技法精湛和风格多样的艺术珍品。他们奏响了一曲雄浑豪壮的爱党、颂党、永远跟党走的交响大合唱，他们铺排了一场激情喷涌、色彩斑斓的绘画、书法、摄影艺术展览。

谨以此展览献给中国共产党成立 90 周年，并以飨社会各界人士及广大学员们对长沙市老干部大学的关心和厚爱。还企盼大方之家的不吝指教！

长沙市老干部大学

2011 年 5 月 18 日

文学创作与老年生活

——在湖南读书会2013年"文学创作与老年生活"主题活动开幕式上的发言

理想的老年生活是老有所乐、老有所学和老有所为的生活。

老有所乐的老年生活必然涉及文学创作。因为文学创作已经充盈于我们的现实生活：文学书籍汗牛充栋，文学杂志层出不穷，文学创作随时可以揽于我们手中。正因为文学创作如此丰富，选择余地就十分广阔：你可以读小说，你也可以诵诗歌，你可以赏散文，你也可以看剧本。而且文学创作的生动形象、美丽画面、曲折情节和优美语言，会让你乐于阅读，乐在其中，乐此不疲，使你的老年生活其乐融融也。

老有所学的老年生活最好多看文学创作。从文学创作中我们可以学做人：江姐、梁生宝、保尔·柯察金永远是我们的人生楷模，让我们信仰坚定，品德高尚，知难而进。从文学创作中我们可以学知识：读了《红楼梦》和《水浒传》，我们基本了解了什么是封建社会；看完《红日》和《保卫延安》，你就大致弄清楚了中国新民主主义革命中的解放战争阶段，中国共产党领导的人民解放军是怎样粉碎国民党对解放区的重点进攻的；浏览《国画》《青瓷》《沧浪之水》《国家干部》《国家公诉》《国家机密》《官场》《丑事》《换届》《大雪无痕》《官场女人》《黑白道》等一系列当代小说，关于我国当前的反腐形势的严峻性会你就也认识了七八成。从文学创作中我们当然可以学写作了，多读文学创作，特别是名家作品并细心体会，你就会从中领略到文学创作应该怎样选材，怎样立意，怎样结构，怎样呼应，怎样开头，怎样结尾，怎样运用语言，等等。文学创作中，需要的东西你都可以从阅读文学作品中学到。

老有所为的老年生活可以选择文学创作。文学创作有三个根本因素：一是激情，创作的欲望；二是生活，创作的源泉；三是技巧，创作的方法。除了第三条创作的技巧一般老年人稍微次一点，前两点，老年人都是具备且富有优势的。而技巧，可以慢慢来，不必追求过高，能识字写文章就有了文学创作的敲门砖了。更何况有不少老年人握有高中、大专、本科甚至更高的文凭呢！《高玉宝》的成功不是唤醒着我们、鼓舞着我们吗！莫言的获奖不是也昭示着我们、激励着我们吗！

或质曰：何以为证？

应曰：长沙市老干部大学写作班的学员们就是明证。

他们的《枫叶见证》《湘水一舟》和迭迭出版、屡屡发表的作品就是明证。

彭罗生的《静观楼记》和唐美珍的《野菊花》更是鲜活、典型、有力的明证。

（写于 2013 年 5 月）

叶落一地　散落成歌

——《金秋红叶》代序兼介绍"湖南有个写作班"①

一

2016年10月27日早上，我收到了一封署名"兰兰"的邮件。打开一看，原来是刚刚离开一个半月的长沙市老干部大学写作班的班长黄健安写来的：

尊敬的薛老师：

　　您好！

　　听陈志丹老师说您去美国探亲了，享天伦之乐。学生祝您永远幸福安康。

　　今有一事麻烦您，我们写作班明年成立10周年，准备编辑一本书《金秋红叶》（从1—18期《枫叶见证》中挑选好文章汇集）。我们班全体师生想请您为我们的《金秋红叶》写篇文章"湖南有个写作班"。为盼！

　　致礼！

写作班全体师生拜托（黄健安）

好事啊！回想起自己来老干部大学10多年，与写作班有过许多因缘，见证了写作班的足迹和成长，责无旁贷地应该接受这一盛邀！但是一审视自己

---

① 本文压缩版载于《金秋红叶》，团结出版社2017年版。

的这支秃笔，又深恐有辱使命，不敢造次。一番思想翻滚之后，还是觉得不能辜负众望——"写作班全体师生拜托"，文章差就差吧，这份情感才是最重要和最珍贵的。于是当即就给黄健安同志写了回信：

黄健安同志：

您好！

来信收到。欣闻你们又有惊人之举，为你们、为写作班、为长沙市老干部大学、为我的老同学张书志老师而骄傲、自豪！谢谢你们的信任！却之不恭，只能遵命了。说点感想，权当代序。不知你们什么时候出书？可否把电子稿发给我，以便我拜读。谢谢！

即颂

秋祺！

薛根生

2016 年 10 月 27 日于波士顿

说时迟，那时快。第二天，书稿的电子版就收到了。文章共有 56 篇之多。

二

我与老伴是于 9 月 14 日离开长沙来到美国波士顿的。

波士顿在美国的东北部。是美国的一座历史文化名城。公元 1620 年，欧洲的第一批移民乘坐的"五月花号"帆船就是在波士顿海滨的普利茅斯靠岸的。世界顶尖的哈佛大学、麻省理工学院和一批名校都在这儿。人们都说，波士顿的冬天是冰雪严酷统治的世界；而秋天，却别有一番风味——不，有人说，那是韵味。什么韵味呢？从我闺女的这个庭院来看，这个韵味就是在湛蓝的天空下，在和风的吹拂中，屋前屋后的草坪和草坪里的所有树木和花草，都在自然欢快地舞蹈着。其中，三叶草和银杏叶的舞姿尤其婀娜翩然，加上在青葱的绿色中，不少的树木花草已经开始变幻出一些鹅黄和浅红，让人感觉到这儿弥漫着一种温馨的气氛，感觉到人和大自然的相处是多么和谐：

波士顿的秋天，还真不错。其实，波士顿之北的新罕布什州，才是美国东北部秋韵的中心舞台。在这中心舞台上，演绎的主旋律是枫林红叶。

10 月 4 日，一家人驱车去新罕布什州看红叶，而且是直奔"白山国家森林公园"去的。还是在北京机场搭乘中国海南航空公司的"北京—波士顿"航班登机的入口处获赠的一本小册子《波士顿第一本中文指南——波士顿任你游》上，就写着："九月至十一月是新英格兰最美的季节——秋季，本地区居民昵称'枫叶季'，每年九月底到十月底是新英格兰地区赏枫的最好时机。"又说："新英格兰最知名的赏枫景点当属新罕布什州的'白山国家森林公园'。白山国家森林公园及周边地区除了山林湖滨之美，有峡谷、瀑布、空中缆车、观光火车及奥特莱斯购物中心等景点，能满足不同人的旅游需求。每到赏枫旺季，大批赏枫人群涌入。"我们的汽车沿 93 号公路行驶，一路上已经能够透过车窗看到路两旁和附近的许多美丽的红枫，大人小孩无不时常发出惊讶的赞叹之声，并且忍不住或用相机或用手机摄下瞬间的美景。两个半小时后，我们进入了"白山国家森林公园"。真是名不虚传，各种红枫的佳景奇姿，美不胜收，爽心悦目。我们根据入口处获赠的游览图，一个景点一个景点，尽量不落下不留遗憾地品赏、拍照。此处不愧为全美入秋以后欣赏红叶的第一胜地。

近日，风云突变，几度秋风，美丽的红叶纷纷扬扬随秋风萧萧而下。就在我的窗外，原来是红叶满树，就像一团火球的一株枫树，也就只剩下枯枝和几点残红了。好一阵大煞风景之感。正在伤感之时，却见树下的落叶虽已离树，但是还叠合、交织、铺排成了许多奇形怪状、丰富多彩的图案，煞是好看，别有一番风骨神韵，仍不失为一道美丽的风景。顿然，人类联想的翅膀和思绪的纽带驱使，一个遗忘了许久的诗句冒了出来：叶落一地，散落成歌。

不是吗？长沙市老干部大学的写作班的学员们，他们虽然已经进入人生的秋景，但是，他们回望人生一路走来的足迹，他们用在老干部大学学到的写作知识，采摘自己人生旅途的一片片红叶，谱写出了一首首美丽动人的"诗歌"！

三

一个人，一群人，所有的人，一生中都会经历很多，收获很多。其中，有飘然而逝永远想不透的世事变迁，有恍惚而至永远忘不掉的激情岁月。有的灿若群星，万千闪耀；有的黯然神伤，无比凄凉。我们无法排遣记忆，于是总是尝试着，创造自己甜蜜的哀伤；尝试着，馈赠别人忧郁的安慰。虽然，青春的繁花似锦早已荡然无存，虽然，风光的灿烂年华也已消磨殆尽，但是，我们仍然企望在夕阳的余晖下，恬淡地追寻旧时的背影；仍然期盼从微弱的灯光中，清晰地重建久别的轮廓。我们追求的是，将记忆藏于花蕾，伴随着鲜花的芬芳，在物欲横流与世态变迁之中，绽放，闪光；将往事载着音符，变成悠扬的曲调，在改革开放与一日千里之中，和着时代的旋律，欢唱，高歌。到了老年，尤为蔚然。

于是我们有了《枫叶见证》，我们有了《金秋红叶》；我们有了《再铸精彩人生》《浏阳河情结》《优雅地变老》……这么多内容丰富、风格各异的歌。

"叶落一地，散落成歌。"这里最响亮的是献给伟大的党和祖国的颂歌。

我们这一辈人，在红旗下长大，对给我们带来幸福生活的中国共产党有着无比深厚的感情；对我们历史悠久、历经磨难却重获新生、欣欣向荣的祖国怀着深深的热爱。当然我们的第一心声就是党和祖国的颂歌了。

张明泰同志以自己亲历的重大事件——1992 年 1 月 18 日小平同志路过长沙时，他随同省市领导一起在火车站与小平同志约 20 分钟的接触为题材，撰写了《记忆犹新——纪念小平同志到长沙 20 周年》的短文，以简练的文字介绍了小平同志对湖南和长沙的指导讲话：要"依靠共产党的坚强领导，依靠社会主义制度的优越性"；"从实际出发"，"要抓住机遇，现在就是好机遇"；"改革开放的胆子要大一点，经济发展要快一点，要实干，要力争隔几年上一个台阶"等。可贵的是，文章还用长沙随后几年发生的巨大变化雄辩地证明了小平同志南方谈话的正确性，歌颂了我国坚持中国特色社会主义道路的伟大成就！文章以精当的人物对话和精练的列举事例体现了短小精悍的特色，很有价值。

《忆老首长张万年同志》，是曾经与张万年同坐一个办公室的解放军老战士黄卓士同志写的一篇回忆录。作者从亲密的战友、上级、教师和首长的角度，以比较细腻的笔触，十分清爽的白描，鲜活丰盈、有血有肉地记叙了张万年同志认真负责、关心同志、身先士卒、平易近人的优秀品质，生动地诠释了张万年同志从师长、军长、大军区司令员、总参谋长、军委副主席、中央委员直至中央政治局委员的历程，巧妙地歌颂了我党我军高级将领的高尚品德。读来心潮起伏，真实感人。

刘惠年的《参观铁道游击队纪念公园有感》和胡振球的《让爱心焕发光彩》是两篇巧妙歌颂祖国的文章。《参观铁道游击队纪念公园有感》内容比较丰厚，在以亲自聆听过赫赫有名的"铁道游击队"副大队长的报告为引子、以参观铁道游击队纪念公园为主线，重点以歌颂英雄人物来表达作者对党的崇敬和祖国的热爱，辅以思维灵活、眼光敏锐的笔触，涉及了多数日本人民的友好情怀和对目前中日关系的深入思考。文章立意深远，构思不凡，描写人物肖像生动，叙述事件有详有略，显示了作者一定的语文功底。

《让爱心焕发光彩》则以作者参加的一件代表组织扶贫济困善事的详细记叙，歌颂了一个"五人小组"的志愿团队在开展爱心救助活动中表现出来的"暗访摸底、谨慎行事；大公无私，阳光操作；救助对象，本人例外"的优秀品格和社会主义制度的无比优越。文字简练，层次分明，复杂的背景一目了然，曲折的过程清晰有致。这些当然都是对祖国和党的颂歌。

四

"叶落一地，散落成歌"里大量的是好人的赞歌。

"文学是人学"，高尔基的这句话，道出了文学的本质——文学创作不能离开写人。但是我们面前的这些"落地的红叶"，全是些短小篇什。因此要写出人物的独特个性，写活人物的鲜明性格，并非易事。这本集子里集中写人的文章有上十篇，从世界知名的袁隆平，到不知姓名的"擦鞋女"；从我们尊敬的老师、专家，到我们身边的伴侣、同学；有专门前往采访的，也有当仁不让自述的……总之，他们都是好人。都是值得我们赞美的榜样。

张书志老师写的《为了人类——记"杂交水稻之父"袁隆平》，除了用极为简练的几笔"身材瘦小,背微驼,微微褶皱的裤角还有些泥巴的印痕。初次见面,你很难把眼前的这位朴实的'老农'与大名鼎鼎的'杂交水稻之父'联系起来",勾勒了这位全世界赫赫有名的农学家的肖像,主要是粗线条地概括介绍了他的不凡经历和重大成就,读来让人肃然起敬:真是一位解决了全世界的人吃饭问题的了不起的人。文字不多,内容厚重,显示了写作班老师的驾驭语言文字的非凡能力。

彭罗生的《"国宝"何光岳》一文,内容一半是到何家采访,一半是来校上课纪实。文章选择了关于何老的几件事:一副对联"有书读时最幸福,无事做来才贫穷"、藏书十三万册创全国私藏之冠和著作极丰出版专著2530万字;胡耀邦誉之为"国宝";在长沙市老干部大学讲课时,没有讲稿侃侃而谈,下课铃响了也浑然不知;加上言简意赅的"我在想"和"我在反省自己",很好地表达了作者对这位自学成才、著述颇丰、口若悬河、直言不讳的知识老人的崇敬和向老人学习的愿望。文笔也是比较熟练的。

《特殊党费》(罗杏珍)文章极其精练,用了不到650字向我们诠释了"特殊党费"的"特殊"之含义:一个贫苦农民的孩子,13岁背井离乡来到长沙当学徒。参加革命工作后,一切听从党的召唤,一心一意为人民服务,从一个普普通通缝制军人服装的工人,成长为一名对党忠诚不贰、廉洁自律、两袖清风的高级干部,多年来每次扶贫救灾都是争先恐后地捐钱捐物,死后还(以自己的精神力量)让夫人去交了"躯体不存灵魂鲜活的特殊党员的'特殊党费'"。这,在今天,应该是对所有贪腐变质的那些老虎苍蝇的一记响亮的耳光。《特殊党费》——"特殊文章",不为过也。读后直叫人感叹唏嘘,崇敬钦佩之情油然而生:平凡的共产党员,伟大的人生楷模!

《交"党费"的银发老人》(杨先玲)是一篇与《特殊党费》有异曲同工之妙的文章。异在赞赏的对象为极其普通的不知名字的"银发陈老太太"。作者借助长达10年的观察,描述和截取一段电视新闻节目中几分钟的视频再现,通过比较细致的外貌和语言描写,同样为我们刻画了一位优秀的共产党员的光辉形象。还有一点值得提及的是,文章的结尾处不惜笔墨用了两段文字表达了自己对银发陈老太太的高度评价和崇敬心情。仿佛在告诉读者:好人啊,金子一般的好人,祝您一生平安!

《刘老头的屋顶花园》（杨友凤）是一篇取材比较奇特的文章。它用在公共宿舍的屋顶上开辟花园的曲折过程、繁难劳动和花园建成以后的美好情景、幸福感受来衬托有为的老年好人刘老头。特别是关于花园美景和人们在花园中享受到的神清气爽、诗情画意的具体描述，显示了作者的写作功力，使人们对这位"老伴笑他：半夜三更在这里'臭美'，要建成长沙市最美的屋顶花园，让人忽地觉得生活的美好！人与人之间不知不觉和谐起来"的刘老头更生感谢和敬佩之意。

《一件小事》（王琳）是一篇小中见大的文章，讲述了两位不知名姓的擦鞋妇女挣钱养家的故事：一位进城擦鞋10年，"打两份工"，"家里砌了新屋"；一位春节还没过完就进城来擦鞋了，"两个儿子都大学毕业了，大儿子在北京读研究生，二儿子今年也考上研究生了。这么多年都是擦鞋的钱交的学费"。这说明这个社会新的分工（国际上承认的职业名称——皮革护理员）可以让目前仍贫穷且无特殊技能的人，只要不埋怨、不自卑，找到自己的正确位置，朝着心中的目标、美好的愿望努力再努力，就也能赶上改革的列车，早日脱贫致富。毫无疑问，这两位不知姓名的擦鞋妇女，是当代妇女的佼佼者，是值得人们学习的榜样。文章深刻地反映了社会的发展，人们意识的变化，隐喻着勤劳致富、逆境成才的深意。文字通俗流利。同时，作者是这样描写第一位擦鞋女的肖像和擦鞋动作的："一位身着深红色上衣，梳着马尾的中年妇女马上蹲在了我的对面，并用那双久经风霜、粗糙、深棕色的手，麻利地卷起了我的裤脚边。然后，拿起一块黑乎乎的布，飞快地把我的皮鞋从前往后，从上至下抹了个遍。接着右手拿起一个有把的黑色鞋刷，左手迅速从一个超市卖皮蛋、盐蛋才用的小竹篮里摸出一支黑色鞋油。在鞋刷到达鞋面的同时，左手使劲挤出的一点点黑亮的膏状体，也同时到达我的鞋面。……双手左右拉锯的动作更是快了起来，脸上的喜悦也不断地感染了我。"堪称惟妙惟肖，栩栩如生，如见其人。

《追赶太阳的人》（陈龙泉）、《我为祖国找铀矿——为建国六十周年而作》（陈泽南）和《自费编书为大众》（蒋励）是三篇个人回忆录，也是人生的得意之作——攻坚和收获之歌。《追赶太阳的人》生动地讲述了作者当年为了国防测量，为了建立国家永久性测量标志和提高国防高科技成果质量，

"夜以继日，不换班，无节假日地干着。太阳无休，测绘人就无懈"，与时间赛跑，成了"追赶太阳的人"，终于把奋斗的光辉业绩写入了《当代中国的测绘事业》史册。文章关于为什么要"追赶太阳"、与时间赛跑，交代得简明扼要，而怎样"追赶太阳"，与时间赛跑却记叙加描写并穿插抒情议论，让人身临其境般了解了他们艰苦卓绝而意义非凡的生活。这是流光溢彩的人生啊！这是共和国的有功之臣啊！有人说，有"军旅历程"的人生，是与众不同、至死不悔的人生。信然也！文章详略得当，寓抒情于记叙之中，有法得体。

《我为祖国找铀矿——为建国六十周年而作》是一篇回忆录的佳作。佳在何处呢？一是文章中关于 20 世纪中叶新中国百废待兴景象的介绍。关于新社会万象更新的氛围和新时代一日千里的脉搏，给年轻人强烈的感染，把每一个年轻人都带进了激情燃烧的岁月，都焕发出了朝气蓬勃的精神，把青春献给祖国的决心的描写十分真实生动感人。我与作者是同时代的人，当我读着这些文字时，我就情不自禁地沉浸在当年的岁月中，倍感亲切，激动不已。二是作者个人经历的记叙饱含着爱国的深情。当年作者正是怀着爱国的激情，高唱着"把青春献给祖国"的壮歌，以能成为建设时期的"游击队员"而倍感自豪的心情，远离城市、远离故乡、远离亲人，放弃了一切物资和文化生活的享受，忍受着对故乡和亲人的思念之情，与大山为伴，与石头谈情，成为了一名探寻地下的铀矿的勘探队员的。风餐露宿，不辞辛劳，跋涉在祖国的崇山峻岭之中，心中被一种崇高的圣洁的理想激励着，一干就是 18 年。作者的语言，我们今天读来还是那么自豪，那么铿锵有力：

> 是我们在荒无人烟的深山老林，印上了人类的第一个足迹；是我们燃起的第一堆篝火，照亮了漆黑无边的大地；是我们的第一声开山炮，震醒了沉睡千年的荒山。
>
> 1964 年我国第一颗原子弹爆炸成功，就是使用了该矿提供的部分原料。

尤为可贵的是，作者在文末，联系祖国改革开放以来，国力有了极大的增强，不仅有了原子弹、氢弹，还拥有了神六、神七；在太空领域的竞争中，我国已进入了世界的前三强，由衷地说：祖国呀，我衷心地祝福你，更加繁荣昌盛！文章自始至终流淌着一种以国相许、为国献身的豪情，散发出震撼人心的力量。

如果说前面两篇自叙的文章述说的是当年的豪情壮志、丰功伟绩的话，那么，《自费编书为大众》（蒋励）则是作者汇报自己退休以后、人生暮年如何创造生命价值的事迹。蒋励夫妇是我们长沙市老干部大学的优秀夫妻学员，还是《枫叶》校刊的积极撰稿人。他们从追求人生真谛——活得有价值、有意义出发，将报刊上介绍的各种行之有效的单方验方汇编成册，免费送人。文章重点写了三个方面：一是夫妇俩编书的精细过程；二是本书产生的良好效应，略写社会媒体的赞誉、亲朋好友的表扬，详写这本书给许多病人带来的治疗特效；三是这本书作者多次加印、朋友捐资重印、一些单位医院慈善机构翻印前后共印 12000 多册的情况。这样写是有讲究的。它说明了作者所做之事是认真细致、精益求精、慎之又慎的，其社会效应和治疗效果是非常非常好的，受到欢迎而频频增印是必然的，也实现了作者的初心。文章条理清晰，语言质朴，有一种撞击人心的力量。

五

人为万物之灵，是有感情的动物。"叶落一地，散落成歌"当中，自然少不了人与人之间的情歌——亲情之歌、友情之歌、爱情之歌。这是文学永恒的主题。

亲情中怀念母亲、畅抒母子之情的最多，有 4 篇。均属叙述真事、抒发真情的文章。其中首推袁隆平的《稻子熟了，妈妈我想您了》。根据附注我们知道此文是袁隆平院士 80 岁生日晚会上的一篇致辞。很奇怪啊？为什么在个人的生日晚会上，只字不提自己的生日而大讲母亲呢？这使我想起了儿时常听长辈们说的一句话：儿女的生日，妈妈的苦日。也许，有这方面的原因。不过如果我们认真细读全文，就知道，这不是最主要的。最主要的是作者与母亲的特殊情感：反省疏于陪伴母亲、不能为母亲送终的遗憾愧疚和感恩母亲的拳拳深情。为什么题目是"稻子熟了，妈妈我想您了"？这个比较好理解：首先是稻子熟了，有收获了，想起源头——妈妈了。其次是，作者是专门研究水稻的，水稻是他的全部事业。稻子熟了，是自己的事业成功了。事业成功的时候，人都会想念自己的亲人，其中首要的当然是妈妈。第三，作者的妈妈对自己的水稻研究成功有久远的、直接的、重要的影响：我用一粒种子改变了世界。这粒种子是妈妈您在我幼年时种下的！

　　袁院士虽然不是文学家，不是诗人。但是，真情出至文。本文直抒胸臆，畅叙感情，一唱三叹。文章以"稻子熟了，妈妈，我来看您了"开宗明义，抒怀点题。接着，以简练的叙事，用几个典型的细节——您陪着我，脸贴着地图，手指顺着密密麻麻的细线，找了很久，才找到地图上这么一个小点点。当时您叹了口气说："孩子，你到那儿，是要吃苦的呀……"您哪里走得惯乡里的田埂！我总记得，每次都要小孙孙牵着您的手，您才敢走过屋前屋后的田间小道；妈妈当时您一定等了我很久，盼了我很长时间，您一定有很多话要对儿子说，有很多事要交代——叙事中饱含深情地表达了对妈妈的怀念和歉疚。接着，又直接呼叫妈妈，再次向妈妈倾诉感恩之情："妈妈，每当我的研究取得成果，每当我在国际讲坛上谈笑风生，每当我接过一座又一座奖杯，我总是对人说，这辈子对我影响最深的人就是妈妈您啊！"文章到此，本来可以结束了。但是袁院士的恋母深情驱使他再次一唱三叹，用三个"无法想象"重抒母亲对自己成长的意义，强调母亲对自己获得今天成就的作用：

　　　　没有母亲就没有今天的我。无法想象，没有您的英语启蒙，在一片闭塞中，我怎么能够用英语阅读世界上最先进的科学文献，用超越那个时代的视野，去寻访遗传学大师孟德尔和摩尔根？

　　　　无法想象，在那个颠沛流离的岁月中，从北平到汉口，从桃源到重庆，没有您的执着和鼓励，我怎么能够获得系统的现代教育，获得在大江大河中自由搏击的胆识？

　　　　无法想象，没有您在我的摇篮前跟我讲尼采，讲这位昂扬着生命力、意志力的伟大哲人，我怎么能够在千百次的失败中坚信，必然有一粒种子可以使万千民众告别饥饿？他们说，我用一粒种子改变了世界。我知道，这粒种子是妈妈您在我幼年时种下的！

最后文章又用"稻子熟了，妈妈，您能闻到吗"作起句，与开头首尾照应，并点明题意，一气呵成、一情贯通地结束全文。全文不满千字，读来却让人荡气回肠，催人热泪盈眶，真乃天下之至文也。古人云：读《出师表》不落泪者不为忠臣；读《陈情表》不落泪者不为孝子；又云：忠孝难两全。读完袁院士这篇文章，我们眼前是不是屹立着一位做到了两全的伟人呢！

李正南的《我为母亲剪指甲》也是一篇富有特色的怀念母亲的散文。特色之一是文章巧妙地借母亲逝世前一个月为母亲剪指甲这件特具温馨亲切的小事，通过"剪着，剪着，面对这双布满皱纹的手，一股血肉相连的感觉，在我心头油然而生，母亲往日的生活情景，一幕一幕呈现在我眼前"而引出对母亲的怀念、感恩和评价。特色之二是通过剪指甲的对象——"手"而引出的三个关于"手"的统领句："母亲的这双手，曾经是一双纤细而灵巧的手""母亲的手，也是一双勤劳而能干的手"和"母亲的这双手，对儿女更是温暖而又慈善的手"，分述了母亲最突出的勤劳能干和温柔体贴两个方面的优良品格。特色之三是文章结尾仍扣住"剪指甲"这个题目，用"指甲已经剪完了。母亲现出了满意的微笑，可是我握住母亲的这双布满皱纹的手，却舍不得松开"的描写，再次抒发敬母爱母的难舍之情，篇末点题，余味无穷。

罗朝霞的《儿女教我怎样用"面膜"》《儿子教我使用 iPad》两篇文章，是从孩子孝敬长辈的角度来讴歌母子亲情的，别开生面，别有新意。其"新"有三：一是反映了现代生活给家庭、给老年人的生活带来了巨大的前所未有的变化，老一辈人的生活水平在不断提高，生活日趋现代化、科学化、丰富化；二是赞扬了做儿女的中年一代的回报家庭、感恩父母的优良传统家风，丰富了晚年家庭生活的内容；三是在写法上与大多文章不同，较多地使用了人物对话，使记叙较为具体形象、生动活泼。这些在这本文集中，都是较为罕见和比较突出的。

在古今中外抒写亲情的文章中，写父母爱人、兄弟姐妹的较多，写其他的不太常见。比如写伯父的，我就只读过周晔写的《我的伯父鲁迅先生》一文。因此，罗蓉建的《伯父》一文，给人一种特别的感觉。一是伯父这个人本身，虽然他家世、名声、成就、影响远远不如鲁迅先生，但他是一个非常真实、非常有个性的人，更是一个具有众多优秀品质和卓越人格的人。值得一写。作者使用了外貌、语言、行动和侧面描写等多种刻画人物的方法，也基本上把伯父这个人写活了。二是全文始终以岳飞的精神和《满江红》的词句为主线，多次引用，使文章仿佛一直在荡气回肠的《满江红》的音乐中泻出，依稀《满江红》乐曲成了背景音乐，时大时小，时断时续，铿铿锵锵，不绝于耳。这增强了文章的艺术性和感染力。结尾的几句话富有深意，"我便决定把这诗词连同伯父的故事一起讲给女儿听。在天有灵的伯父，一定会感到欣慰。伯父，您说是吗？"点明了本文的宗旨：崇敬岳飞，涵咏《满江红》，学习伯父，教育好下一代人。

写爱情的文章有两篇。艾鄂英的《丢掉公职也要保卫爱情》是作者夫妇参加一次评选幸福金婚夫妇活动的报道和作者本人的获奖感言。文章简明地介绍了几对幸福金婚老人的"幸福秘籍"和作者本人的艰难婚姻历程，即"丢掉公职也要保卫爱情"的事件。可贵的是自己的爱情虽然曾经受到组织上的干涉，但仍然表达了对党的感激之情。结尾的小诗也还感情真挚，押韵流畅。袁炳林的《奇婚》写了一对女大男16岁的夫妻一生忠贞不渝、幸福美满的爱情。由于作者把这一桩"奇婚"的奇巧缘起、奇趣经历、奇特反响、奇妙结局具体详细地写了出来，也还让人们看到了这桩奇婚的美好，这段爱情的坚贞，文章是富有一定的感染力的。我记得，我们写作班的老班长胡福初曾经写过一篇《足上情》，在《枫叶》校刊上登过，写得不错。作者通过自己老夫老妻的一个生活片段——照顾已经丧失自理能力的老伴每天洗脚的细节，讴歌了相濡以沫、经久不衰的爱情，委婉却真情地吟唱了一首动人的爱情之歌。

文集中，友情之歌共有三首。《我的日本同学》（李公才）、《想起了王蒙在我家做客》（唐异常）是写个人友谊的。前者取材不凡，写了一段与日本友人的异国之谊。作者感情真挚，文笔流畅，词汇丰富，善于截取两人几十年的交往中富有意义的片段和细节，曲折有致地畅叙了两人之间的深情厚谊。特别可贵之处有二：一是，在描叙两人的友好交往中，不经意地把朋友的个性，通过富有特征性的或语言描写，或动作刻画，或笑貌形容，或心理分析，栩栩如生地写了出来，笔墨不多，却有人物跃然纸上的感觉。二是，通过对朋友刘奔的个人经历，特别是他本人的情感态度的细致描述，不仅赞美了他本人，更重要的是讴歌了中日人民世代友好的情谊。许多话，从刘奔的口里说出来，意义是大不一样的。这也许是文章超出友谊之外的更为宝贵的东西，建议有时间的人再读读这篇作品。《想起了王蒙在我家做客》是曾经执教过我们写作班的唐异常老师的作品。众所周知，王蒙是当代的著名作家。任过多年报刊编辑的唐老师来写作家王蒙，这是以文人之心来碰撞文人之心，其心有灵犀的感悟自然会演变成委婉清丽的文字，一气呵成。此文既写出了王蒙的命运和情感，又写出了王蒙的艺术和心灵，读来给人以文人的潇洒飘逸之享受。尤为宝贵的是，文中唐老师一再以王蒙为榜样，检讨自己，表现了其谦虚谨慎、躬身自省的绅士精神。像"做人一定要真诚，不论你干什么职业，一定要静心、专心、用心、潜心，决不可以漂浮在生活的表层，一定要潜入到生活的海底。人生一世太不容易了，活着就该像个人活着的样子，决不可以做个糊里糊涂活着的'混混'"这些话，似时时自我反省，却处处启示他人。唐老师不愧在学问上是我们的老师，品德上更是我们的楷模。

余英彬的《老年乐园》，是讴歌众人、集体的友情的。这个集体，就是我们写作班这个团结友好的班集体。文章突出的特点是详略得当，点面结合：两个点——更正电话号码和公园聚会详写；班干部的热情服务、学员们的无私捐赠、班集体的融洽亲近作为面，则略写。这样写出了这个班的团结友好、互敬互爱、乐于奉献、和谐向上的风气和氛围，让人有一种生活在这个班是一种莫大的幸福的感觉。激荡在这个班里的友情当然是值得大书特书的。

六

家乡的恋歌也是"叶落一地，散落成歌"中比较多的歌。

生你养你的土地，你爱你恋的故乡，谁不魂牵梦绕、日思夜想呢？这魂牵梦绕、日思夜想的东西，谁不想把它变成文字呢？漂泊在外也好，坚守故土也罢，家乡都是永生难忘的温馨港湾，都是关怀备至的不弃家园。千呼万唤不为过，再三歌咏还嫌少。这是合乎人情、顺乎天理的。

集子里的8篇赞美自己故乡的文章，还真的各具特色，绝无雷同。

戴春明的《登九峰山》是唯一的一篇不是写长沙的作品。它以写家乡的自然风光为主，并且是按照自己的一次国庆长假举家返乡的游览路径来写的。既写了九峰山的青松翠竹、银杏皂荚的枝叶婆娑、青翠欲滴；又写了蜿蜒曲折、斗折蛇行的登山小道；更写了络绎不绝、兴致勃勃的游客，登上了九峰山瞭望台，极目远眺时"一览众山小"的快慰。站在峰顶上，还联想起了九峰山下的"人杰地灵"："距曾国藩故居仅11公里，周围附近有蔡畅故居、蔡和森纪念馆、黄公略故居、唐群英故居、王船山故居、琼瑶故乡、唐浩明故乡等。"并由此生发出"余年适时将择机登祖国名山，欣赏大好河山之美，以顺其自然"的愿望。作者的文字功夫不错，描写山林之美都能绘其形色，传其神韵，给人怡然自乐、神清气爽的享受。

其余的全都是依恋赞美故乡长沙的篇章。

《穿石坡湖秋韵》（任自成）呈现给我们的是一幅岳麓山中，掩映在夹谷山涧中的一汪湖水的秋韵画卷。水是山的灵气，有山缺水是一种遗憾。因此这幅有山有水的画是那样和谐秀美，那样富有情趣，那样充满诗意，引得游人不由得发出"九寨沟的海子也难以与她比美"的感叹。这幅画完全是以工笔的细描手法绘制而成的。作者以游览路线为序，先写湖的位置，接着写环湖的群山，然后写湖畔、斜阳，最后写登上了湖坝长廊凭廊远眺所见所想。写景文章不太好写，没有一定的功底，一般不要去冒险动笔为之。可是本文抓住季节（秋天）色彩斑斓和地点（湖畔）既可以观山又可以看水的特点，动用了以描写众多景物的丰富色彩和以比喻拟人通感等多种修辞手法刻画景物的动静形态及游人的愉悦感觉的方法，把个山峦山冈、湖面湖畔、小道长廊写得五颜六色、生机盎然。一千来字的文章，还是写得短小精悍、生动活泼的。这是以美丽的自然风光来赞美和依恋家乡的。

《福地——妙高峰》（李正南）则是抓住"福"字大做文章来歌咏家乡的一篇散文。虽然妙高峰也是风景怡人的风水宝地，但是作者并不意于对其优美风光的描写，而是仅仅在对它做了关于位置、地势、建筑的粗略介绍以后，就重点地上下千年，引经据典，以大量的文史材料、传说典故诠释了题意：妙高峰是一块"福地"。这里有意蕴丰富、文字工整的对联；有名人雅士眷恋此地而凝成的诗文、有纪念历朝忠臣名将的祠庙、楼阁、亭台、墓茔；有培育国学人才、弘扬湖湘文化的学馆书院；有名家大儒曾经生活著述过的故居；有近代现代的革命领袖活动的场所；更有培养了众多人才的著名学府……资料丰赡，记叙详实，语言生动，写景叙事抒情融为一体，给人教益。这是赞美家乡的文化底蕴。

《太平街的佳话》（唐仕明）中，用长沙有名的太平街"紧靠湘江"的地理位置、排列着"极富韵味的古戏台、精美大气的石牌坊、历史名人的故居地、古香古色的民居房"的古街的佳话，街上充满"油布伞、瓦罐子、铁木屐"等古韵的商业市井的佳话，街上商户盐号严守信约的"生意经"的佳话，特别是"我"在太平街生活了近30年，经营店铺，维持生意，生儿育女，兴旺发达的佳话和这条街变得越来越漂亮的佳话，组合成"太平街的佳话"。以"爱恋"（家乡）为主线，贯穿始终，叙说真切，感情深沉。这是赞美家乡的风土人情。

《走马楼的故事》（杨先玲），你一看，就会觉得这篇文章的题目与"太平街的佳话"很相似，文字很对称：应该也是通过对家乡某一地方的非同一般、不同凡响甚至震惊世界来赞美家乡的吧？是的。您说对了。它就是要向您述说：自己世世代代生活居住的这片土地——走马楼下，居然埋藏着1770年前三国魏晋时期的17万片简牍，了不得啊！这是我国非常重大的一次考古发现，被称为世纪性成果。其意义"有如西安出土'秦兵马俑'"。而且出土的简牍数量之大是新中国成立以来出土简牍的总和，被评为1996年中国十大考古新发现，震惊了世界！文章还告诉您，就在走马楼不远的长沙有名的天心阁旁，修建了一座"长沙简牍博物馆"，作为出土简牍的安家之处。现在"长沙简牍博物馆"已成为人们来长沙旅游的必到之处。文章还告诉您，走马楼这条街本来就是一条历史悠长的古街、一条热闹非凡的街，街上曾经开着多家像"凯旋门""玉楼东""甘长顺"这样的"百年名店"。作者还会告诉您，她与走马楼的特殊关系：因为世代生活在这里，所以格外关心这事，当初开挖清理这些简牍时，天天来看；当然还有最重要的是文章开头说的，因为这"我""上电视了"。因此，文章结尾说："我愿'走马楼街'永存。"这就是作者要说的走马楼的故事。表达了什么呢？——"我"的家乡历史悠久，是历史文化名城，"我"爱她啊！文章在写法上的可取之处是：利用"我上电视了"引人入胜地带出全文，以概括性的介绍为主（其中——罗列简牍的数量、内容、反响，是为了说明其价值之宝贵、意义之重大），并穿插一两个小故事。文章自始至终渗透着"我"的自豪之情，达成了赞美家乡的目的。这是赞美家乡的悠久历史。

《哪儿和哪儿》（吴腊梅）赞美家乡完全换了一个角度：家乡在日新月异地变化着，旧貌换新颜了。作者小西门下河街的老家，找不着啦！出现在眼前的是一个高品质的现代化的新型长沙，是一座气势恢宏、壮观瑰丽、流光溢彩、繁荣昌盛的大都市，是一座香阁丽舍、碧水蓝天、花红柳绿、欣欣向荣的伊甸园。这篇文章与众不同的是，他以母女俩边走边看的对话来反映长沙的变化。这让我立马想到了《逛新城》这首歌。本文就是一首把父女换成母女的长沙"逛新城"。我边读边在耳畔响起了《逛新城》的音乐。煞是有味。另外突出的是，配合内容是写长沙的新面貌，文章的语言词汇丰富、词语华赡，讲究对仗韵律，富有一定的音乐美。还有让人拍案叫绝的是，读到文章结尾"我醒来了，我在梦中见到了去世多年的妈妈"，你才明白，今天的母女共游并非实景，而是梦中。这正是作者构思立意的匠心所在。另外题目"哪儿和哪儿"，初看，有故弄玄虚之感，读完全文以后，也觉得还是文题相符，并且可以算是一个悬念，有吸引读者之妙。很好！

下面两篇文章作为家乡的恋歌，又变换了调式和旋律。《浏阳河情结》（肖丽娴）以"我"为中心，以浏阳河为线索，选取了自己感受最深的经历，诉说了"我"与浏阳河结下的难以释怀的情结。"浏阳河情结"实际上就是"家乡情结"。首先是，"我"为浏阳河写了一副对联，强调了浏阳河和《浏阳河》这支歌的厚重意义；接着回忆了花季年代携同学去浏阳河畔听志愿军讲英雄故事和与志愿军副司令员、长沙人陈赓合影的历史；再接着写了"我"与兄妹结伴领略浏阳河九道湾的风光神韵，参与老年诗社到浏阳河沿岸去采风；写得最多的是牵手老伴在浏阳河风光带漫步的浪漫情景，作者特别交代了这不仅在现实生活中，而且还常常出现在脑海里，由此可见作者的浏阳河情结之深重浓烈；正是这种深重浓烈的情结流于笔端，凝成了一首首赞美浏阳河的诗文。其中散曲《仙吕宫·长柏》就绘声绘色、韵味悠长："曲曲湾湾，曲曲湾湾，浏河九曲，天降彩虹飞架，通南疏北，引凤栖凰，绿林芳草望无涯，斜日映红霞，听水乡浅处野鸟情话，看滟波织出锦缎，飘荡五彩奇花，轻棹橹声咿哑，笑语融碧水，浪激星沙。"多么美丽可爱的母亲河啊！但是作者觉得这还不足以抒发自己的母亲河情结，于是笔锋一转，马上拿家乡的母亲河与世界上最负盛名的两条河流对比，写下了下面这段文章并戛然而止，结束全文：

> 有人将浏阳河比为秦淮河，可秦淮河哪有天赐之笔龙飞凤舞的九曲之美呢？也有人将浏阳河二百米宽度的河域与世界名河泰晤士河相媲美，可泰晤士河又哪里有"曲尺潆洄，梦绕之境"的 U 形美湾呢？河岸上更没有千年守望的樟树。浏阳河之美，我借用唐代大文豪韩愈的两句诗来形容"江作青罗带，山如碧玉簪"，交相辉映，秀水碧山，地灵人杰。千百年来这一方山水孕育了一代一代的文人志士，他们为这条河增光添彩。今日的浏阳河集历史人文与秀山碧水为一体。在打造"湘江时代"的今天，它将不仅是一条生态的景观河，更是一条历史长廊、文化长廊的母亲河。

不能不说，这是精彩之笔，这是灵动之笔！整篇文章颇具文学修养。文章结到当结之处，文章结得掷地有声。

《白沙井情怀》（唐美珍）作为家乡恋歌的曲调完全不同，表现在：没有直接赞美家乡的什么优美绝伦，哪里举世无双，而是写了一批长沙人为保护家乡的美好资源——白沙井而艰难曲折、与很多不良现象纠缠乃至斗争的历程。对这一历程有点有面、有详有略地展开记叙：面上粗线条地勾勒了人民群众自发组织起来的护井行动，如日夜值班、自费拍照、自费印发宣传资料、在井边张贴大横幅、设岗设点等行动；重点之处则详尽地介绍了 5 位不同性别、年龄、职务和身份的人物各具特色的护井情节。如杨序源，身为天心区人大常委会办公室原副主任，年过古稀，却风雨无阻、夜以继日、不避寒暑，带病坚持护井工作。唐基禹，地质专家，退休不久，正直无私，不但自身投入，还把老伴也拉了进来，夫妻俩废寝忘食，到处奔波，还准备就护井之事收集资料整理出书。何森玲，《家庭导报》青年记者，血气方刚，满腔热情，写文章、跑宣传，雷厉风行，胃病不辍，将近一年时间没有休过节假日。更值得一提的是地下护井队员——唐大姐。之所以给她冠以"地下"，是因为她是长沙电业局的家属，她丈夫和公公都是电业局职工。她父亲曾靠挑白沙井水卖钱养活一家人。所以，她对白沙井有着深厚的情感。她为护井做了大量工作而且失去了一套本该归她的新房。文章还写了"当年冲锋陷阵的一名护井积极分子"，14 年后，已年过古稀，还为《白沙古井记》上书省市领导，希望把护井的英模事迹写进去。真是呕心沥血，矢志不渝。有意义的是，其他文章大都只表达了作者一个人的热爱家乡之情，该文却写了许多人热爱家乡之情，而且是通过为保护而抗争的事迹来体现的，新意十分明显，效果非同凡响。

七

记叙旖旎风光、抒发独特感受的旅游的欢歌——当然是"叶落一地、散落成歌"中的优雅声音。

《黄石公园美丽的自然景观》（杨业坤）属其中的优秀篇章。文章以"美国黄石国家公园，是旅游者的天堂。原始的天然森林、美不胜收的自然景观，令人流连忘返，使我对大自然产生了敬畏"开头，开门见山地告诉我们：作者此一游美国的黄石国家公园，看见了美不胜收的自然景观，生发了对大自然的敬畏之感。接着十分有条理地以"地球上最独一无二的神奇乐园"为统领，概述了黄石公园的位置面积、地形地貌、交通历史等，综述了黄石公园的景区阔大、景物丰富、新奇美丽、景色迷人，分述了黄石湖、黄石河各具特色的醉人美景，然后拿中美对照，发出了"敬畏"就是要保护自然生态系统的感想。描绘景物时，善于利用数字说明和比喻、拟人的修辞手法；发表感想时，注重反思检讨，语重心长地总结了近 20 年来我国加速现代化发展，却破坏了生态平衡，致使坏境受到污染，自然灾害日益多发的教训；发出了必须建立一个适合中国的生态保护标准的呼吁，满怀深情地希望自己的祖国也要保护好自然环境。这是高出于一般旅游散文的非凡之处。文章结尾处称，黄石国家公园是美国的一张名片，是由火与水锤炼而成的大地，原始景观被人们称为"地球表面上，集所有奇观之大成""已超乎人类艺术所能达到之境界"，给"我"留下了难忘的记忆。作者以"名片"强调了黄石公园对于美国的代表性、典型性、先进性，以"火与水锤炼而成"解读了黄石公园的自然、结构、形成的特点，以"地球表面上，集所有奇观之大成""已超乎人类艺术所能达到之境界"给予了黄石公园恰如其分的评价、地位和荣誉。与文章开头"地球上最独一无二的神奇乐园"相呼应，给人一种完整、流畅、一气呵成之感。整个文章堪称一份十分详细生动的导游图。

《美国的威尼斯水城》（杨友凤）还是写的美国旅游。作者旅游的地方是有美国的"威尼斯水城"之称的圣安东尼奥。一日的游记，写出了这个小镇的几个特点：一是小镇有一条闻名世界的城市河畔步行街，这条街建构特别、来历不凡、是购物的天堂。二是圣安东尼奥河 4.5 公里长的河畔，绿树成荫，花团锦簇，河水曲折蜿蜒，每隔几十米就有如苏州园林般的石拱桥横跨而过的优美景色，其文化的多元性令人难忘！三是圣安东尼奥河畔的夜景，在游船上浪漫至极的烛光晚餐及盛装打扮的墨西哥乐队巡回表演。作者为了突出这个小镇的繁华热闹和梦幻迷人，自始至终强调活动着的游人：熙熙攘攘，摩肩接踵；人来人往，川流不息；人流如织，织如锦绣……甚至用了一个在美国应该很少发生的事故作比喻："如果不小心，会被挤到河里去。"作者突出这个小镇的旅游胜景是颇费了苦心的。文章也十分重视结尾，用"圣安东尼奥，我依依不舍说声再见！又默默许诺我们会再相见，我相信会在梦中见到你……"表达了作者对这座城市的高度赞赏和深深留念，给人以余音袅袅、余味无穷的感觉。

《走进天堂》（吴腊梅）带着我们从美国来到了欧洲，而且一下子就游览了 6 个国家，10 座城市。文章的容量真可谓大矣。当然，这样文章也就只能选取有代表性的景观、文物、名著，有特点的故事、游程、细节来进行重点列举和特别介绍了。如，慕尼黑，强调了它是著名的"啤酒"之城——居民每人每天喝啤酒 165 升以上，很快就可以喝干一条河；罗马，介绍了它的帝国大道、斗兽场和多达 3000 多处的喷泉；梵蒂冈，勾勒了雄伟、瑰丽的圣彼得大教堂，罗马式和巴洛克式风格的建筑；威尼斯，突出了这座四周为海洋所环绕、只有西北角有一条长堤与大陆相通、由大小河道分割成 120 多个小岛、有 400 多座造型优美的拱桥连接、不见车辙的全世界独一无二的奇特的城市，虽然游人如织，却无车马之喧；威尼斯的马可广场，就列举它的马可钟楼，楼顶上有一口大钟，钟旁塑有两个摩尔人，手握大锤，每逢报时，自动举锤扣钟，钟声响彻全城，惊得正在广场觅食的鸽群腾空而起，盘旋飞舞，势若垂天之云，极为壮观；巴黎，香榭丽舍大道、卢浮宫国立美术博物馆、凡尔赛宫、埃菲尔铁塔、巴黎圣母院、凯旋门、蓬皮杜、蒙帕拉斯大楼；米兰，描绘了市区内中世纪保存下来的最奇特的成辐射状环形布局的扇形房屋，讲米开朗琪罗的《胜利女神》《奴隶》《恋爱之神》，说达·芬奇的《蒙娜丽莎》，谈雨果的《悲惨世界》《巴黎圣母院》，还有巴尔扎克的《人间喜剧》、莫泊桑的《项链》、罗曼·罗兰的《米开朗琪罗传》《贝多芬传》、福楼拜的《包法利夫人》、卢梭的《忏悔录》、司汤达的《红与黑》、大仲马的《基督山伯爵》、小仲马的《茶花女》……摄影留念是旅游的姊妹，作者记下了比萨斜塔处留影人们的特殊姿势——摆出往前用手扶正斜塔的姿势；住宿下榻是旅游的题中之意，在奥地利的一个非常迷人的小镇——因斯布鲁克，半山腰中的一幢幢非常精美的别墅宾馆，"我"还老远从家里带来了床上用品，结果没派上用场；在参观凡尔赛宫——法国路易十四的王宫时，发出感慨：中国的皇帝还睡在窄小的硬板床上时，路易十四就睡上了近似现代席梦思的宽大柔软的床铺；在卢浮宫达·芬奇的《蒙娜丽莎》画下，参观的人挤得水泄不通，有位中国游客回过头来，对着一名法国保安人员不经意地说"太拥挤了，拍不到！"法国保安人员笑眯眯地冲他点头微笑，以为是向他问好……真是特色镜头不断，时有惊人之笔。表达上词语丰赡、运用修辞手法尽其描写之能事和以导游的导游词贯穿全文是本文一个鲜明特点。像运用排比，本文不但大量而且大胆，居然在赞美欧洲时，一口气用了13个"那么"，实为罕见。此外，像"我庆幸自己下决心出去看看"艺术地表达不虚此行的愉悦；以"欧洲那幅悠长而美丽的画卷，雕刻在了心灵上"作结，也饶有余味。

《迪拜塔，你牛什么?》（黄健安）选材讲究，富有特色。因为迪拜之旅就是参观全世界的许多世界之最，就是去领略这个世界上"极尽人间奢华的销金之地"的形形色色，因此作者选取了迪拜最富代表性的几处地方介绍：六国 MALL、棕榈岛、迪拜 MALL、迪拜塔、黄金市场和"帆船"酒店。每个地方都用具体的描叙，特别是用数字给人以非同一般的感觉，辅以游客的感受和语言，较好地完成了形象生动、印象深刻的介绍。特别是关于迪拜塔一节的描写，绘声绘色，迪拜塔和音乐喷泉如在眼前，跃然纸上，让人有身临其境、如闻其声之感。丰富恰当的词语（四字词组近30个），"10亿美元""海拔828米"数字的开列，比喻、拟人、夸张、排比手法的运用，功不可没。全文七个小标题让人读完以后就能够冲口而出说出迪拜的主要景点，也是有作用的。特别值得一提的是，结尾段"迪拜塔，你牛什么？咱们长沙远大集团将建比你更高的楼，838米的'天空之城'——'远望大厦'，远望中国，远望世界，哼！比你牛！比你牛！！"有一语千钧、以一当十、扳倒一切、无比自豪的气势，并且实现了篇末点题。

在记叙自然风光，抒发游览感受中，能够写出独特的味道，写出深刻的思想，很不容易。显然，徐光辉在《西部的感动》一文中，巧妙地记述了一次自己西部的旅行，努力想攀登这样的高峰。全文两大部分，前面写青藏高原的绮丽风光，后面写吐鲁番交河故城的观感。表面上，前后仿佛是截然不同、互不相干的两部分；实际上，他在沉醉于自然时，又不忘去叩问历史。他觉得自己踏在"专供游人行步的故城木道上，读着这三千年前的历史的一页……"浮想联翩，阅古抚今，完成了"人生一次特别的旅程"。本文思索文化延绵、醒悟人生苦旅的内容使它烙上了作家独特个性的印痕。这是这本文集中写旅游的文章十分宝贵的表现。在这儿，作者完成了一个思想认识的四级跳：参观交河故城，展开了一幅历史的画卷——在这没有文字的史页上，"我"读出了民族的记忆、中华的文明——透过时空，"我"为祖国悠久的历史、智慧的民族而骄傲——千头万绪、千言万语汇成一句话：我爱祖国！我敬中华！这也正是这篇游记高于一般游记的地方。作者词汇丰富，长于景物描写，善用比喻；比喻形式丰富，有明喻，有暗喻，有隐喻；运用明喻时，比喻词除了"像"，还有"如""似""有如""宛如""俨然"等多种——较好的文字功夫帮助作者成就了文章的高度。

八

在"叶落一地，散落成歌"时，最多的是励志之歌。

难能可贵啊！老了，半截入土了，不久人世了，行将就木了，还来励什么志？可是，我们面前的这一伙人，他们年轻时，在毛泽东思想的哺育下，高唱励志乐曲，满怀雄心壮志，为祖国走南闯北，马不停蹄；他们人老了，还老骥伏枥，壮心不已，不但表白自己要健康快乐地活着，还鼓励大家积极进取，天天向上，有学有为，成就人生。励志的文章大约可以分为两类，一类是以自己的生活经历和老来行动来示范如何励志的，这是偏重记叙的文章；一类是以自己的思想认识和人生思考来启示人们应该励志的，这是偏重议论的文章。第一类文章有：

《活着真美好》（李心露），通过自己战胜病魔的亲身经历来劝诫人们以奋斗求健康，以信心达目的；以自己丰富多彩、有滋有味的病后生活告诉人们"生活真美好"。文章不长，文字简练，文句活泼，文风潇洒，读来如听短诗朗诵，快活而有韵味。文中有几句比较经典的话聊备涵咏，励志养生：活着真美好；我要做抗癌明星；一次一次调整心态，一次一次面对现实；活在当下，享受生活，优雅活着；力争上游，锻炼身体；在书中寻觅心灵伴侣；我奋斗所以我健康。

《"不匠"生涯》（刘文焰），文章600字左右，简叙了作者离休以后的一段学做木工的特别生活。最鲜明突出的特点是：选材奇特——老来新学力气活、技术活的木工，这恐怕很少，甚至绝无仅有；语言幽默——用一大堆语句："丰衣足食，每日倒也逍遥""答曰：'脱产学烹饪'""锅碗瓢盆交响曲越唱越熟""得意之作""自鸣得意起来""纷纷上门参观""讲得我飘飘然""您这个木字还没有出头，'不匠'（不像）""老伴却发话了""天啦，这不是把我多年的'不匠'生涯都给否定了吗？怎么办呢？看来只好改行，读老年大学去，专学写作，只怕还是个'不匠'"……这些文字都非常诙谐有趣，充满全文，让人觉得全文看似以一种揶揄的口气自我调侃，实则表达了作者不服老、不怕老、老而不休、老有所为的积极心态。拟题也很特别，"不匠"的"不"——"木"字没出头，善意地讽刺作者还不是一个真正的木匠；"不匠"用长沙话念与"不像（jiàng）"同音，不标准、不完善、不成熟的意思；生涯，很长的一段生活，暗指作者要过一段长时间的非专业、不正规、难成名的生活——这正是老年人退休以后最宝贵最有意义的生活。所以本文是一篇怡情娱心、富有韵味、给人启迪的精练小品，是一篇让人喜欢读，读了还想读，忍俊不禁的精彩短文。文章还没有写到在老年大学写作班学习呢？但是，学习的效果已经出来了：作者已经有了一点"文学爱好者"的"范儿"了。

《我的"美女"落户宝岛》（柯益成）记叙了作者应"中华对外文化艺术交流协会"的邀请，带着自己的作品《中华百美图》百米长卷（复制品），去台湾参展的故事。尽管文章绝大部分都是写的台湾旅游参观的事，但是，文章的主旨还是以自己退休以后老有所学的成果能够存于台北而骄傲，为自己的作品前参观者围得水泄不通、好评"图文并茂，立意新颖""用笔流畅，功底不凡"不断而自豪。文章以"我的'美女'落户宝岛"命名也正是要突出这个意义。

《幸福的旅程》（张维德）是一篇内容特别的文章。文章记叙了 2008 年北京奥运会前夕，作者被审批通过成为北京奥运会湖南长沙段的火炬手后激动、幸福的心情，单位、朋友、亲人的祝贺，跑前的准备，重点写了顺利跑完第 23 棒以及之后的欢乐余波的一段难忘的幸福生活。文章关于场面的热烈、气氛的欢跃、个人情绪的兴奋激动，都写得绘声绘色，栩栩如生，给人以身临其境、如见其人的感觉；更为可贵的是，文章始终高扬着"同一个世界，同一个梦想"和"更高、更快、更强"的奥运精神。作者结尾的一段话非常准确地表述了文章的宗旨和作者个人的积极心态："我清醒地知道，这就是大家对祖国的热爱，对改革开放的讴歌，对我们社会主义事业的颂扬，对我们更好的远景的期望。这将激励我在晚年，继续努力，为这幸福的旅程增添一点新的光彩。"而这，正是对所有人的教育和鼓励。我有幸与作者相识，他是一位中学理科教师、特级教师、长沙市一中的前任校长。一位学理的能够把文章写得这么条理清晰、具体生动、词语丰赡、立意精当还是很令人钦佩的。

《有这样一支健身队》（张美霞），文笔流畅，层次分明，语言简练，如数家珍地介绍了一支比较特殊的健身队——省直女厅级干部组成、平均年近花甲、十四年如一日的一支健身队伍。由于它以"拥有健康的身心，为了健康的工作"为指导，正副队长和教练老师认真负责经验丰富，队员群体学习专注训练刻苦，不仅汇报表演赢得好评，而且被国家体育局和全国妇联授予

"亿万妇女健身活动"先进集体荣誉称号。队员们一个个朝气蓬勃、心驻芳华，欢声笑语，其乐融融。工作中的压力、生活节奏的紧张，在这里得到了彻底的缓解和放松。作者作为其中的一员，受益了，健康快乐了，所以，情不自禁地发出了"我深情地热爱这个团队"的感叹，不吐不快地撰写了这篇文章。

第二类以自己的认识来说服、启示人们怎样励志，偏重议论的文章有：

《优雅地变老》（徐光辉）。实际上这篇文章并不是纯粹的说理励志文章。作者巧妙地记叙了三个故事——井边几个老人的谈话、老干大写作班学员们的学习、活动和"顾爹"的坚守以后，才通过两个"有人说"，借别人之口间接地阐述了自己的观点：一是只要历史不阻隔，只要时间不倒退，一切都会衰老，老就老了吧！安详地交给世界一副慈祥美；二是人生就是不断做出阶段性调整的过程。人生上半场，是为实现理想与梦想，付出艰辛与挣扎；人生的下半场里，可以用曾经在艰苦付出中获得的坚毅与果敢，去正视现在的逐渐衰老。作者用三个排比句总结关于三个故事的评价：古井边老人们的那种慈祥微笑，优雅！老年大学的一群阳光老人，优雅！热心义务工作为大家服务的老人，更优雅！好一个"更"字！最后作者不忘明确揭橥自己的观点并点题：我们要"尽可能学着优雅地老去"，"优雅地变老，就是最后也要追求生命的意义和精彩，优雅地变老，就是为社会的和谐发挥自己的正能量"！我想，老年人尚且如此，晚辈们应该如何励志，已不言而喻。作者在文章中的立意构思、段落安排和语言运用，都表现了作者较强的驾驭语言文字的能力。

《快乐来自你的心》（彭罗生），作者在自己舞文弄墨、玩味文字、学习交友的生活中，在自己写书乐、赠书乐、读书乐、与文人诗友唱酬乐、赠诗题联乐和文学沙龙乐的体验中，领悟到了一个道理——快乐来自你的心，来自你的人，来自你的德。这种快乐是一种高雅的快乐，这个道理是不变的真理。他把这个道理，采用夹叙夹议的手法传递给大家。这种文章，记叙的部分是引子、铺垫，议论的部分才是中心、主旨。由于作者是一位文学爱好者，所以末了的结论是：人们特别是老年人在寻求学习书法、绘画、摄影等艺术中的快乐，助人为乐、从事公益事业、见义勇为和带好孙子中的快乐的同时，也可以去追求写作的快乐，因为它能进行心灵的梳理和表达，从中获得文字流淌出来的快乐。这是一种适合老年人的、充满正能量的提倡和主张，值得肯定。作者爱阅读，善积累，文中常常流出成语名言诗句、不时引用名人名著典故，使文章增色不少，值得借鉴。

《定王台让我懂得了孝心》（邱建华）。定王台是一座弘扬孝道的历史古迹。文章紧扣这一文化内涵，竭力宣传"百善孝为先"的中国传统美德，告诉人们"为父母尽孝，并不是将无数的金钱给父母，让父母锦衣玉食，而是要有一颗真挚的心。倒一杯茶，盛一碗饭，揉一揉腰，常回家看看……"中心思想非常简单，但是文章从定王台的旧址说起，回忆自己的小学生涯，转述小学校长教育学生的情景和围绕定王台发生的一些故事，委委道来，语言流畅，引人入胜，不失为一篇励志向上的好散文。

《今有书香扑鼻来》（张书志），这是本文集中最短的文章，不到400字。张老师看到本班学员们在学习写作方面的成绩，一本一本地出书，喜不自胜，予以热情肯定；以自己喜欢读书的经历，点破了"书贵在读"的道理；最后以"腹有诗书气自华"的古训再次激励大家，也是与大家共勉：让我们一起在扑鼻书香里度过人生的美好时光。说了一个读书益智助写的道理，尽了一个老师指导和鼓励学员的光荣责任。文章堪称短小精悍，字字珠玑。佳作也。

九

除了这些颂歌、赞歌、情歌、恋歌、欢歌、高歌之外，《金秋红叶》集子里还有一些风格特殊、耐人寻味的作品：

《品茶话老街》（彭罗生），诚如题目所示，本文就是叙写作者与几个朋友边喝茶边聊长沙老街的事。主要说老街的街名及一些老街的来历故事。由于作者或用接对联，或用说故事，或用答问题，或用编诗句等多种方式来引出各种街名，使文章笑料不断，逸趣横生，读来既愉悦心情，更增加知识。因此是一篇优秀的颇富情趣的闲适散文。

《谈嘴》（袁炳林），有点像小品，又有点像杂文，小品以讽喻为主，杂文以训诫为上。其实都是在教育人，只是文风略有不同而已。从结语"我们要重视嘴，爱护嘴，注意嘴的修养，让嘴出仁义、讲道德、说实话"来看，似乎更像杂文。其实，本文就是一次"嘴直"的人在"卖嘴"，在说"人话"。人用嘴说出来的是话语，用笔写出来的是文章，都是人心里想的东西，都讲究说或写的一种技巧和艺术。本文的结构是总—分—总，先总说嘴的功能，接着重点分说嘴可以说出各种不同的话，人话、梦话、鬼话、神话、气话、疯话、玄话、大话，还有真话、假话等；嘴创造了人类一些不同的职业和可以产生不同的效果；人们关于嘴所说的话的评价；最后总结：要爱护嘴、注意嘴的修养。在语言上，一是用"嘴"和"话"组成的双音节词充满全篇，好像在玩文字游戏，可确实组合得恰当精巧，把嘴的功用、利弊、德行说得言简意赅，新人耳目；二是全文多用短句，十个字以上的句子仅五个；短句干脆利落，鲜明有力。

《深思考　热就章　冷修改》（姚罕闻），这是一篇学员学习写作的心得汇报，也是展示写作班教学成果的鲜活例证。内容是介绍写作经验、说明写作道理，文体与其他文章不同。从题目看，文章要讲写作过程中的三件事。但是作者并没有平均使用力量，而是重点地花大力气用相当多的文字、列举古今名著的事例，说明"深思考"的作用、方法，占了全文四分之三的篇幅。后两个问题——"热就章、冷修改"几乎是稍稍带过。这是有道理的。因为动笔之前，经过深思熟虑，也就是我们常说的"打好腹稿"了，写起来就可以下笔立就，倚马可待；而且这样的文章写出来往往还有文思顺达、文笔流利和文字通畅的效果。所以，"深思考"是为最重要的。本文详略得当、重点突出的优点是很明显的。另外四字词组的大量运用也是本文的一个特点，绝大多数成语都是四字组成，多用、善用四字词语，对文章的精练表达和音韵和谐是有好处的。

十

综观上面不同体裁题材风格的作品，通览书中所选的56篇文章，堪称内容丰富，形式多样，写法各异，异彩纷呈。在我的心底，它们都是一首首或激越，或舒缓，或灵动，或缠绵的歌曲。欣赏这些歌曲，它们时而点燃我心中隐藏的激情，时而撩拨我梦里淡淡的伤怀，有时还唤起我无边无际的遐想。读着这些文章，一抹温馨流淌心间，我们的老干部大学校园，夕阳正好，人才辈出；读着这些文章，一份坦然爬上眉宇，我们的老干部大学校园，枫叶红了，绿意逶迤。读后，心情宛如这深秋的天气，仍爽朗，还舒展，虽有寒意不失滋润，带点苍凉却还悲壮。

秋天是收获的季节，我们长沙市老干部大学的写作班，我们长沙市老干部大学的文学事业又一次捧出了丰硕的成果。欣喜不已，感慨不已，要说几句肺腑之言是责无旁贷，也是不吐不快的。尽管当今已进入文字快餐时代，不喜长篇大论，不容冗词赘言，我还是忍不住拉拉杂杂、大言不惭地说了这么多。不过，我也是有隐忧的，我也是不得已而为之：都是写作班的学员，都写了不错的文章，都登载在这个集子里，你能够说一篇不说一篇吗？让别人作何想法呢？尽管这在我自己，也很勉为其难、骑虎难下，但是我一想起或阅读这本集子里的文章时，我的脑海里就浮现出写作班学员们的身影：他们课堂上专心致志的神情，他们写作时字斟句酌的态度，他们交流中精益求精的渴望。他们的心绪、他们的眼神，仿佛在等待、在期盼，仿佛有一个声音在我的耳边响起：老薛啊，你不能！你必须……正是这，鞭策我要做到篇篇必读、章章必评，努力写完写好（虽不能至，心向往之）这篇代序。

56篇文章的简评已如上叙。总的来说，这些由落地的红枫而散成的歌什，几乎无一例外地是用第一人称写的。所以它们共同的、突出的特点就是，记叙的事件真实具体，表达的感情深挚热烈，虽然只是忆旧，虽然过于直白，但是深情感人，意韵悠长，绝无哗众取宠和无病呻吟之嫌。在直抒胸臆中，氤氲着很强的真实性和亲切感。写法上以记叙为主，辅以抒情、描写和议论。包括几篇写得不错的旅游作品，也仍然是在游记的主线上，加上一些景物的描写，插入几句简单的抒情，实际上大多是一种回忆的文章。宝贵的是，流年似水，太过仓促，但是所有的人谁也没有泯灭应有的豪情。记叙中，不时读到精彩的剪影："一个老人、一个挎包、一条板凳、一副热心肠，以及他身旁排成长队的候车乘客，在初升的阳光下，晨风轻抚着老人的白发，好一帧让人温馨的图画！"抒情时，总不忘红尘内外，再旖旎的风光，也不及你——我的家乡。遇见你，即便无言，也是那样温暖、安详。总之，这些歌，不论颂歌、赞歌、情歌、恋歌、欢歌、高歌，都悦耳动听，韵味悠长。

全书记叙性的文章占了绝大部分，整体来看还有进一步提高的广阔空间。

不少作品仅限于自然主义的真实记事，在立意、选材、写法上无多讲究，在语言、修辞、标点上缺乏推敲，缺少生动形象的描摹刻画和典型精当的细节描写。比如选材趋同落俗的多，出奇出新的少；立意小巧轻盈的多，阔大雄骏的少；文笔流畅平实的多，风格独特的少。特别是那类有深邃思想、开阔视野、优美语言的文章，深刻剖析人性、解读生命本质的哲理性思辨性文章，敢于文体创新、视角独特、文化底蕴厚重、探索沧桑意识的文章，更是罕见。文集中的文章几乎都可以划进大散文的圈子里。与其他文学形式相比，散文最大的特点是自由，恣肆谨严可以，闲庭信步也行。看似创作没有定法，看似散乱、随意，很容易入门，似乎掌握了几千汉字，有一点小感情融入，就能洋洋洒洒下笔成文。其实大不然。散文在便于表露真实自我的同时，容不得半点虚情假意。它对思想、语言、结构、意境、旨趣等都有近乎苛刻的要求。有人说你必须先割心洒血来浇铸你的文字，用你的人生体验换来了独特感悟，才能让读者的心灵之波激荡起圈圈涟漪。有作家说：散文是血。水能变成小说，但水变不成散文。这应该是经验之谈。我们初入文学殿堂者，从散文入手是可以的，但是还是要花力气下工夫，多读多写多切磋。

文章写作，更不要说文学创作，毕竟与一般的写应用文不同。写作是在玩味艺术，玩味语言文字的艺术。艺术是有讲究的。写作文章除了要有生活的丰厚积累、正确的思想观点，还要多一些讲究。写一首二十个字的五绝、二十八个字的七绝都要讲究起承转合、音韵格律呢！所以我们也必须讲究取材选材，讲究构思立意，讲究写法技巧，讲究语言文字。题目要醒目，开头要吸引人，行文要通顺流畅，前后要有所呼应；该白描的就白描，需比喻夸张拟人的就比喻夸张拟人；浓情处泼墨如水，含蓄处惜墨如金。这才叫写作。我们到写作班来，就是来学习这些的。我们是文学爱好者，我们要读文学之书，交文学之友，做作家之梦。我们要去努力开辟、耕耘、经营一片自己的乐土。在闲暇之余写下一些自己的小心情小感慨，在细水流年的平淡中品味生活给予我们的温暖与感动，安静地将自己安放在淡淡的文字乐园里，默默用文字垦拓自己的一方小天地。

文学爱好者的你，一定会有所成就的。真希望从我们长沙市老干部大学写作班里涌现出一批文学高手，拿出自己的绝活，在全国老年文坛上有生气地站立起来，摇曳成一片婀娜多姿的独特风景，引起全国老年文学界的惊喜关注和敬佩仰视。

十一

说了这么多，还没有达到班长的要求。班长在给我的约稿信中是给我定了题目的："湖南有个写作班"。但是，不急。因为当我读完了这个文集中的所有文章以后，我心中有底了，那就是学员们自己的文章已经把我们班介绍得清清楚楚、明明白白，可以不用我再来置喙了。请看：

这是我们班的来由——

我们班是常年班，从 2007 开办就聚集了一群热爱文学的老人，他们不被外界的世俗所影响，潜下心来写作，以我手写我心。写了 9 年，编辑了 18 期《枫叶见证》杂志。儒雅华章织成了片片丹枫，绽放在校园，飘逸到省内外，被省、市图书馆及文化单位永久收藏。

我们鼓励老同学积极投稿，新同学大胆投稿……把文章分门别类地编辑到"祖国赞歌""让梦飞扬""枫映晚景""词诗荟萃""杂谈随笔"等十多个栏目中。

(黄健安的《再铸人生精彩》)

人的生命是有限的，荣华富贵如过眼云烟，永垂史册也虚无缥缈，变幻莫测。对自己坎坷多舛的人生追忆，空坐苦思，何乐何益？只有一个自我的真实思想的文字记载，才能使瞬间变成永恒！文字记载是人类最早的与时间抗衡的工具。它使历史栩栩如生，伟大的思想与精神得以再现。经过漫长岁月，电影电视横空出世，成为世间宠儿；然而，它是科学与艺术结合的产物，宏大且昂贵，与个人无缘。属于我们自己的，能让个人运用自如的，仍然只有文字。

我怀着这个奇特的遐想，背起久违的书包，以我年逾古稀的老妪之手，推门撞进了这个写作班。谁知先知先觉者已满堂，老师正在精辟论述孙犁的作品。我像一头饿牛撞进了菜园，只顾贪得无厌地汲取精神养分，埋头嚼墨喷纸，止我辘辘饥肠。对于自己的迟到，扰乱课堂，竟然毫无知觉。

物以类聚，人以群分。我深信在座的每位都是我的同仁，我视同仁为知己，我把课堂当天堂，也以文字为食粮。

课间，举目四顾，几十张陌生的面孔，蕴藏着五彩缤纷的春秋，也许，有的曾是身居高位的党政领导干部，有的是学识渊博的教授与学者，当然也有如同本人，地位低下学识浅薄的普通老百姓。然而，不管地位高低，学识深浅，为了一个共同的爱好走到一起来了。这个共同爱好给了我们一个共同的名字，这个共同的名字就是"文学爱好者"。"文学爱好者"这个名字，凡走进这个教室，在座的每位都当之无愧，这个名字里有平等、有自由、有追求、有自信、有希望、有自豪、有无限乐趣，简直是世外桃源。

我们文学爱好者，有个共同的特点，那就是重精神轻钱财。据我短短一学期的耳闻目睹，足以认定。

（余英彬《老年乐园》）

接着看，这是我们这些文学爱好者的写作心路历程（我不揣冒昧地做了一点解读）：

整整一个下午，独坐在小木屋。窗外淅淅沥沥的雨，打湿了我的思绪。

推开窗，看一片片落叶带着水珠滑落的舞姿，似形容词、动词的纷飞，蓄满了眸子。

思想的触角植入这些优美的文字，就像匍匐爬地的马鞭草，扎根在心灵的那片沃土里，丝丝入扣，日繁月茂地枝枝蔓蔓起来。生长出一片精神的绿草地，虚幻着我的快乐。

（解读：我们在文学的追逐中，文字日繁月茂，由匍匐爬地到枝枝蔓蔓，到一块精神的绿草地，并且演绎出了我们的快乐。）

让跳动的光标，在眉宇之下嵌入心扉，乘着笔尖挂着的帆儿，如一叶扁舟，进入单纯的情绪之河，在精神的江湖里遨游。

（解读：跳动的光标，写作也；笔尖遨游，写作也。我们的写作，前行不辍。）

拿起放在桌上的字典，翻看部首，将文字一个个串联起来。织成一张洁白的滤纸，过滤掉在物欲横流，滚滚红尘中，血液中骚动着的焦灼。

心静如水，听渔樵放歌。有人在唱，有人在笑，有人在哭，摇曳在眼花缭乱的霓虹灯里。生命的七彩光波，折射在晃动着岁月的酒杯里。犹如映在墙上的影子，相望与我，互为沉思。满目是战栗灵魂的奇崛。

一艘载着忧伤超渡的船，划出江河湖海。岁月的巨手抹去了苍老的容颜，历史在瞬间凝固。生命在烈焰中毁灭与永生！

（解读：将文字串起来，织成滤纸，过滤掉物欲横流、滚滚红尘的焦灼。心静如水，听渔樵放歌。写作抹去了我们苍老的容颜，生命在烈焰中永生！）

远处的地平线上，升起的炊烟，模糊了飘展的旌旗。碑刻的赞誉或诋毁斑驳不清。年年葱绿的原野里，来来往往，见到的只有质朴、和善、平凡的面孔。

（解读：葱绿的原野——文学园地里，只有质朴、和善、平凡的面孔。）

一轮新月在雨后的天空中慢慢升起。微风钻进窗户，抚拭着我的发端。忽然觉得，日子有滋有味，回味无穷。流水有韵，周而复始地流淌在落红点点的烟尘中。看世纪风景，让疯长的思绪翩翩起舞，安详做梦。

记忆中那片毫无虚饰的枫林，经过风风雨雨的洗练，专心为你营造繁衍。岁月的漂洗，抹不掉叶子的红颜。捡拾起生活中一颗颗珍珠，串联成一个童话，快乐你我！

（杨少校《心灵述说》）

（解读：新月升起，一切变得美好：流水有韵，安详做梦。枫林繁衍，叶子艳红。我们捡拾起生活中一颗颗珍珠，串联成一个童话——文学写作。快乐你我！）

（全文解读：整个文章用象征的手法，形象的比喻，优美的语言，奇妙的构思表达：人到老年，倾心写作，就可以达到这样一种美好的精神境界。）

最后看，这些文学爱好者要到哪儿去：

此时不禁想起老干大学写作班，我的那些老年同学：走进校园的那股热情、听讲课时的那份认真、关心集体的那种精神、不惧风雨去校外听文学讲座时的那样热心。谁还会在乎自己已过"天命"，走进"花甲"，又迈进"古稀"了呢？在这里，对学习的渴望没有年龄限制。确实，学习的本质不在于记住哪些知识，而在于它触发了我们的思考，所以银发飘飘也乐此不疲，因为对于生命，我们更在乎其精彩与意义，不在乎其长短。每当我们举着班旗，沐浴在春光里与田野相伴时，那份感动！在秋阳里拾起飘落的红叶时，那种生动！都是因为大自然的美，融进了我们的心里。而此时，我们也就给它增添了一份情趣、一番景致了啊！

老年大学的一群阳光老人，优雅！

（徐光辉《优雅地变老》）

《枫叶见证》杂志是全国老年大学唯一的由班级办的杂志。9 年来，在这充满和谐气氛的班级里，在这充满书卷气氛的氛围中，同学们的文学水平与日俱进，许多同学的文章在全国各报刊发表，获得了各项金奖、银奖，为我们班争得了荣誉，还有许多同学出书成了作家。

《枫叶见证》杂志也由原来的版面 60 页 80 页逐步增加到 120 页，从质量上、数量上都有了一个大的飞跃。这里有同学们的笔耕不辍，更有编委们的辛勤汗水，让我感动，让我难忘。现在《枫叶见证》杂志已编辑到了第 18 期。

让我们在文化养老的黄金岁月，老有所学，学有所乐，乐有所为，再铸人生精彩。

（黄健安的《再铸人生精彩》）

是的，这就是我们的写作班。他们就是这么一些人：走过的路都成了尘封的记忆。当年，上班奔波，油盐柴米，养儿育女，劳累朝夕。生命中的许多往事、情景、爱憎，虽未曾赋歌，却仍繁花成景。曾几何时，步入老年，已然可以闲庭信步、挥洒自如了。这时，安静地回忆，可以沉默无语，让思想飘动涟漪；沉醉地回忆，可以荡涤心扉，让心灵晶莹剔透；躁动的回忆，也可以让心潮澎湃，不能自已，甚而一跃即起，或欢歌，或呼号，或悲泣！最后，一并汇集成在未来路上的一曲伴歌，随人们直达"长风破浪会有时，直挂云帆济沧海"的美好境地。这便是所有希望在文字里追求梦想的人的晚年人生轨迹。他们为此已经付出了艰辛的劳动，他们还准备了不悔的坚持。十年，他们把自己一生的经历情感，梳理成一支歌、一幅画、一首诗、一本书，幻化成了这厚厚的十几本《枫叶见证》。

《枫叶见证》，见证了这一代人过去没有虚度年华，没有碌碌无为，今天仍然老骥伏枥，壮心不已；见证了我们的祖国历史悠久，山川秀丽，在中国共产党的领导下日新月异；见证了人民的生活勤劳勇敢，艰苦朴素，现在的日子天天向上，丰衣足食；还见证了作为夕阳工程、朝阳事业的老年教育的杰出代表之一的长沙市老干部大学，在这些年来，顺势而上，跨越发展，长足进步，坚定不移。这是一曲人生五味杂陈却充满了正能量的混声大合唱，这是一本白发人给黑发人做榜样，催促、激励黑发人奋进的书。美哉！此歌！壮哉！此曲！珍哉！此书！不凡哉！长沙市老干部大学写作班的这一班人！

十二

《金秋红叶》这本文集是为写作班办班十年、从十几本《枫叶见证》中遴选文章编成的。看着这并不算鸿篇巨制的《金秋红叶》，作为长沙市老干部大学的一名"资深"（戏言也：仅指年龄较大、来得较早、年限较长而已）工作人员，我也感到十分高兴和欣慰。因为我提出了开设"写作班"的建议；我为写作班几度寻找了唐异常、李湘蓉、张书志这样的好老师；我积极支持和协助唐异常老师编撰出版了写作班的教材；我不时到写作班听课和参加写作班的活动；我还经常选用并修改写作班学员的作品上《枫叶》校刊；我更在意的是，我积极参加了为写作班学员的几部长篇小说的出版而召开的发布、赠书会并作鼓吹发言，后来还写了文章……这也是我一收到黄健安同志的来信，不假思索、不揣冒昧、大言不惭地就欣然同意撰写这篇代序的原因。

波士顿的秋日绝大部分都是艳阳高照，暖意融融的。可就在我的这篇代序即将收笔的时候，淅淅沥沥，下起了潇潇细雨。在这远离尘嚣、笙箫静默的屋舍中，我在想：我和书中的作者们，虽然各在天涯海角，但是我们仿佛同在追寻着昔日三杯两盏的浪漫和川流不息的熙攘。人生沿途的风景，岁月草木的荣枯，无论我们走多远，都摇曳着熟悉的气息，打动着一颗颗躁动的心，继续那墨迹未干的心语。期许在花香阵阵、鸟鸣声声的阳光里再次遇见，不论是空山新雨，还是西窗夜话，我们都能够看见各自所有的风景，相映成画，折笺成诗。

愿这深秋的满山红叶，"霜叶红于二月花"；愿长沙市老干部大学写作班的学员们为岳麓山的"层林尽染"献上自己或浓墨重彩或轻描淡写的一笔；愿这"叶落一地，散落成歌"的"金秋红叶"，永不褪色，葳蕤艳丽！

最后，让我借黄健安《梦想的翅膀在这儿飞翔》中的的诗句来结束我的这篇代序：

蓝天当纸，海水作墨，我们荡漾在文学的殿堂。品五千年优秀文化，汲全世界名著芳香。豪情满怀描绘春种夏耘，怡然自乐吟颂秋收冬藏。我们锲而不舍，笔耕不辍，书写美妙的夕阳华章。要让枫叶见证，见证我们：昨天的艰辛，早已化作了生命的精彩；今天的幸福，恰似那清晨喷薄欲出的朝阳；明天的美好，将是雨后夕阳那一道靓丽的彩虹，梦想的翅膀在这里飞翔。朋友，来老干部大学吧！你的人生将会更加丰富多彩，更加洋溢芬芳！

(2016 年 11 月 23 日写于波士顿)

第六届艺术节文艺演出观感

观看完学校举办的第六届艺术节文艺演出后，我总的感觉是：场面浩大，组织严密，有条不紊，精彩纷呈。显著的特点有三：

其一，虽然节目数量较多（42个），参演人数特多（1145人次），形式道具装备繁多，但是全过程有条不紊、十分有序而较为紧凑地进行，没有塌场，没有事故，上午还提前、顺利、圆满地完成了演出任务。

其二，所有节目既体现了鲜明突出的中心主题"我爱您伟大祖国"，又显示了丰富的内容和多彩的形式。节目内容不仅仅是"伟大祖国我爱您"在高歌，而是还有东方红、新时代、浏阳河、牧羊曲在唱响，还有红梅赞、映山红、凤尾竹、鱼水情在倾诉，还有水兵舞、风之歌、中国范儿、中国脊梁在劲舞，还有良宵、江南谣、感恩歌、海上明月在鸣奏，堪称万紫千红，美不胜收；节目形式也多种多样：合唱戏曲表演唱，舞蹈器乐诗朗诵，等等。

其三，尽管整个氛围是重在参与，大家同乐，互相学习，彼此激励，不追求很高的艺术造诣和相当的专业水准，但是仍然在普及中看到了一定的提高，在一般中涌现出了不少亮点，特别是鲜明地反映了老年人来老年大学学习以后的收获和成果，呈现了低调中的奢华，给人以一定的惊喜和相当的愉悦。仅在上午的18个节目中就有不少很不错的节目。如花鼓戏1班的《军民鱼水情》，群众演员很认真，很投入，阿庆嫂唱得很好，可评个人一等奖，郭建光表演很出色，可评表演奖。艺术团舞队的《腾飞新时代》，有一个特点就是运用了红绸。红绸用得好啊，是中国的特色。中国的红绸舞，是在世界的舞蹈比赛中第一个取得成果的，那是1951年吧，世界青年联欢节，中国青年艺术团就跳了红绸舞，拿了一等奖，让全世界对中国的红绸留下了深刻的印象。这个舞蹈运用道具也有突破，比较重视色彩的视觉冲击。声乐18-3

班的《海上明月》，真人真嗓，效果很好，男生稍差一点，但吐词清晰，有板有眼，有条不紊。党史 19 - 1 班的《歌唱祖国》，是一个无伴奏合唱，分了男声部女声部，真实亲切，给人感觉很好，老歌新韵，温故知新，让人回到当年，是"伟大祖国我爱你"的点题之音。刘兰花老师指导的两个节目，我更欣赏后面这个《歌唱祖国》。因为它较好地体现了她的教学成果。前面那个节目靠伴奏带，而且伴奏带很响，压过了人声，如果不是大家耳熟能详的歌曲，效果会更差。声乐 18 - 1 班的《感恩》，演员们上衣是大襟的绣花衣，配了黑裤，比较恰当，黑红配嘛，不是很花哨刺眼。动作多少、幅度难易都比较适宜恰当，老年人能够为之；演唱过程中，摇身不摇头；道具出人意料有创新之感，而且强烈地表达了感恩祖国、感恩老师的深情，很好！葫芦丝18 - 1班的《我的祖国》，以器乐为主，适当配以唱歌和舞蹈动作，实为创新之举。青衣班的《我是中国人》，三大件上台，演唱、伴奏都是真实的声音，而且声音嘹亮。虽然以老师的声音为主、老师的声音掌本，但是这个为主、这个掌本在老年人的表演当中，是允许的，是应该的，是智慧之举，它把学员都带动起来啦。广场交谊舞班的《水兵舞》，以改革的精神把交谊舞的动作融入舞蹈之中，并且女扮男装，补充了交谊舞男同志的不够。它的特色是：他们是交谊舞班的，而不是民族舞班的，一直以两个人的合舞（这是交谊舞的主要特征）为基础，变换动作和队形，风格也是体现水兵军人的坚定有力干练，下场也很自然。古筝班的《我和我的祖国》，费了点心思啊，每一台古筝上面都插了一面国旗，很好啊，小小的装饰点明了这个汇演的主题，这就是以细节取胜。领奏与合奏的设计很好，既符合曲目的旋律进展，又展示了七个人合作中的分工，有独奏有合奏，有老师，有学员，这本来就是一次师生教学汇报嘛，很好。市直机关分校的《中国脊梁》，LED 背景画面选用得很好，运用了党代会、经济发展、社会进步等视频，唱腔富有京味，动作仿效了部分京剧的身段动作，恰当和谐地配合了京调歌曲，虽然动作不很整齐，但给人印象不错。中医按摩 18 - 1 班的《祖国的好江南》，是一个伞舞。伞舞的主要动作基本上展示无遗，很符合江南多雨的特点。配以江南的小桥流水，荷塘月色的 LED 背景，在众多激昂、宏伟、浓烈的节目中插入这一段轻松、优雅、舒缓的风韵，很让人舒服。京胡班的演奏，人手一琴，实属不易。光调音就很难了。不知是否放了录音，但是我看到了弓法是很一致的，真不容易啊！就弓法这一条，让我十分折服。指法可以通过旋律听出来，基本上也是不错的。形体35班的这个舞蹈，是喻老师的作品，它的特点是面饰很独特，就是每个人的脸上贴了一面心形的国旗。场面较大，服装新潮，作为结尾设计，有意安排了领导上台和全场谢幕，有大将风度，不愧为大型节目的开幕式和闭幕式的优秀导演。

一个节目好不好，有三个标准：第一是内容要好；第二是这个节目应该是这个班级学习成果的一种汇报；第三，既然是一个艺术节目，那它就应该在艺术上多少有一些看点。这些看点，可以是优点、特点或亮点。优点：本身较好；特点：与众不同；亮点：使人眼睛一亮，为之拍案、击掌、惊讶。因为我们老年大学的艺术汇演，并不是一种纯艺术的追求，也不完全是个人才能的展示，而是要看我们老干部大学的同学上了这个班级以后，他们在这个班上所学的东西有多少，提高了什么，获得了什么。这些提高，这些收获，就要借这一次的汇演很好地展示出来。几个器乐班还有其他一些班的节目就是这样的，能够把学习的收获展示出来，这是最重要的。

说易做难，看山容易走山难。所有参与的领导、老师、学员和其他工作人员，都辛苦了！为了总结经验，以利今后，还想提几点建议：

第一，整个演出还是要进一步规范化。建议设两个重要人物：艺术总监和舞台总监。艺术总监跟舞台总监分工不同，艺术总监的主要任务是节目的总体设计、全面审查、内容调节、形式平衡等。尽管节目来自班级，但是可以引导、要求和商量，检查、汇报、展示教学成果是学校艺术节初衷和目的，艺术总监可以在这方面发挥作用。舞台总监则主要是节目的编排组合和演出时的指挥调度。

第二，可以考虑分散办演出，不一定全校大集中。由于学校规模太大，还有分校，集中办汇演，如果没有筛选，就会节目多，人员多，工作量大而复杂。为了让更多的学员参加演出和观看欣赏，可以考虑分系科、专业、类别，还可以适当穿插教师参与等；也可以由学校统一编组，一组一组地举行。

第三，适当评奖。可以有节目奖、指导老师奖、个人表演奖等。

第四，今后若条件允许，还是要扩大观众，放大影响，实现大家同乐。

不能局限于少数学员（演员）的互相观摩和满足表演欲望，而是要全面反映教学成果和让所有师生体验成功感、快乐感、幸福感，甚至欢迎、接受有关领导、兄弟学校和社会老年人观看等。哪怕花钱租、借老干部活动中心或更大的剧场均在所不惜，因为那是物有所值的。

　　管窥蠡测，一孔之见。不当之处，欢迎指正。

（写于 2019 年 10 月 21 日）

感恩《枫叶》

——祝贺《枫叶》校刊出版 100 期

题记：非诗也，心之语；恰十四行。

《枫叶》，我恭逢了您，我很荣幸；
《枫叶》，您培育了我，我特感恩！
十八年前，我目睹了您的呱呱坠地，
　　　　　褓褓中亲抚过您的衣襟；
十八年来，您叮嘱我千万不要停歇，
　　　　　要老而不老，永葆青春。
还记得，请领导为您的报头题字；
还记得，为推敲一个字断须数根。
忘不了，两版到四版到大报的跨越，
忘不了，黑白变双色变彩印的提升。
今天，您已届满期颐，担道铁肩，
今天，您已褪去青涩，不再稚嫩；
因为，新时代已经訇然御劲而来，
党和人民都倾心您的成长、精进。

（载于《枫叶》第 100 期；写于 2019 年 12 月 6 日）

中共长沙市委老干部局
"礼赞新中国·奋进新时代"优秀讲稿征集活动
一等奖文章（三篇）评语

《风雨兼程，三代林业人的绿色守望》

浏阳市林业局　刘艳（原文略）

首先，本文选材特别典型。刘良东一家祖孙三代，四个顶天立地的男子汉，三十多年来，坚守茫茫林海，以山为家，以林为伴，从伐木者到种树人，从种树人到管理者，既参与并见证了浏阳乃至中国林业转型发展的进程，更以他们挚爱林业、追求梦想、三代"接力"、永不停歇的风雨兼程，守护了森林资源，守护了生命家园，实现了绿色绵延、希望丰满的愿望。他们也创造了自己的人生价值，延长了生命的长度、增加了生命的厚度。浏阳的林业史上，将浓墨重彩地永远铭刻着祖孙三代林业人的名字：刘良东，刘俊杰、刘绍辉，肖鹏鹰。而这，正是我们的征稿所推崇的"从身边人和身边事出发，阐述党的创新理论和大政方针、激发全社会正能量"的作品。

其次，文章条理十分清晰。文章的中心内容是写三代林业人的前赴后继、继往开来的老少并肩、连续奋斗的优秀事迹，所以文章很朴素地就用序数"一、二、三"分开来从老到小进行描述。但是作者还是有所讲究，对于三代人面临的不同的年段任务和时代使命，以不同的文字作了明晰的区别：爷爷是"像看护自家菜园子一样守望一片森林"；两个儿子是"把人生最美时光献给了大山"；孙辈则满怀"改变传统林业的护绿情结"，坚守岗位。三个小标题各自不同地呈现了三代林业人工作的特点。文章的具体内容也就依此循意有了具体生动的变化，使文章描述波澜起伏，饶有情趣。

再次，语言行动刻画人物。文章既然是写人为主，自然少不了人物的刻画。作者在以精选三代林业人的铮铮誓言（豪言壮语）作为人物的语言描写的同时，具体展开了对他们脚踏实地、真实劳作的行动描写。如"几十年来，刘良东坚守在大山深处的林场里。自己种菜、挑水、做饭。草帽、砍刀、干粮、手电筒，是他们巡山护林防火期随身携带的'四件宝'。每天早上吃完早饭，他就要带领一班人上山造林及巡护，直到天黑才打着手电筒回到场部，中午经常就着山泉水吃点干粮充饥"。大儿子刘俊杰"认真负责，吃苦耐劳，又肯钻研技术，很快成为了营林主管负责人。他还特别执着于钻研营林技术知识，一棵树，他一眼就能看出冠高胸径；一片树林，他一眼就知道需要间伐多少林木才有利生长。凭着这个绝活，他成了森工系统技术标兵。加之为人又正直公道，吃苦耐劳，先后被林业局任命为向坪林场、九岭林场、连云山林场的场长。几十年如一日，刘俊杰风雨无阻，夜以继日，早出晚归，累计查处林政案件几百起……"孙辈肖鹏鹰则是把现代科学特别是信息化技术运用到林业工作中去，改变了传统林业相对粗放的工作模式，使工作更高效，更精确，更能保护一方水土，使水更清山更绿；他还正在积极开拓林业的广阔前景，搞森林旅游、森林康养，推进以浏阳大围山国家森林公园为龙头的森林旅游事业。通过这些具体生动的人物的语言、行动描写，文章中站在我们面前的这三代林业人是立体的、活灵活现的。他们的任劳任怨、不畏艰辛、知难而上，他们的沐风栉雨、跋山涉水、起早贪黑，全都跃然纸上。

此外，文章语言平实中透露真情，质朴里洋溢亲近。整个文章善用典型数字，特别是结尾一段，全面总结了浏阳市林业的发展和成就，精细确切地列举了各种数据，说明问题，激越人心，不仅增强了读者对林业人的职业敬仰，也使文章更具雄辩的说服力和强烈的感染力，阅读时让人止不住啧啧赞叹，欣然频频颔首。

《在改革中奋进的长沙教育》

长沙市教育局　封纪琴（原文略）

如果说，《风雨兼程，三代林业人的绿色守望》是写"身边人"，"阐述党的创新理论和大政方针、激发全社会正能量"的作品的话，那么这一篇文章就是写"身边事"了。作者是长沙市教育局的工作人员，朝夕耳闻目睹、日夜梦萦魂牵的就是教育的重大问题。因此她的这篇文章，就选择了近年来关系国计民生、牵动千家万户的教育社会公平问题来叙写长沙教育的改革成果，歌赞长沙教育的快步奋进。教育公平是人们非常敏感的，也是社会主义教育的性质决定了的事，必须十分认真地摆在头等重要的位置去进行处理。这个问题长沙市教育人做得特别好。近十年来，长沙市以阳光招生、公办学校的零择校，堵住以权择校、以钱择校的漏洞和民办初中的招生也要趋于合理、趋于公平等一批成果，说明了长沙市在教育方面不断改革、勇于进取的步履。加上近年来"三点半"问题的妥善解决，深受广大百姓赞许；一系列在全国有影响力的好制度不断出台，人民群众已经越来越看到人民满意的教育正在大步向我们走来。这些成果都反映了长沙教育人"敢为天下先"、直面问题、回应关切、追求完善、永不停步的可贵精神。文章的选材是恰当的、有价值的。这是本文的第一个优点。

第二点，作者注意拟题。本文既有大标题，又有小标题。大小标题都拟得好，有讲究。大标题的拟题紧扣征稿主题——"奋进"二字，叫作"在改革中奋进的长沙教育"。三个小标题各叙一件大事，各用一句名言，使读者分别了解和体测到长沙教育改革的脉搏。如第一个小标题为"促进教育公平，咬定青山不放松"，以"咬定青山"的劲头表明了我们在实施教育改革、促进教育公平方面的坚定决心；第二个小标题为"解决群众关切，一枝一叶总关情"。以"一枝一叶总关情"来说明教育人在解决教育的重大问题的同时，对群众关切的细节问题也毫不含糊。我们常说成败在于细节，细节决定成败，而我们的教育部门能做到巨细无遗给予关注，应该是一种十分宝贵的工作态度和良好作风。第三个小标题也很不错，"持续推进改革，冰霜历尽心不移"，表达了尽管有非常艰难困苦的问题挡在前面，就好像那冰霜严冻一样，我们也初心不变，决心不移。只要是人民群众所关心的教育方面的问题，我们一定会克服困难继续解决。所以这三个小标题不但突出了文章的中心和主题，而且为文章增色不少，使文章文采斐然。

第三点，在写法上，文章也有它非常明显的特点：善于运用对比。怎么对比呢？那就是每一个改革措施前后的对比。改革之前，老百姓对教育不满意；而改革以后，老百姓对改革的成果表示欢迎、赞扬。这样一种对比能够比较好地说明，我们在改革的过程中是十分注重实际效果的；而不是只看改革的招式，更重要的是看改革的惠民实效。这样也就说明了，这个改革是成功的。对比写作方法的运用，起到了突出中心的很好作用。

另外，文章还有一些其他的优点，比如：首尾呼应；认真写好每一个意义段中的中心句；语言通顺流畅，符合讲稿的要求；等等。这些，都表示作者在立意构思上，在文字运用上，都是用了心、运了神的。

《点赞我的国——腾飞的星沙①》

湖南日报退休干部、长沙县"五老"宣讲员　施扬（原文略）

本文是这次征稿中特点突出鲜明而亮点丰富多彩的一篇文章。

其一，题材重大。前面的两篇文章，一篇是以"身边人"为主，一篇是以"身边事"为主。本文呢，作者的眼界就更为开阔，选材就更为宏伟了。他所写的是我们长沙地区10个区县（市）当中的一个县（市）域的巨大变化，写了他在改革当中的迅速腾飞。这就是长沙县。作者通过中华人民共和国成立70年以来，特别是改革开放以后的40年以来，长沙县的巨大的、翻天覆地的变化，礼赞了新中国，歌颂了奋进的新时代。文章给人一种大手笔之感。

其二，构思奇特。他首先就说明：自己不是歌手，也不是诗人，但他是一个业余的画家，于是他采用了"画面"的方式来反映这种腾飞。于是他用了"画面一、画面二……画面五"这样五个不同的"画面"来呈现整个长沙县的巨大变化。他的这个构思完全是与内容的浩繁博杂相关的，是表达庞大

---

① 星沙，即长沙县的别称。

丰富的内容所必需的。因为他写的不是一家人，不是某一个方面，而是整个长沙县。所以这种构思非常符合这个内容。它反映了作者构思的巧妙，比较全面地向我们展现了长沙县的改革新貌。文章五个画面的描绘，确实获得了基本的成功。

其三，开头不凡。文章的开头非同一般："我不是歌手，没有动听的歌喉；我不是诗人，写不出漂亮的诗句；但我是画家，有真情的写意、艺术的灵动。今天我要用手中的画笔，配上最激情的声音，挥洒最真实的感受，创造一幅美丽的画卷。"然后就出现文章的题目。这个开头，不仅仅点题了，而且告知了自己独特的构思——以画面来呈现长沙县的巨大变化；并且直抒强烈的感情：我要用这一幅浩大的画卷来点赞我的家乡——长沙县。这种开头，方式和语言都是非常优美的，而且是非常打动人心的。作为一篇演讲稿，这种开头也更能吸引听众，使他们继续认真地、有兴味地、全神贯注地听下去。

其四，写法多样。如上所述，全文用五个"画面"来全面反映整个县域的改革腾飞成就，而在写法上，五个"画面"却是"画技"各不相同的。

（一）以点代面。"画面一 形势喜人"，形势喜不喜人，最重要的是要看长沙县的整个发展趋势和前景如何，这是一个地方最根本的存在意义和发展价值，也是足以说明和代表形势好坏的重要标志。作者深谙这一点，于是选择了长沙县能够"助力长沙建设国际中心城市，更会成为抢占'一带一路'的开放前沿，架好空中走廊，打造一个立足长沙，带动湖南，辐射中部，走向世界的特色航空产业的高地"这一美好前景，高度概括了长沙县整个发展的优良趋势和超好未来。这样写，也才能做到尺幅千里，以四百多一点的文字，就反映了一个县域的"喜人"的发展形势。看来，不面面俱到写形势，以点代面来写，也是可以达到良好效果的。

（二）善用对比。"画面二 变化惊人"，变化怎么会惊人呢？因为变化巨大，怎样来展示巨大的变化呢？当然就是对比了。于是作者摆出了两幅"照片"：一幅是"原来的县政府、通程广场、经开区、星沙大道、开元路、文化中心等所在地都是一片黄土地，黄泥路纵穿整个县城，人烟稀少，景色萧条"；另一幅是"今日星沙……现代化厂房星罗棋布，高层建筑鳞次栉比，宽阔繁荣的星沙大道车水马龙，喜得国家授牌的湘绣城生机盎然；围绕三一重工、中联重科、山河智能等中国最大液压件生产基地的加速建设；还有世界500强的抢滩进驻，万亩松雅湖的蓄水成功……随着城乡生态宜居的绿色蔓延，武广新站、国际空港、磁悬浮列车、双地铁全速推进；浏阳河、捞刀河蜿蜒而过，山水相依，夜幕下通程广场五彩缤纷，特立公园快乐健身的老少男女，一幕幕场景书写着星城的蒸蒸日上，一张张笑脸洋溢着百姓的幸福欢乐……"这两幅照片对比的结果当然是：天上地下，相差悬殊。这就达到"惊人"的效果了。作者这种写作方法随着表达内容的需要去变化着，称作"随机应变"，也是恰当的。

（三）点面结合。"画面三　文化育人"的写作特点是点面结合：在广泛地概写文化育人的"面"："阅读空间、书香星沙、五彩星沙、活力星沙、松雅书院"等方面的同时，浓墨重彩地写了一个"群众文艺潮"中的"点"——马大姐，一位"膀大腰圆，一口的乡音，没有半点文艺细胞"的人，最后居然成为了一个广场舞的创造者、表演者。这个"点"很好地突出了"文化育人"的成果。

（四）层层递进。"画面四　乡村迷人"，作者非常巧妙地抓住"乡村振兴三部曲"进行了先总后分且层层递进的描述。"农村美"："布局美、产业美、环境美、生活美、风尚美"；"农业强"："猪圈换颜旅游民居，花海撬动赏花经济"；"农民富"："农业有活可干，农民有钱可赚"。顺理成章、步步高升、实实在在地展示了一幅迷人乡村的景象。

（五）有详有略。"画面五　银发动人"则采用了有详有略的写法。在列举众多的五老工作者的动人之举时，列举了六位先进人物：五老团长、在德书记，公益达人文池珍，省优秀党员黄苍霖，粟老公安，庚仕，熊嗲。前三位用的是详写，后三位用的是略写。这样，文章的容量更加大了，歌颂面更广泛了，同时也彰显了作者运笔的老到和写法的多变。

此外，作者在五个画面的小标题上也是下了工夫、花了心思的。用了"喜人""惊人""育人""迷人""动人"五个词。很明显，作者的着眼点都放在这些变化让人的感觉怎么样上，用人的感觉来说明这种变化的巨大和价值。这是正确的：人才是世界的中心，人的美好和幸福才是改革的终极目标。

改革也好，腾飞也罢，让人民群众喜了、惊了、成长了、迷了、感动了，就好，就实现了改革和腾飞的目标了。应该说，小标题是拟得虽朴实却得体的。

其五，语言优美。讲究遣词造句，臻于优雅华丽是这篇文章在语言上的一个很突出的亮点。语言的对称美、排比美、音韵美，全文中俯拾即是，不胜枚举。

（一）对称美。"世界 500 强的抢滩进驻，万亩松雅湖的蓄水成功"；"一幕幕场景书写着星辰的蒸蒸日上，一张张笑脸洋溢着百姓的幸福欢乐"；"猪圈换颜旅游民居，花海撬动赏花经济"；"破陈规陋习，树文明新风"……

（二）排比美。"我不是歌手，没有动听的歌喉；我不是诗人，写不出漂亮的诗句；但我是画家，有真情的写意，艺术的灵动……"；"以智能制造引领产业升级，以临空经济支撑开放崛起，以最优要素配置提升发展效益"……

（三）音韵美。"建设气质更好、活力更足、特色更优的高颜值现代化强县"；"文化兴，国运兴；文化强，民族强"；"布局美、产业美、环境美、生活美、风尚美"；"农村有景可看，农业有活可干，农民有钱可赚"……

像"我将用心感受，用情描绘，用笔挥洒，把时代的前进脉搏，展星沙的卓越成就，颂人民的爱国情怀，摄取一个个奋发向上的画面，捕捉一个个动人心弦的瞬间，记下两个百年的故事，录下民族复兴的辉煌。逐一完成长沙县——美丽星沙的腾飞画卷"，更是集排比、对称、音韵诸美为一体的激情昂扬、优美如诗的金句。置于文末，更有一种余音绕梁、回味无穷的意境。

如果说要挑剔这篇文章的瑕疵的话，那就是题目"点赞我的国——腾飞的星沙"，这个"国"字欠妥，如果把这个"国"字改为"家"字还差不多，星沙就是"我"的家啊！瑕不掩瑜，仍属优文也。

（写于 2019 年 12 月 13 日）

"普及《红楼梦》"课程纲目：我的一个梦

——"普及《红楼梦》"缘起（代前言）

58 年前，也就是 1963 年，湖南省纪念曹雪芹逝世二百周年大会在长沙市黄兴南路的兰陵剧院举行。当时，我是湖南师范学院中文系大四的学生。学习明清小说刚刚聆听了马积高老师关于《红楼梦》的精彩讲授，全校传闻着马老师在《文艺报》（当时全国文学艺术最高级别刊物）上发表了一篇关于《红楼梦》的文章；加上学习当代文学史而初涉《红楼梦》的我，便积极报名去参加大会。会议的报告、讲话结束之后，由当时的长沙市越剧团演出了《红楼梦》的几个片段，记得有"黛玉进府""共读西厢""宝玉挨打""黛玉葬花""黛玉焚稿""宝玉哭灵"等几场。之前，虽然曾经看过风靡全国的越剧电影《梁山伯与祝英台》，但是，远不及这一次看越剧《红楼梦》舞台演出的片段震撼心灵。不但看戏当时哭得稀里哗啦，而且回到宿舍，还激动不已地向室友们介绍盛况、倾谈感慨，让他们一个个都产生了自己没有去参加这一纪念活动的无比遗憾。而我，不仅对《红楼梦》产生了极大的兴趣，比如与一位来自自治州的同学生发了联合改编《红楼梦》成电影的痴心妄想，而且还做起了一个梦：此生一定要做一件事——普及《红楼梦》。走出校门，命运就把自己抛进了中学两个班语文老师加班主任的忙碌之中；大学四年一直憧憬的毕业以后当一名高校教师的理想变成了肥皂泡。后来的日子里虽然也出现过几丝改变终老中学讲台的曙光，但由于种种复杂的世事变迁和苟安的个人心态而瞬间消逝。退休了，一个偶然的机会让我来到了长沙市老干部大学，干起了教学管理和研究的事，还主动兼了一段时间"中国古代文学"的课程。由于教学管理和研究等事繁杂，很快兼课就中止了，找了一位大学的同班同学蔡干宏来接替自己的任课任务。不久，在学校的新课程开发中，我提议另外开设一门新课——"四大名著赏析"得以实现，又请了我的大学同班同学彭复旦、吴明刚等相继来任教。这时我"普及《红楼梦》"的梦想，也死灰复燃，蠢蠢欲动：稍有空闲便搜集一些关于《红楼梦》及红学的资料。此中，我"普及《红楼梦》"的夙愿也在慢慢地清晰和具象化。心中念叨：只要老天假我以天年，我一定要把这个梦想付诸实现。

众所周知，《红楼梦》是我国传统文化佳作中的经典，号称"红楼一世界，世界一红楼"，具有非凡的价值和崇高的地位：中华文化的瑰宝、中华民族"文化自信"的一块基石。对于它是一本什么样的书，为什么在同类作品中有这么高的地位；关于它，二百多年来，究竟发生了一些什么大事，对中国对世界产生了什么样的影响，它与我们每个人现在的生活有些什么关系……真应该是作为黄皮肤、黑头发的中国人人尽皆知的。至于关于《红楼梦》的研究，自其问世以来二百多年，已经发展成了一门专门的学问——"红学"。古今中外，上下五千年，在文学艺术殿堂，以一位作家或一部作品而形成一门学问的，至今只有"莎学"（关于莎士比亚的研究）和"红学"。所以"红学"是一门世界级的学问。"红学"自诞生和发展的两百余年来，虽时序更替，岁月跌宕，波澜起伏，有盛有衰，但是关于曹雪芹和《红楼梦》的诸多探索和争议，至今仍然没有落下帷幕；而且随着中国的改革开放，学术研究和文化交流也迎来了百花齐放百家争鸣的繁花似锦、姹紫嫣红。"红学"研究也提升到了史无前例的繁荣昌盛局面："红学"的组织机构、杂志刊物、博客网站、专业会议，日新月异，方兴未艾；专业学者、爱好粉丝，如雨后春笋，层出不穷；物化成果，汗牛充栋；研究资料，浩如烟海。在《红楼梦》的研究中，怼论不少，其中大部分是属于专业性的知识和探佚性的讨论，如书名、作者、版本、映射之类。这些，普通人是不必去深究的。因此，我的"普及《红楼梦》"课程，就是想概略介绍关于《红楼梦》和红学的一些基本常识，不进行文本的细读分析，不参与作者、版本的历史考证，不追随怼论的深入推敲：那是《红楼梦》爱好者和专家学者们的事，也是我力所不及的。功利一点说，我开设"普及《红楼梦》"的课程，一是为了增强文化自信：我们国家也有在国际文坛上光辉夺目的经典巨著，也有堪与"莎学"并驾齐驱的世界级显学——"红学"。二是为了国人在"开谈不说

《红楼梦》，读尽诗书亦枉然"的中华文化氛围中摆脱愚昧无知，获得基本的知情权和必要的话语权，避免大家在现实生活中不时碰到关于《红楼梦》的一些常识时的尴尬。当今现实，几乎方方面面、时时刻刻、说说笑笑，常常要牵扯、联系到《红楼梦》；面对生活，堪称衣食住行、吃喝玩乐、为人处世、安身立命，时时要涉及、挂碍到《红楼梦》。真可谓，红楼梦对人们的生活，无孔不入，概莫能外。中国乃至世界上，几乎找不到第二部文学作品有如此巨大的容量、如此宽阔的视野，关系你我他，牵扯吃住行。我想做的是：介绍而非研究，点到而不细说，知道有关常识，帮助方便行事。让大家做一个不陌生中华"国学""古典"的中华儿女。三是为了响应"《红楼梦》进校园、进社区"的号召。"莎学"的故乡英国有一句广为人知、出现频率之高令人惊叹、使用者仁者见仁智者见智让人惊奇的名言："一千个读者，一千个哈姆雷特。"我觉得这句名言除了主要应该从"接受美学"的角度，强调艺术欣赏阅读中的主体性，即由于人们出身阶层、所受教育、文化程度、人生经历等的不同，对一部文学作品、一个人物形象的感知和看法都是不一样的，有时甚至大相径庭之外；是不是也可以说，这句名言，也表明了对哈姆雷特的关注和种种争论，在过去的 400 多年里，吸引了西方世界几乎所有的艺术文学爱好者，而且至今依然没有尘埃落定。而在中国，是不是也应该是亿万个读者眼里就有亿万个贾宝玉，《红楼梦》也当之无愧地可以吸引中国的所有读书人。让我们通过普及《红楼梦》这本值得一读的好书，来传承中华经典，尊重文学遗产。古人还说，阅读经典，"思君子何为，问圣人何故，处文人之道，循贤者之规"，从而增加一个人的文化自觉、文化自信，成为一个人一生的精神财富和气质品位。因此我想，开设"普及《红楼梦》"这类课程应该是很有意义的。

我退休以后一直在老年大学打工，比较知晓这儿的需求。这儿，是我实施"普及《红楼梦》"课程的最佳环境。因此我根据老年大学的教学规律：课时、容量、程度、方式等，把"普及《红楼梦》"的教学内容分解成了下面的结构：4 部分，每学期 1 个部分，16 次课，每次课 90 分钟。4 个学期讲完全部 64 次课的内容。初定纲目如下：

一、《红楼梦》与红学（16 次）。1.《红楼梦》是必读书；2.《红楼梦》

是奇书；3.《红楼梦》是百科全书；4.《红楼梦》是艺术巅峰；5.《红楼梦》的作者；6.《红楼梦》的版本；7.《红楼梦》的续书；8.《红楼梦》的译书；9. 红学——世界级的学问；10. 红学——无边界的学问；11. 红学——显学之一；12. 红学的历史；13. 红学的流派；14. 红学方法论；15. 红学中的怼论；16. 红学的组织报刊网站会议。（附：红学的影响、红学的延伸、红学与政治、红学的题咏等）

二、名人与《红楼梦》（16 次）。1. 毛泽东与《红楼梦》；2. 王国维与《红楼梦》；3. 蔡元培与《红楼梦》；4. 胡适与《红楼梦》；5. 俞平伯与《红楼梦》；6. 鲁迅与《红楼梦》；7. 周汝昌与《红楼梦》；8. 张爱玲与《红楼梦》；9. 李希凡与《红楼梦》；10. 何其芳与《红楼梦》；11. 蒋和森与《红楼梦》；12. 冯其庸与《红楼梦》；13. 白先勇与《红楼梦》；14. 蒋勋与《红楼梦》；15. 土默热与《红楼梦》；16. 刘上生（本省红学家）与《红楼梦》。（附：脂砚斋、畸笏叟、高鹗、程伟元、顾颉刚、吴世昌、林语堂、吴宓、翦伯赞、王昆仑、舒芜、王朝闻、刘梦溪、宗璞、蔡义江、王蒙、刘心武、胡文彬、薛瑞生、马瑞芳、张庆善、王湘浩、周思源、高阳、邓遂夫、吴恩裕、樊志斌、梁归智等与《红楼梦》）

三、《红楼梦》里的常识（16 次）。1.《红楼梦》里的人名；2.《红楼梦》里的称呼；3.《红楼梦》里的语言（叙述语言、人物语言、肢体语言、词汇变化、动词量词、四字格词、委婉语、骂詈语等）；4.《红楼梦》里的诗词、曲赋、对联；5.《红楼梦》里的成语；6.《红楼梦》里的谜语；7.《红楼梦》里的宗教；8.《红楼梦》里的音乐；9.《红楼梦》里的曲艺与杂艺；10.《红楼梦》里的饮食；11.《红楼梦》里的酒茶；12.《红楼梦》里的医药；13.《红楼梦》里的园林艺术；14.《红楼梦》里的女性主义；15.《红楼梦》里的民俗文化（岁时节庆、婚丧嫁娶、服饰头饰等）；16.《红楼梦》里的满族文化。

四、《红楼梦》与现实生活（16 次）。1.《红楼梦》与戏剧（话剧、歌剧、舞剧、京剧、越剧、黄梅戏等）；2.《红楼梦》与影视（电影、电视剧等）；3.《红楼梦》与曲艺（相声、评书、大鼓、弹词、单弦等）；4.《红楼梦》与音乐；5.《红楼梦》与美术（壁画、写意画、工笔画、水粉画、连环画、木版杨柳青年画、扇面、邮票、印谱、艺品等）；6.《红楼梦》与读书；7.《红楼梦》与写诗；8.《红楼梦》与做人；9.《红楼梦》与用人；10.《红楼梦》与应聘求职；11.《红楼梦》与网络（电子书、网络游戏、网店等）；12.《红楼梦》与收藏；13.《红楼梦》与旅游（北京、南京、上海、杭州、吉林、铁岭等）；14.《红楼梦》与经济；15.《红楼梦》与文化创意和传播力；16.《红楼梦》与老年人（附《红楼梦》与世界、与美学、与子弟书、与选秀等）

（2021 年 1 月 17 日写于波士顿）

附　录

一片枫叶　欲装点麓山的层林

——记长沙市老干部大学教研室主任薛根生

在长沙古城，有一位古稀老人，他踩着一辆破旧的自行车穿梭在闹市和学校之间。他满头银发，却精神矍铄；他倾其所有，却乐此不疲。他就是长沙市老干部大学教研室主任——薛根生老师。

薛老师是 2001 年 6 月来到老干部大学的。尽管在退休前他就一直从事基础教育的教学研究，但是来到老年教育这块处女地，还得重新学习。他浏览了能找到的关于老年教育的资料，翻阅了《中国老年报》《老年教育》《老年人》等多种报刊，走进课堂听了各种不同的老年教育的各科教学，也思考着关于改革、发展老年教育、优化老年大学课堂教学的诸多问题。由于薛老师是教研员出身，来到长沙市老干部大学以后，就一直以教育教学的研究和教师的培训为主要工作。20 年来，在市委老干局和学校领导的指导支持下，在同事们的配合帮助下，还真为学校做了不少工作。

首先是编制教学大纲和组织编写教材。2001 年，薛老师建议应尽快编制教学大纲和编写教材。因为这是一所学校的立校之基、教学之本。经历了教师撰写—专家审议—部分学员几上几下的研讨、修改，2002 年上学期，学校已开设的 23 个专业的教学大纲基本定稿。这在当时，只有上海、天津、武汉编写了同类资料。这些教学大纲尽管因为编得较早，成熟完美度不够，但编写体例比较科学，编写者水平较高，因此一段时间，它和紧接着编写出来的一些教材成了兄弟学校来校参观互访时交流赠送的资料。后来，学校根据课程门类增多和教学规范管理的需要，又修改完善并陆续增编了部分学科的教学大纲，共达 33 科。2018 年，全国老年大学协会组织教学大纲评选，学校被评为"优秀教学大纲建设校"一等奖，薛老师执笔的经验介绍文章载于《全国老年大学"优秀教学大纲建设校"表彰暨交流研讨会》资料集，薛老师还在交流研讨会上做了发言。

2002 年开始，薛老师牵头积极、认真、抓紧地开始了教材编写工作。当时，学校已经开办了 20 多个专业 60 多个班。编写教材全面开花，一齐动手，肯定是不行的。根据急需用的和基础好的、容易编的先编的原则，很快就编写出了《老年实用按摩》《老年计算机教程》《老年实用英语》《老年实用保健》《老年声乐》《中国古典文学》等教材。在编写过程中，薛老师强调要认真贯彻面向老年、注重实用的原则。除了遵从学科自身的知识、能力、结构体系，在内容的取舍、详略，章节的分配、衔接，文字的雅俗、多少，开本，字号……乃至使用时的方便与否等方面，都从老同志的需要、实用、方便出发，在内容上，强调实用性、可接受性、可操作性。这套教材在体例上，在全国是独一无二的，受到了同行的赞誉和欢迎。薛老师执笔撰写的编写教材的经验材料发表在《老年教育》上，为此《老年教育》连续三期免费刊登了长沙市老干部大学自编教材的广告。另外，全国有 88 所兄弟学校购买了长沙市老干部大学的教材。

薛老师是教研员出身，听课评课是他的主要工作和强项。自 2004 年以来，他就与同事们一起，坚持开展公开研究课活动，规定每一学期两位教师上研究课。10 余年来，前后有 50 多位教师上了公开研究课。每次上课，授课教师都做到了认真备课，打印教案，同学科的教师参加听课，也欢迎其他学科的教师参与听课；每次听完课以后，都邀请所有的听课教师集体评课；他自己都会全面地评课。这样，每次公开研究课对老师来说，都是一次很好的学习和提高，授课和听课老师共同受益；并且为整体提高学校课堂教学的质量，提供了台阶。2021 年，薛老师与龙志斌校长合作的论文《老年大学公开研究课的价值取向初探》获全国老年教育第十四次理论研讨会一等奖，龙志斌受邀在大会上发言，获得全国同行好评。

薛老师退休前任长沙市教育科学研究所的理论研究室主任，是专管全市教育系统的论文评选和课题研究的。来到长沙市老干部大学后，薛老师发挥优势，也积极开展老年教育的宏观和微观的研究，参与全国关于老年教育的课题研究。关于宏观的研究，薛老师撰写了《立法保障　科研推动　网络放大——关于老年教育发展战略的思考》一文，这篇文章根据时代发展的需要，根据党的十七大再次发出的创建学习型社会和建构终身教育体系的号召，论述了老年教育是学习型社会和终身教育体系中不可或缺的重要组成部分，提出了"立法保障　科研推动　网络放大"的发展战略。这篇文章在 2008 年中国老年大学协会第八次学术理论研讨会上的 230 篇参评论文中，脱颖而出，获优秀论文一等奖（仅 8 篇）。他与唐安石、陈志丹 2012 年联合撰写的《关于发展社区老年教育与建设学习型城市的理论探讨》、2018 年他写的《千方百计　破解"一座难求"难题——长沙市为创建"老年人平等学习的机会"的实践和思考》、2020 年他与龙志斌合写的《老年大学"公开研究课"的价值取向、实施技术和达成效益初探》又获全国第十、十三、十四次老年教育理论研讨会一等奖；他写的《适切度：老年大学选用、编写教材的第一要求——从〈新概念英语〉到〈老年实用英语〉再到〈出国常用英语会话〉》《弘扬湖湘文化　发展老年教育》两文，分获九、十一次研讨会二等奖。由于他和教研室的同事们共同努力，学校每次都获得中国老年大学协会优秀论文评选组织奖。

从教学管理和质量监控的角度说，评价是杠杆，是指挥棒。因此从 2004 年下学期开始，在学校领导的大力支持下，薛老师又与同事们发起了老年教育课堂教学评估的探索研究。这在当时，全国尚属空白，无从借鉴。在长达 5 年的探索与实践中，他们做了大量艰苦的工作。为了把"长沙市老干部大学课堂教学考评量表"制订得科学、全面、可行，薛老师在美国探亲还通过电子邮件和越洋电话与国内同事商讨和修改。5 年时间内，有 40 多位教师上了考评课或研究课，占全校教师 90%以上。这对大家越来越重视老年教育的课堂教学、认真研究老年教育的课堂教学、努力提高老年教育的课堂教学质量起到了较大的促进作用，也推动了学校其他各项工作的开展。这一举措和成果，在全国老年教育界产生了巨大反响。《中国老年报》带编者按发表了学校的有关论文，《老年教育》杂志 2006 年第 4 期发表了教研室（章铁军老师执笔）写的文章《如何实行课堂教学考评》。中国老年大学协会权威刊物《学术通讯》《中国老年报》《老年教育》杂志先后发表了 6 篇文章对学校的课堂教学考评工作进行了报导与推介，有关方面的负责同志及兄弟学校领导还专门来校进行调研与交流。

2010 年，中国老年大学协会老年教育学术委员会第三次全体会议的新课题"发展社区老年教育与建设学习型城市研究"邀请长沙市老干部大学参加。学校决定由薛老师牵头承担。薛老师撰写了子课题方案，对课题组成员进行了培训，与大家一起进行了调查研究，并执笔完成了两万余字的《长沙市子课题组调查报告》，及时送交到了总课题组。2012 年 11 月 16 日至 18 日，中国老年大学协会老年教育学术委员会"发展社区老年教育与建设学习型城市研究"课题结题会议在长沙召开。会上，薛老师以长沙市子课题组副组长的身份针对总课题组当年 9 月底发来的结题报告，认真阅读、学习、思考，发表了近 8 千字的评价和修改建议，得到了与会同行的高度评价。与此同时，薛老师也收获了荣誉：2012 年，他被选为中国老年大学协会老年教育学术委员会委员（全国仅 33 人）。

2013 年 5 月 11 日，在上海老干部大学召开了全国又一个课题"老年教育领导管理方式的调查分析"的开题会议。薛老师代表学校参加会议，回来以后就成立子课题组，带领本校和部分区县的同行们，开展了富有成效的调查研究。最后由薛老师执笔撰写了 4 万多字的《长沙市老年教育管理方式的调查研究报告》。这份沉甸甸的调查报告可以说是为长沙市老年教育进行了完整的历史溯源，也为长沙市老干部大学编写了校史沿革。该调查研究报告载于《全国老年教育领导管理方式的调查分析》一书。这项课题研究成果对于我国今后怎样统筹、归口管理老年教育及制定相关政策都将起到重要的参谋作用。此外，薛老师还为学术委员会所属的"中国老年大学'开门办学'的实践与理论研究"和"中国特色老年大学制度创新研究"等课题，或研讨有关内容，或提供调查资料，做了不少工作。

同时，在老干大薛老师还抓教师的业务培训，自己亲自上辅导课。2011 年 8 月 28 日、2016 年 5 月 24 日和 2018 年 10 月 10 日，薛老师为本校全体教师和区县部分教师作了三次专题讲座。内容都是关于老年教育怎样上课和写论文的。第一个讲座是"内容实用、方法适应、手段有效——浅谈老年教育课堂教学"，说的是老年大学应该怎样上课。薛老师拿出他的听课本，回顾了他所听的 30 多位老师的 50 多节课，从中归纳出了老年教育的课堂教学的教学内容、方法、手段，说了他们当中的某位教师何时何班的哪节课，讲的是那节课的内容确定、方法选用和教学过程设计，孰好孰差；同类教学的相较对比，谁优谁劣；最后从老年教育课堂教学的特点，特别是老年人认知的特点出发，详尽地讲述了老年大学的课堂教学应该怎样教才适合老年人，才能取得高效。第二个讲座"这样写论文——学习长沙市老干部大学教师论文心得体会分享"，是关于如何写论文的。薛老师找来长沙市老干部大学的老师多年来所写的发表在全国省市报刊上的各种论文、经验总结、教学反思等，仔细阅读，认真归纳，共 45 次引用了 28 篇本校老师的文章，从中总结出了通俗、简明、可学的写作方法技巧，破除了论文的神秘感，也让老师们学到了基本的写作方法。第三个讲座"怎样写教育叙事"，还是讲写教育教学管理等文章的方法。薛老师根据从事老年教育工作的管理人员和教师的实际情况，以降低难度、人人可写的"教育叙事"这一文体为题，借大量实例详细地介绍了它的写作方法。这些讲座由于理论浅显易懂，范例亲切熟悉，操作具体可行，受到了老师们的欢迎。两个关于怎样写文章的讲座，让众多老师拿起了从未写过论文的笔，动起了"我也试试"的念头。而薛老师为了准备这些讲座所花的时间也是若干倍于讲座的两三个小时的。但，他总是说：累并快乐着。

薛老师还积极参与创办校刊、教学动态和学报。为了反映学校的发展，对外介绍学校的变化，对内记载学校的历史，他提议创办学校校刊。得到领导同意后，他通过一位同事去找了当时的中共长沙市委副书记、市长谭仲池题写了刊名，代校长刘湘皋起草了发刊词。2002 年 3 月 4 日，长沙市老干部大学校刊《枫叶》创刊号出版了。这是全国较早的校刊之一。到 2020 年底，《枫叶》共发行 104 期。因内容翔实丰富，贴合实际，全部为原创作品，《枫叶》深受大家喜爱。每期校报有 180 份寄往全国兄弟老年大学、有关上级领导部门和职能部门。2009 年 8 月，全国老年大学校报（刊）评比，因《枫叶》办出了水平，我校被授予全国老年大学校报（刊）编辑出版先进单位（当时全国 4.4 万所老年大学，仅评选 36 所）。为了交流教师的教学经验，薛老师又与同事创办了《教学动态》。2004 年 4 月 12 日开始出版。每月 1 期

（2017 年由打字油印扩版为铅印胶装，由 10000 字左右的篇幅扩大到 25000 字，改为每学期 2 期）按时编辑出刊，及时送到每位任课老师手上；并随同《枫叶》校刊一同寄出。到 2020 年底，已出版 120 期。随着事业的发展和学校的进步，为了加强老年教育的教育教学研究、鼓励教师总结经验、撰写论文，更广泛地与全国的同行们开展学术研讨和交流，从 2008 年开始，在张贤遵校长的大力支持下，薛老师又和教研室的同事创办了《长沙市老干部大学学报》，不定期出版，迄今已编印出版了 7 期。这标志着学校的教育教学研究又迈上了一个新的台阶。每期的《学报》，都寄往全国各老年大学，与同业者进行学术交流。每期的《学报》，薛老师都写了文章。

2014 年，全国老年大学协会决定在全国开展"五个十工程"，即从曾经获得"全国先进老年大学"称号的省、地市、县、乡镇、社区各级老年大学中，精心挑选出具有典型意义的十所老年大学作为研究案例。长沙市老干部大学荣幸地入选十所地市级校之中，薛老师代表学校去参加了有关会议，领回了任务。领导决定以他为主完成编写任务。他受命以后，很快就拟定了详细编写方案和全书纲目，并且自己承担了八大部分中的三大部分执笔和全书初审的任务。经过半年多的艰苦奋战，在全校上上下下的支持下——唐安石校长、贺佳妮副校长都承担了写作任务——几经修改，完成了 61000 字的《他们在这儿快乐无比——长沙市老干部大学巡礼》文稿，经领导审阅，发送给了学术委员会。后来全文收录于陆剑杰、钟旭秋主编的《地区老年教育的群星灿烂》（团结出版社，2016 年 4 月第 1 版）一书中。2018 年 5 月，在烟台全国关于"五个十工程"的总结会上，薛老师发言浅析了"五个十工程"的价值意义，受到了与会的中国老年大学协会领导的好评。回来以后，薛老师请贺佳妮副校长、教研员谭睿（执笔）参与一起完成了《略论"五个十工程"的理论意义和实践价值》的论文，发表在中国老年大学协会的最高学术刊物《老年教育学术》的创刊号《己亥集》上（江苏人民出版社 2019 年 7 月出版）。

2016 年，学校写作班为举办《枫叶见证》十周年庆，准备出一册《金秋红叶》作为纪念。大家都想请薛老师审核修改，写个前言。薛老师回忆道：2016 年 10 月 27 日至 11 月 23 日是我在波士顿以来极其紧张的一个月。那些日子，人完全沉浸在写作班学员创作的 56 篇文章——丰富多彩的文学世界里：家国情怀、世事变迁、峥嵘岁月、暮年励志……阅读着这 56 篇作品，可以说也是给我自己一次心灵洗礼和人生拷问；56 篇文章，满满的 56 股激流，冲击着自己已经古稀的人生。看着自己的同龄人一个个青春焕发，智趣昂扬；一个个老骥伏枥，志在千里……他们的精神敦促我、鞭策我，一个月心无旁骛、夜以继日细读了这 56 篇文章，字字过目，篇篇评点。最后终于写成了一篇《叶落一地　散落成歌——〈金秋红叶〉代序兼介绍"湖南有个写作班"》长达三万多字的文学评论。文章很快传到了写作班学员们的手中，他们看了之后，无不欢欣鼓舞，大家奔走相告，拿着自己发表在《金秋红叶》上的文章，饱含深情地表示"记住了薛老师""感谢薛老师"。曾任写作班班长的盛正泉老人抑制不住兴奋地跑到办公室去告诉薛老师，他已经读了三遍；素未谋面的《伯父》的作者罗蓉健因此把她的一些创作发给薛老师修改指导，后来他们结成了文友……

2016 年 6 月，中国老年大学协会老年教育学术委员会在南京开会讨论编写我国第一部老年教育学学科教育体系的问题。在讨论全书的结构和提纲时，薛老师提出了根据课堂教学在老年大学这一学校教育中和老年教育学学科体系中的特殊地位和重要作用，这本书有必要增加"老年教育课堂教学研究"一章，希望补充这一内容；并毛遂自荐、主动请缨承担这一部分的编写任务。这一建议，得到了莅临会议的老年大学协会领导的赞许和同行的认可，并且经学术委员会研究，同意另辟专章论述老年教育学校教育中的课堂教学，还满足了学校的请缨，把这一任务下达给了长沙市老干部大学。薛老师回校向领导汇报以后，当时的第一校长、长沙市政协原主席张贤遵同志完全认可并高度重视，亲自来到教研室与大家座谈、询问情况，勉励大家迎难而上；校长龙志斌同志积极响应并亲自上阵，带领大家制订工作方案，组建编写小组。指定由薛老师执笔拟定"老年教育课堂教学研究"的三级提纲。提纲经总课题组通过以后，立即分工开展了编写工作。鉴于编写组的成员大多没有相关经验，薛老师主动撰写了"《老年教育学》之《课堂教学研究》编写建议"，并给每一位编写老师找来了有关参考资料，如期完成了 4 万多字的专稿送交了总课题组，成为《老年教育学》的"老年教育课堂教学研究"一章（载于陆剑杰等主编《老年教育学》，河海大学出版社，2017年9月第1版，第341-358页）。就在大家编写"老年教育课堂教学研究"的同时，薛老师又提议把这份4万多字的"课堂教学研究"扩充成《老年教育课堂教学论》一本20多万字的专著，以此填补老年教育关于课堂教学的学习资料和教师培训教材的空白。薛老师编拟了整体的编写方案和全书的三级提纲。"课堂教学"的问题是"老年教育学"的研究中，最具实践意义、最富操作价值、最接教学地气的研究，案例呈现（俗称"一例胜千言"）是它最重要的基础和最有力的支撑。薛老师又专门为此事起草了《老年教育课堂教学论》第三章"老年教育课堂教学的方法"第三节"教学方法运用举隅"案例编写方案，带领大家开展了关于课堂教学案例、实录的苦苦搜寻和重新征稿工作。功夫不负有心人，风雨过后见彩虹。在大家的汗水浇灌下，终于收获了一本专著——《老年教育课堂教学论》。当这本25万字的专著由湖南教育出版社出版以后，薛老师又陪同贺副校长去上海向全国老年教育师资培训教材编写委员会汇报，并获得了做好《老年教育课堂教学论》的书稿修改提质、作为全国老年教育师资培训教材在人民教育出版社出版的允诺。回来以后，薛老师又立马制订了"《老年教育课堂教学论》修改提质方案"，和大家一起开始了修订工作。有人说薛老师是一个"欲壑难填"的人。还真是，此书未完，他又已经开始做起了《老年教育教研论》的美梦。

中国老年大学协会自2006年开始，在全国范围内启动了创建老年教育理论研究基地的工作。至2017年2月全国已经有3批共12所学校经考察审批为全国老年教育理论研究基地成员单位。其中地市级学校仅2所。薛老师作为学术委员会委员，在参与审读评定第三批学校的申报材料时，对照本校，觉得长沙市老干部大学已经基本符合条件，只要抓紧时机，积极提升，也能跻身"全国老年教育理论研究基地"行列。于是经请示获准后一方面向学术委员会口头汇报了有关情况和提出申请，一方面于当月就写出了"长沙市老干部大学创建全国地市级老年教育理论研究基地实施方案"，就"补充研究人员、扩大研究园地、提升物质条件、整理研究成果、做好舆论准备"等方面提出了具体建议，呈老干局和学校领导。2018年11月，学校向学术委员会正式呈递了书面申请报告。2019年初，荣获审批，实现了学校作为"全国先进老年大学（2009 年）""全国老年大学校园文化先进单位（2012）""全国老年远程教育示范区（2015 年）"和"全国示范老年大学（2016）"之后的又一锦上添花——"全国老年教育理论研究基地"。这样，长沙市老干部大学紧随徐州和马鞍山老年大学之后，成为全国第三个地市级老年教育理论研究基地校。获此殊荣以后，市委老干部局和学校立即抓紧进一步加强了基地的全面建设。在领导的嘱咐和指导下，薛老师又很快完成了"长沙市老年教育理论研究基地工作规程"和"如何切实发挥老年教育理论研究基地的功能"等书面材料呈领导，以助推长沙市老干部大学老年教育理论研究基地的建设和完善。

20 年来，薛老师挚爱着、心系着老年教育和长沙市老干部大学的建设发展，还有一点值得一提，那就是他不时提出一些新的梦想。比如 2019 年 11 月 23 日，中共中央、国务院颁发了《国家积极应对人口老龄化中长期规划》（以下简称《规划》）。薛老师看到以后，马上敏感地意识到它对老年教育事业发展的重要指导作用。认真学习以后，先在学校的 2020 年务虚会上发表了个人的学习体会，接着，他又联合贺副校长一起，撰写了 2 万余字的文章，即《论老年教育应对"改善人口老龄化背景下的劳动力有效供给"的担当、作为、策略——落实〈国家积极应对人口老龄化中长期规划〉之老年教育回响之一》，在全国颇具战略眼光和前瞻性。

是的，老有所学，学有所为，是长沙市老干部大学的领导、师生称赞薛老师最多的一句话。的确，20 年，薛老师以爱心与责任，满怀热情，发挥余热，在老年教育这块天地继续延伸着他的教育生命，参与了长沙市老干部大学的工作，见证了长沙市老干部大学的发展；经历了工作中的许多酸甜苦辣，也收获了人生中的不少宝贵财富；实现着自我价值，体验着成功的快乐。有人戏谑他：老薛啊，你就是一部永不停歇的机器。他饱含深情地说："长沙市老干部大学是我的家，她养育了我，让我的退休生活有乐有为。我十分珍惜她。我愿做岳麓山上的一片枫叶，把岳麓山装点得更加美丽，更加娇艳！"

（龙志斌、贺佳妮、李新民、陈志丹、黄庆达、谭睿、胡玮、刘莲、张汉芳、肖丽娴联合撰稿）

跋

完全退休之前，原长沙市铁一小教务主任殷慧娟老师告诉我，她退休以后在长沙市老干部大学做一些教学管理工作，问我愿不愿意有空去看一看……2001年春，完全退休以后，我去看了一次，碰到了时任常务副校长的宁兆时同志。一见面他就说："我们虚席以待你好久了。"不知是中国知识分子的"士为知己者死，女为悦己者容"的传统观念指引我，还是老干部大学的那种既休闲又进取、既紧张又活泼的办学氛围吸引我，或者两者都有，让我竟毫不犹豫、不假思索地就答应了下来。2001年6月1日，我就来到藩后街52号五楼长沙市老干部大学上班了。

这一踏上长沙市老干部大学这条满帆而驶的航船，在强劲东风的推动下，一程就是20年。在2018年学校创建全国老年教育理论研究基地的过程中，小贺副校长传达了校委会决定要为我结集出版我的关于老年教育的文字的想法，这深深地触动了我。其实之前，我也有这种愿望：毕竟退休以后自己参与老年教育已经近20年，虽然由于原任工作的原因，我还有不少其他的事务，诸如中小学的听课评课，一些编写、讲座和不期而至的临时邀约，有的几乎还是工作量不小的长时间兼职，但是，长沙市老干部大学的教研员这一"要职"始终没有卸任；即使是越洋探亲去美国三五个月，也由于领导的抬爱和宽容，还让我继续留任着"教研员"的岗位。这20年，让我这个"教研员"的"职龄"亦然达到了45年之久（我是1976年9月开始当教研员的）。听课评课、教研教改、课题研究、编编写写、辅导讲座等，居然也留下了一些有用的文字。特别是前10余年，人手少，学校许多管理、教学的文字大多由我承担；不像现在，好多人才、写手都来了：小贺副校长、黄祖训、陈志丹、黄庆达，还有学历最高的小谭睿，都是文字高手，我也就写得少多了。没想到，一清理，除了正儿八经的论文，其他的文字也还不少。我想，它除了能够看出我个人在老干大这么多年的一点点劳作痕迹，也还能折射出长沙市老干部大学发展的一些轨迹，特别是进入 21 世纪以来，我国老年教育遇上了国家日益重视、老人强烈期盼、业内迅速觉醒，因而前进脚步不断高远的大好时机，长沙市老干部大学虽创办较早（1987 年）但中间停办了，直至 1999 年复校；而就在这短短的 20 年里，学校经历了恢复、巩固、发展、提升几个蝶变，取得了十分骄人的成绩，在省内外让人刮目相看。这些都顺理成章地记录在了我为学校执笔的许多文章中。所以，我的这个集子非我个人的成果——确乃长沙市老干部大学的辉煌历史之缩影也！如果能够结集出版，收藏于柜，既可算办学成果，亦能备资料查询。像集子中《全国"老年教育领导管理方式的调查分析"课题长沙市子课题研究报告》这篇由我执笔的长达 45000 字的课题研究报告，更是比较详细地记录了长沙市（甚至可以说是湖南省）老年教育滥觞探源和早期发展的一段史实。其意义和价值应该是不菲的。

当然，撰写这些文章，就我本人而言就是结合工作的分内之事和应景文章，仅此而已，绝非鸿篇巨制。起个什么书名呢？"论""谈""议"等都太高太专了，因为全书的文字还是比较杂的，论文、课题资料、发展规划、教学教研的实用文字，编编写写的设想建议、培训讲座的内容提纲等都有，实实的一本关于老年教育教学教研的"大杂烩"。怎么办呢？我想，是诸多领导的厚望，发展老年教育的重任，个人一生成长的感恩怀抱，让自己在退休以后的 20 年，在老年大学这块处女地上开垦、坚守、企望。这是什么呢？只能是一种"情结"——老年教育的情结。这种情结，让我去重新学习老年教育的知识理论；这种情结，催我去认真研究老年大学的过去未来；这种情结，伴我寤寐思服《老年教育课堂教学论》的编写提质；这种情结，促我尽心竭力老年教育理论研究基地的申请创建……是的，就是这种情结激励我在长沙市老干部大学二次就业、梅开二度，一绽就是 20 年；就是这种情结，诞生了这本追寻长沙市老年教育历史、探讨老年教育现代化宏观战略、研究终身教育和学习型城市创建、解决老年大学教学大纲教材教法和"一座难求"问题等的 30 多万字的文集。

年过花甲，再返校园；老眼昏花，昼夜伏案。30 万字不算多，20 年时光也不短：有许许多多的忙碌奔波，有编编写写的推敲斟酌。这其中从不缺席的是鼓励我坚持下去的领导，扶持我永不退缩的同事，信任我为之服务的师生。我不能忘记他们，想借此机会留下他们的名字：刘湘皋、张贤遵、范小新、伍蔚滇、文丽霞、李伟群、罗玉梅、徐水清、周春晖、全晶莹、邓国强、唐安石、孙欢喜、宁兆时、喻楷、龙志斌、贺佳妮、施亮、李玉兰、袁昕波、杨新、谭睿、胡玮、邓丽莎、宁波、虢利、李雪梅、湛莎、袁丹、刘宇航、朱艳明、陈少群、陈晓玲、张文娟、邓志海、王蓓；李新民、黄祖训、殷慧娟、马秉权、章铁军、雷珠萍、陈志丹、黄庆达、周金安、李红卫、周翠英、刘莲、张汉芳；花开山、彭复旦、蔡干宏、吴民刚、张书志、唐异常、周碧瑜、王德安、谭海若、唐若珠、袁琳、喻志萍、王建民、莫顺清、李青松、刘彩霞、周琼、王时焰、付开华、肖云、钟海明、杨文盛、丁巨声、李健美、王建伟、邓力樵、陈伊琳、冉苗、杨润芝、刘峰、黄国莉、吴娟、邓金珍、方小琴、朱谷良、黄静霞、邹晖、王玲芝、王静、毛蕾、刘武装、邓古稀、朱群武、黄健安、肖丽娴、盛正泉、罗蓉健、廖虔虔、顾晴等（廿年时光，获助无数，挂一漏万，敬祈海涵）。当然，还有老伴郑绍芝和儿女等众多亲人，没有他们的理解、宽容和支持，那也是办不到的。在这儿一并鞠躬了。

下面选摘了几条我整理审读文稿时的随记，以之窥见我的编辑过程和心情，也聊当"后记"了。

2019 年 2 月 11 日　自己审读时，经常满含热泪，但欣喜盈怀：参加了刚刚起步的长沙市老年教育事业，在这个新兴事业的感召下，尽了自己的一点绵薄之力，同时闪烁了自己晚年的一点余热和几丝亮光。老年教育事业哺育成全了自己，自己从中获得了成长和快乐……感恩老年教育，感恩长沙市老干部大学！

2019 年 7 月 4 日于波士顿　今日审读《坚持科学发展观　实现二度跨越式发展》一文，感觉 12 年前写的这篇文章，一点也不过时。读到"我们的总目标是：在党的十七大精神和科学发展观的指引下，10 年内把长沙市老干部大学办成规模较大，设备良好，专业齐全，教师队伍精良，大纲、教材（有一部分自编教材）完备，教学、教改先进，学校管理科学，教学质量一流、领导、学员满意，社会声誉优良，具有自身特色的规范化、示范性的省会老年大学……我们的发展思路是：理念与行动并举，硬件与软件同步，教学与科研相携，管理与质量齐飞"时，觉得这些年的发展，完全实现了当年的设想，也是按照当时的思路去那么做的。太欣慰了。

2019年11月3日　在老干大工作的20年，恭逢了3位好校长：宁校长、唐校长、龙校长。三位校长各有一句话曾经敲击过我的心灵，又不时鸣响在我的耳际，并成为我坚持老年教育工作不畏艰难困苦的动力之一。宁校长是在我们第一次见面时对我说的："我们虚席以待你很久了。"唐校长是在我们关于学校工作和个人成长话题的一次交流中给我发的一条微信："薛老师，您于我，亦师亦父亦大家也。"龙校长是在一次周一上午的例会上说的："薛老师是我们长沙市老干部大学的定海神针……"显然，这些话全都是高明睿智的领导对下级的夸赞和激励，是工作的艺术而已，我也心知肚明自己与之遥不可及。但是它就是正能量，给了我极大的鼓舞和有力的鞭策。现在有机会出版这本书，是与他们的信任和鼓励分不开的，要是能够请他们每人写一篇序，那该多好啊！

2020年5月23日于波士顿　审读"中国古典文学教学大纲""四大名著之四：《西游记》讲授提纲""普及《红楼梦》课程纲目"时，再次涌动着重登老干大讲台与老年朋友们分享自己学习心得的激情，特别是"普及《红楼梦》"，是自己年轻时候就萌发的梦想。所以稍有闲暇，即搜集资料，拟写提纲。

2021年2月22日于波士顿　古人云："盖文章，经国之大业，不朽之盛事。"理该顶礼膜拜，慎之又慎。或谓："文章自古千秋业，学术仍须一味痴。"更应如醉如痴，孜孜以求，字斟句酌，推敲苦吟。但俚语曰："家有敝帚，享之千金。"早年在整理自己关于基础教育的拙作时，就曾经命名为"敝帚集"。此次出书，本人着实不能脱俗也：也许不少文字，偶思涂鸦，一得之愚，雕虫小技，乏善可陈；或遭人诟谇，理当洗耳恭听，但亦无悔也。故还是放不下，还是敝帚自珍，贻笑大方了。致歉！乞谅！

薛根生 2021年3月31日于波士顿